Peritaje de Trabajo Social como Prueba y Medio de Prueba en el Sistema de Justicia Penal Acusatorio Mexicano

"Teoría Genera de la Prueba Documental Pericial de Trabajo Social en Materia Penal"

" Onus Probandi "

Dr. Ismael Aguillón León

Edición: 2026

Responsable de la edición digital:

Appie Ebook Solutions & Automations

Peritaje de Trabajo Social como Prueba y Medio de Prueba en el Sistema de Justicia Penal Acusatorio Mexicano

"Teoría Genera de la Prueba Documental Pericial de Trabajo Social en Materia Penal"

" Onus Probandi "

Dr. Ismael Aguillón León

Índice

INTRODUCCIÓN

Es indiscutible que el ser humano nace con ciertas características muy marcadas mismas que va ir desarrollando durante toda su vida, a partir de un quehacer que está realizando día a día investigando y tratando de probar, lo cual hace desde la niñez, juventud incluso en la adultez, mediante ensayo - error probando, equivocándose, hasta que por fin se obtienen resultados deseados, de tal manera que todos investigamos para probar algo en esta vida, con lo cual nos atrevemos a preguntar ¿quién no investiga para probar algo?, desde un mero concepto gramatical probar significa "experimentar" realizar un estudio sistemático para verificar si una hipótesis o predicción es correcta o incorrecta, si es falsa o veredera, o bien si el hecho que se investiga, es cierto o falso. Esto implica manipular variables, recopilar datos, analizar resultados y sacar conclusiones sobre la relación entre ellas. Por ello el objetivo es obtener evidencia empírica que apoye o refute la hipótesis original de los hechos a investigar.

Es de suma importancia entonces la actividad probatoria en todo momento y máxime cuando se habla de probar un estado socioeconómico, de relaciones familiares, de medio ambiente violento, de entorno laboral, deportivo, comunitario, o de hacinidad, entre otros, a ello se necesita entonces un método por parte del perito en Trabajo Social, que si bien no es distinto al de los otros peritos en psicología, sociología, o criminología, pues estos recurren a investigaciones con características parecidas, ya que se realizan análogas operaciones mentales para valorar y obtener conclusiones, de tal manera es que para probar se cuente con una técnica específica la cual puede variar de acuerdo a las actividades de que se trate probar; por ello es importante considerar al peritaje desde sus técnicas, herramientas, instrumento y modelos como parte esencial de la actividad probatoria de todo perito en Trabajo Social dedicado a la actividad pericial para probar un hecho ordenado por los juzgadores, o abogo particular que lo contrate.

Entonces para tratar de entender que es la teoría de la prueba es menester decir que se refiere al estudio de los medios de convicción utilizados para establecer la verdad de un hecho en un proceso legal. Esto implica analizar las normas jurídicas que regulan cómo se presentan, valoran y utilizan las pruebas para demostrar la existencia o inexistencia de un hecho que es relevante para el juzgador, al valora al Peritaje de Trabajo Social como Prueba y Medio de Prueba en el Sistema de Justicia Penal Acusatorio Mexicano durante un litigio.

Por otra parte con este libro que hoy presentamos se pretende brindar a los colegas de Trabajo Social que inician en la actividad pericial en materia penal como parte de una guía o un acervo bibliográfico del cual se puedan auxiliar cuando por ahí les surja una duda y considerando que la actividad de todo Perito en Trabajo Social es la de ser investigador lo cual resulta innato al igual que si surgiera alguna incertidumbre o pregunta por su actividad investigativa pericial, con este material se pudiese resolver, dado que para el este profesionista el haber terminado la carrera muchas veces siente o considera que entre más estudia más dudas tiene, o entre más estudia menos sabe "como una hipótesis que muchas ocasiones surge en nuestra concepción, o percepción y que eso a la vez es bueno, ya que como profesionista con carencias académicas, resulta que no todo se aprende en las aulas, y ello nos obliga a estudiar, incluso a actualizarse cada vez más por las exigencias de una sociedad tan cámbiate como lo es nuestra, la sociedad mexicana, por ello surge esta obra esperando sea de su agrado utilidad.

De tal manera es que dicho documento está compuesto por 10 capítulos de los cuales en el número 1 se abordan los antecedentes del sistema penal en México, en el capítulo ll. Se analizan los Antecedentes del Ministerio Público en México, en el capítulo lll. Se consideran los Actos de investigación para la obtención de la prueba en el capítulo lV. Se reflexionan los Tipos de pruebas en el capítulo V. La prueba pericial en las leyes mexicanas en el capítulo Vl. Peritos y prueba pericial en Trabajo Social en el capítulo Vll. Peritaje de Trabajo Social como Prueba y Medio de Prueba en el capítulo VIll. Sanciones en el capítulo IX. Se razona acerca de las Estrategias Teórico-Metodológicas en la elaboración de la Pericial de Trabajo Social y en el capítulo X. Discute acerca de la Preparación para defender la Prueba Pericial de Trabajo Social.

CAPÍTULO I. ANTECEDENTES DEL SISTEMA PENAL EN MÉXICO

1.1. Sistema Inquisitorial

El sistema penal en México llamado en sus orígenes "sistema inquisitivo" en los años 509 a.C, o época monárquica Romana, solo contemplaba como verdad documentos escritos como constancias o documentos que eran parte de un expediente, de igual manera, era el mismo individuo el que acusaba, investigaba y determinaba cual era la verdad, por lo que varios derechos humanos de las personas acusadas, no eran garantizados ni respetado.

Así mismo, dentro de algunos documentos como las Reforma constitucionales de 1840 se pretendía la mejora de las cárceles que existían dentro del país, mejora que abordaban la infraestructura y los servicios básicos, sin embargo, en la Constitución de 1857 dentro del artículo 23, se plasmó la vigencia de la pena de muerte hasta que se instaurara un sistema penitenciario sólido y eficiente, por lo que el derecho a la vida no fue una opción para las personas privadas de la libertad de esos años. Así mismo, los centros penitenciarios anteriormente se regían bajo el término de "readaptación" misma que es asimilada por Flores (1991) como "el conjunto de medidas tendiente a la modificación de la conducta individual o grupal, con el fin de lograr la adaptación a lo que se considera un modo de vida normal", por lo que la prioridad era rectificar la conducta y forma de pensar de la persona privada de la libertad, con el fin de que una vez cumplida la sentencia que se le imputo egresara del centro y se arraigara a los estándares normalizados por la sociedad.

El 18 de junio de 2008, se realizaron una serie de cambios (se reformaron) a la Constitución Política de los Estados Unidos Mexicanos, concretamente a los artículos 16, 17, 18, 19, 20, 21 y 22; y las fracciones XXI y XXIII, del artículo 73; la fracción VII del artículo 115 y la fracción XIII del apartado B del artículo 123, los cuales obligaron a todos los Estados de la República, para que, en un plazo no mayor a ocho años, modificaran la manera en que venían impartiendo la justicia en materia penal.

Este cambio consistió en dejar atrás un proceso de corte inquisitorio donde todo se hacía por escrito, en secreto, sin poder contradecir o controvertir lo señalado por la contraparte, la prueba era tasada (es decir, que cada prueba ya tenía un valor asignado previamente), donde se abusaba de la prisión preventiva (meter a la cárcel a las personas cuando todavía no se sabe si cometieron el delito o no), donde los derechos de una persona imputada (persona señalada como responsable) no eran suficientes y se le veía como un objeto de persecución y las víctimas no eran tomadas en cuenta, entre otras cosas.

Se buscó transitar a un proceso penal de "corte acusatorio" y oral en el cual se da una separación de funciones de quien persigue delitos, quien los juzga, lo que "valen" las pruebas no está determinado de antemano, tanto el imputado como la víctima son considerados sujetos de derechos y donde el proceso se desarrolla con publicidad, transparencia y oralidad.

Razones del cambio.

La razón para el cambio era simple: el sistema tradicional mexicano o de corte inquisitorio como comúnmente se le conocía- presentaba un gran atraso y era ineficiente, incapaz de garantizar que nuestros derechos fueran respetados. Este respeto es fundamental no solamente para las víctimas y personas acusados/as de algún delito, sino para todas las personas del país, pues entre más respeto a los derechos haya, más seguridad tendremos de que no estarán personas inocentes en la cárcel y que quienes necesitan otro tipo de apoyo para no cometer delitos, no estén en las calles en impunidad.

1.2. Sistema Acusatorio

El sistema penitenciario en México atravesó una serie de cambios significativos desde el año 2008, por ello que actualmente se vislumbran reformas que se adentran aún más en la oralidad y justicia restaurativa, esta última, emplea el tratamiento y solución de los conflictos, estableciendo que tanto la víctima como el victimario sean responsables de la situación, así mismo, en algunas ocasiones la parte afectada desea encarar a su agresor, con el fin de conocer el porqué de su actuar, mediante una o varias preguntas, por lo que el mediador se encargara de que la comunicación en ese momento se asertiva y de calidad, siempre en torno de la participación, el protagonismo de las partes involucradas y el respeto de derechos humanos.

Por otra parte, el principio de acusatoriedad. Se manifiesta en el artículo 20 de la CPEUM, señala que *"el proceso penal será acusatorio y oral"*. El hecho de que el proceso penal sea acusatorio implica que estén bien separado las personas e instituciones que hacen las funciones de investigación, acusación y enjuiciamiento.[1] Es decir, ahora nadie puede ser "juez y parte". Con esta separación de funciones, se le da la carga de probar los delitos al Ministerio público, es decir, él será el encargado de demostrar la responsabilidad de la persona y al juez de valorar esa investigación que se haya hecho y determinar si efectivamente es responsable o no.

1.3. Principio de Culpabilidad

En derecho penal mexicano, el principio de culpabilidad establece que no puede haber pena si la acción u omisión no fue realizada con culpabilidad, y que la pena debe guardar proporción con el grado de culpabilidad del individuo. En esencia, implica que no se puede castigar a alguien por un delito si no actuó con dolo (intención) o imprudencia, el principio de culpabilidad se expresa simplemente en el apotegma de que no hay pena sin culpabilidad, y en el subsecuente de que la medida de la pena no puede exceder la medida de la culpabilidad. Hacerse cargo, según la bella expresión de Carrara, de que el delincuente, antes de violar la ley con sus manos, la ha violado en su corazón, es una de las premisas del derecho penal moderno.

En nuestra época se ha intentado basar el principio en alguno de los derechos fundamentales, y donde constitucionalmente se incorporan al orden jurídico positivo ciertos valores internacionalmente consagrados, se hace arraigar el principio de culpabilidad en el valor del "libre desarrollo de la personalidad" y en el de la "intangibilidad de la dignidad humana". Nos parece, como a muchos, que donde al menos la aspiración a un Estado de derecho derive de una carta magna que expresamente lo consagre, está inscrito en el Estado de derecho mismo el principio de culpabilidad como un derecho fundamental, aunque de él, según acontece en México, no haga expresa mención el texto constitucional.

Se proclama, como ha quedado implicado, que el principio de culpabilidad no requiere de fundamentación, pero que sí la requieren las limitaciones a la imputación o responsabilización que el principio envuelve.

1. (Horvitz Lennon, María Inés, López Masle, Julián, 2008 pág. 43)

La primera limitación corresponde al contenido del apotegma *nullum crimen sine culpa*, a saber: no hay pena si el hecho no se ha cometido a lo menos con culpa en sentido estricto; la segunda, a que no hay pena sin culpabilidad, propiamente hablando, lo que envuelve algo más que la proscripción de la responsabilidad sin dolo y sin culpa; y la tercera, que la medida de la pena no debe exceder la medida de la culpabilidad. Ese algo más, contenido en la segunda limitación, -esto es, la de que no hay pena sin culpabilidad, importa considerar el estado o situación de imputabilidad existencialmente condicionado por la madurez y por la salud mental: la ausencia de error relativo tanto a los elementos del tipo como a la prohibición, y la exigibilidad. Por lo que hace a la tercera limitación, que veda la imposición de una magnitud de pena que sobrepase el monto de la culpabilidad, las dificultades surgen cuando se pretende, sobre todo en México, por una arraigada y gravemente equivocada jurisprudencia, no sólo interferir en la culpabilidad, sino casi sustituirla por la peligrosidad en la determinación de la pena.

Si bien la primera Constitución federal y la de 1917 callaron sobre el principio de culpabilidad, el Código Penal, albergó en sus disposiciones un derecho penal de culpabilidad, a partir de premisas, más que clásicas, correccionalistas., en el Código Penal de 1931. Es cierto que su sistema, aunque carente de una fórmula legal de la inimputabilidad, imponía a los enfermos de la mente, medidas que no eran penas, si bien de duración indeterminada, y que sometía la responsabilización de los imputables a normas que, en términos generales, correspondían a las bases de imputación penal existentes en su época, pero es igualmente cierto que la reincidencia merecía una punibilidad exorbitante, que la peligrosidad era un criterio a tenerse en cuenta para diversos fines y asumía una función prominente en la determinación penal.

En una época en que a nuestro continente no llegaban con prontitud los ecos del pensamiento científico y de la evolución legislativa penales europeos, México contaba con un Código Penal técnicamente atrasado, en que una categoría de culpabilidad de estructura débil y deficiente aparecía expuesta a las demasías de la peligrosidad. Se explicaba, aunque no se justificaba, que la jurisprudencia se inclinara entonces con exceso a hacer prevalecer la última sobre la primera.

La reacción se produjo sólo con las importantes reformas introducidas al Código Penal en las postrimerías de 1983, y que entraron a regir el 12 de abril de 1984. Entonces se incorporó al Código una fórmula legal de la inimputabilidad, se ofrecieron definiciones claras del dolo, la culpa y la preterintención y, lo que es decisivo en el tema que nos ocupa, se franqueó la entrada al derecho penal positivo mexicano del error de prohibición con efecto exculpante.

Poco importa que ante tan claras muestras de haberse afirmado definitivamente el derecho penal mexicano como un derecho penal de culpabilidad, se haya suscitado discusión sobre el alcance del precepto relativo al error de prohibición, máxime si sobrevivía otro precepto que daba margen al debate. Lo que cabe lamentar es que esta iniciativa de hacer atravesar de parte a parte el sistema penal sustantivo por la idea de culpabilidad, no haya conllevado la eliminación del término "peligrosidad" de todos los ámbitos del libro I en que se le utilizaba. Ello fue suficiente, sobre todo por su pervivencia en el texto, en materia de determinación judicial de la pena, para que la jurisprudencia siguiera ateniéndose tercamente -como luego se dirá-, al juicio de probabilidad de delinquimiento futuro y no al juicio de certeza sobre el delinquimiento pasado, para conmisurar el monto de la pena que se va a imponer.

Y llegamos así a la última reforma la última, por cierto, en lo que atañe a la culpabilidad. Aquélla se da a comienzos de 1994. Por su virtud, el término "peligrosidad" desaparece total y definitivamente del Código y hacen su aparición, en numerosos pasajes del libro I, los términos "culpabilidad" y "culpable", en sentido moderno. Se los emplea, desde luego, a propósito de la participación, pero sobre todo en materia de conmisuración penal, donde se ordena perentoriamente tener en cuenta el "grado de culpabilidad del agente" junto a la "gravedad del ilícito", para fijar la penalidad que se estime justa y procedente dentro de los límites fijados por la ley. Pero esto no es todo.

Además de retocarse, otorgándole mayor precisión y propiedad, la fórmula de la imputabilidad, la regla y los efectos exculpantes o minorantes del error de prohibición, según sea invencible o vencible, se enuncia una fórmula abierta de no exigibilidad, de una rotundidad que acaso no posea en ningún código del mundo, y ello en estricta concordancia con el sentido acordado a la culpabilidad en la conmisuración penal, donde al respecto se trata de ponderar las condiciones especiales y personales en que se encontraba el agente en el momento del hecho, siempre y cuando sean relevantes para determinar la posibilidad de haber ajustado su conducta a las exigencias de la norma.

Ya en el artículo 52 (Código Penal Federal, 2025), hace mención que el juez fijará las penas y medidas de seguridad que estime justas y procedentes dentro de los límites señalados para cada delito, con base en la gravedad del ilícito, la calidad y condición específica de la víctima u ofendido y el grado de culpabilidad del agente, teniendo en cuenta:

Esto sólo basta para mostrar la plena medida en que la culpabilidad, e indirectamente el ocaso casi completo de la peligrosidad.

I.- La magnitud del daño causado al bien jurídico o del peligro a que hubiere sido expuesto;

II.- La naturaleza de la acción u omisión y de los medios empleados para ejecutarla;

III.- Las circunstancias de tiempo, lugar, modo u ocasión del hecho realizado;

IV.- La forma y grado de intervención del agente en la comisión del delito;

V.- La edad, la educación, la ilustración, las costumbres, las condiciones sociales y económicas del sujeto, así como de los motivos que lo impulsaron o determinaron a delinquir. Cuando el procesado perteneciere a algún pueblo o comunidad indígena o afromexicana, se tomarán en cuenta, además, sus usos y costumbres

VI.- El comportamiento posterior del acusado con relación al delito cometido; y en particular la fracción.

VII.- Las demás condiciones especiales y personales en que se encontraba el agente en el momento de la comisión del delito, siempre y cuando sean relevantes para determinar la posibilidad de haber ajustado su conducta a las exigencias de la norma.

Vayamos ahora a la escasa o nula medida en que la jurisprudencia utiliza y da aplicación, no ya a estos preceptos considerados aisladamente, sino al sistema de imputación que ellos dejan claramente delineado. No sólo en el largo periodo de vigencia del Código antes de su importante modificación de 1984, no sólo en el decenio subsiguiente a ésta, sino también en el tiempo transcurrido desde la reforma de comienzos de 1994, ha declarado la jurisprudencia que la determinación de la pena se asienta en la peligrosidad, mas no en la culpabilidad.

Es indisputable que en un derecho penal como el mexicano no basta el injusto para sentar la responsabilidad, sino que al efecto es también necesaria la culpabilidad. Recibe él, pues, el principio de culpabilidad. Si en el proceder del agente no se da ninguna de las fallas o fallos, como quiera decirse, que suprimen o disminuyen la culpabilidad por sí, cabe afirmar el principio de que a mayor cantidad de injusto corresponde mayor cantidad de culpabilidad, y a la inversa. Esto no releva al juez, sin embargo, de indicar en su sentencia el hecho injusto y su magnitud, y la culpabilidad del sujeto y su magnitud.

En la fisonomía actual de la ley punitiva mexicana no procede dar por sentada la presencia de la culpabilidad con la de la normalidad externa de la personalidad del sujeto, su aparente imputabilidad, y con la presupuesta referencia de la persona a su hecho, en forma de dolo o en forma de culpa. La culpabilidad es hoy día un conjunto menos simple de presupuestos de la pena, y se apoya en un trípode que no cuenta al dolo o la culpa como una de sus patas, y sí a la posibilidad de conocer el carácter injusto del hecho y a la exigibilidad, junto con la imputabilidad. Es éste el análisis que debe llevar adelante el juez, con su correspondiente pronunciamiento, por lo que al sujeto concierne. Se torna necesario insistir en que, así como la ley formula directrices expresas para medir el monto del injusto, las contiene también para precisar la magnitud de la culpabilidad. Respecto de uno y de otra se trata de juicios de certeza, no de probabilidad, y recaen sobre un hecho del pasado, no sobre uno futuro.

Y es esto, precisamente, lo que parece *quantité négligeable*a la jurisprudencia penal mexicana. En torno de la culpabilidad se ha erguido por largo tiempo la peligrosidad. A ella, es cierto, se refirió la ley en una larga época de infatuación positivista, y un desarrollo escaso de la dogmática del delito, pudo explicablemente conducir a una suplantación indebida de la culpabilidad por la peligrosidad. Pero ya desde 1984 la situación legislativa es otra. Si la inmanencia al orden jurídico de un Estado de derecho del principio de culpabilidad prohibía ya, a partir de 1984, volver la espalda a la culpabilidad, puesto que la culpabilidad había notoriamente pasado a regir la responsabilidad penal en el plano subjetivo, mucho más grave ha llegado a ser la persistencia, tras la reforma de 1994 al Código Penal, en revivir el fantasma de la peligrosidad, expresamente expulsada del ordenamiento penal positivo, como fundamento y medida de la responsabilidad.

Esta forma impropia de proceder consiste en la ponderación de la ilicitud conforme a los criterios que al efecto propone la ley en las pertinentes fracciones del artículo 52, y no hace a la culpabilidad, sin embargo, objeto de operación análoga. Si no media una causa que la excluya, los jueces la tienen por establecida sin analizarla, y no la mencionan en modo alguno en la sentencia. Es completamente extraño a su razonamiento que pueda haber lugar a medirla. Lo que, curiosamente, se sigue hasta el día de hoy midiendo en la sentencia es, *contra legem*, sólo la peligrosidad, único criterio para completar la tarea de cuantificación de la pena aplicable.

El procedimiento penal mexicano concede al juez, no obstante, su enorme recargo de trabajo, la oportunidad de tomar directo conocimiento del sujeto. En el último tiempo se ha abierto para él la posibilidad de hacerse de informes de personalidad provenientes de órganos imposibilitados materialmente de fundamentarlos en un examen global de la persona, realizado con el detenimiento debido. Esos informes suelen servir en buena medida para fijar un grado de peligrosidad. A falta de ellos, se tiene en cuenta la carencia de antecedentes penales para afirmar un grado mínimo de peligrosidad, o la concurrencia de los mismos para dar por sentado un grado máximo.

Aparte estos grados, se ha ido admitiendo un grado medio, situado en el término medio aritmético de la pena asignada por la ley al delito. Pero esto, con ser mucho, todavía no es todo. Entre los grados mínimos y medio, y entre los grados medio y máximo se han concebido, en su turno, grados equidistantes de peligrosidad, cuyo nivel corresponde al término medio aritmético de los grados entre los cuales, por su parte, se sitúan. Se llega al extremo de autorizar un recurso contra la sentencia, si la fijación del monto de la peligrosidad, y, por tanto, de la pena, no se ha atenido a las bases indicadas para determinar los grados respectivos.

Principio de Culpabilidad:

En México durante el llamado sistema inquisitorial el cual no era puro, sino una mezcla, entre escrito, oral, inquisitorial y adversarial, dentro del mismo la carga recaía en el ***acusador***, quien debía probar su pretensión, y en el inculpado o acusado para acreditar las circunstancias que exculparan su conducta o atenuaran su responsabilidad. La confesión del implicado, a pesar de tener elementos inquisitoriales, era un medio de prueba crucial que debía cumplir requisitos formales para ser válida. Por otra parte, el Estado como parte acusadora (Ministerio Público), tenía la responsabilidad de probar la acción u omisión, y que esta estuviera prevista como delito.

No hay pena sin culpabilidad:

La expresión sine lege sine poena, o más comúnmente *Nulla Poene Sine Lege*, es una fórmula jurídica que significa "no hay pena sin ley". Este principio fundamental del derecho penal establece que una persona solo puede ser castigada si la conducta por la que se le sanciona estaba previamente definida como delito por una ley escrita, estricta y pública. Su función es limitar el poder del Estado, garantizar la libertad y seguridad de los ciudadanos, y evitar la arbitrariedad. Este es el principio fundamental. No se puede imponer una sanción penal si el sujeto no actuó con culpabilidad.

Culpabilidad como reproche: La culpabilidad implica la posibilidad de reprochar penalmente al autor de un delito, tomando en cuenta sus circunstancias personales y las condiciones en las que actuó. Dolo o imprudencia: La culpabilidad se manifiesta a través del dolo (intención de cometer el delito) o la imprudencia (falta de cuidado que causa el delito). ***Imputabilidad:*** La culpabilidad también implica que el sujeto sea imputable, es decir, que tenga la capacidad mental para comprender la ilicitud de su conducta y actuar conforme a esa comprensión. ***Exigibilidad de otra conducta:*** La culpabilidad implica que, dadas las circunstancias, el individuo tenía la capacidad de actuar conforme a la ley, y no se encontraba en una situación que justificara su actuar ilícito.

Elementos de la Culpabilidad: Imputabilidad: Capacidad de la persona para comprender la ilicitud de su conducta y actuar conforme a esa comprensión. ***Dolo o culpa:*** La intención (**dolo**) o la falta de cuidado (**culpa**) con la que se cometió el delito. ***Exigibilidad de otra conducta:*** La posibilidad de que el individuo hubiera actuado de manera diferente y conforme a la ley.

En resumen, el principio de culpabilidad en México asegura que las sanciones penales solo se apliquen a aquellos que actuaron con responsabilidad por sus acciones u omisiones, y que la gravedad de la pena sea acorde con el nivel de culpabilidad demostrado

1.4. Principio de Inocencia

El principio de inocencia, en su carácter de *in dubio pro reo*, existe desde el Derecho Romano. Es un principio que dejó de ser relevante durante la Baja Edad Media debido a las prácticas inquisitivas prevalecientes, en que la duda sobre la inocencia significaba culpabilidad.

El antecedente moderno más remoto se encuentra en la Declaración de los Derechos del Hombre y del Ciudadano, producto de la Revolución Francesa de 1789, que da fundamento a la necesidad de un juicio previo para cualquier persona. El artículo 9o. de la Declaración señala:

Puesto que todo hombre se presume inocente mientras no sea declarado culpable, si se juzga indispensable detenerlo, todo rigor que no sea necesario para apoderarse de su persona debe ser severamente reprimido por la ley.

Desde finales del siglo XIX el principio fue duramente atacado debido a la "involución autoritaria de la cultura penalista". De acuerdo con Vélez Mariconde.

> "el positivismo criminológico llegó a definir como absurda esta garantía de la seguridad individual, al menos en ciertos casos (confesión, delito en flagrante, delincuentes habituales, reincidentes o por tendencia); para ellos, la hipótesis sólo sería admisible si se trata de un delincuente ocasional que ha rechazado la imputación, y, aun en ese caso, durante cierto periodo del procedimiento, porque el encarcelamiento preventivo, fundado en la sospecha evidente o en la probabilidad de que la imputación sea cierta, la remisión a juicio del acusado, la sentencia no firme, y hasta la misma imputación fundada que abre una persecución penal, revelan que al imputado no se lo presume inocente sino, antes bien, culpable."

El pensamiento liberal, dice Maier, "aprecia la máxima como elemento fundante del proceso penal y le otorga un contenido material indiscutible, que influye sobre las principales instituciones procesales (la prueba, la sentencia, la situación del imputado, las medidas de coerción)".

Desde el Concepto mismo la ***presunción de inocencia*** es un principio fundamental del Derecho Procesal Penal que informa la actividad jurisdiccional como regla probatoria y como elemento fundamental del derecho a un juicio justo. La presunción de inocencia tiene como consecuencia que:

> El imputado goza de la misma situación jurídica que un inocente. Se trata en verdad de un punto de partida político que asume o debe asumir la ley de enjuiciamiento penal en un Estado de Derecho, punto de partida que constituyó, en su momento, la reacción contra una manera de perseguir penalmente que, precisamente, partía desde el extremo contrario. El principio no afirma que el imputado sea, en verdad, inocente, sino, antes bien, que no puede ser considerado culpable hasta la decisión que pone fin al procedimiento, condenándolo.

La presunción de inocencia es una presunción ***iuris tantum***, es decir, que admite prueba en contrario. De este modo, un juez no puede condenar cuando la culpabilidad no ha sido verificada más allá de toda duda razonable; esto es, "cuando los órganos de persecución penal no han podido destruir la situación de inocencia, construida de antema- no por la ley".

En opinión de Trechsel, "presunción" debe entenderse en el sentido de lineamiento que exige cierto tratamiento de las personas que no han sido condenadas, y dichas personas "deben ser tratadas de una manera compatible a la posibilidad de que sean inocentes"; inocencia entendida como libertad de culpa. Así, es factible esperar dos tipos de conducta hacia la persona acusada. La primera consiste en no tomar medida alguna que tenga como consecuencia la restricción de la presunción de inocencia, y la segunda estriba en evitar cualquier declaración de culpabilidad antes de la sentencia; incluso, una vez declarada la inocencia, se ha considerado que la expresión de sospecha de culpa debe prohibirse.

En el artículo 20 de la Constitución Política de los Estados Unidos Mexicanos se aborda el proceso penal el cual será acusatorio y oral. Se regirá por los principios de publicidad, contradicción, concentración, continuidad e inmediación privilegiando el principio de inocencia a partir de:

A. De los Principios Generales:

I. El proceso penal tendrá por objeto el esclarecimiento de los hechos, proteger al inocente, procurar que el culpable no quede impune y que los daños causados por el delito se reparen;

V. La carga de la prueba para demostrar la culpabilidad corresponde a la parte acusadora, conforme lo establezca el tipo penal. Las partes tendrán igualdad procesal para sostener la acusación o la defensa, respectivamente;

V. La carga de la prueba para demostrar la culpabilidad corresponde a la parte acusadora, conforme lo establezca el tipo penal. Las partes tendrán igualdad procesal para sostener la acusación o la defensa, respectivamente;

VIII. El juez sólo condenará cuando exista convicción de la culpabilidad del procesado;

IX. Cualquier prueba obtenida con violación de derechos fundamentales será nula;

B. De los Derechos de toda Persona Imputada:

I. A que se presuma su ***inocencia*** mientras no se declare su responsabilidad mediante sentencia emitida por el juez de la causa;

VI. Le serán facilitados todos los datos que solicite para su defensa y que consten en el proceso. El imputado y su defensor tendrán acceso a los registros de la investigación cuando el primero se encuentre detenido y cuando pretenda recibírsele declaración o entrevistarlo. Asimismo, antes de su primera comparecencia ante juez podrán consultar dichos registros, con la oportunidad debida para preparar la defensa. A partir de este momento no podrán mantenerse en reserva las actuaciones de la investigación, salvo los casos excepcionales expresamente señalados en la ley cuando ello sea imprescindible para salvaguardar el éxito de la investigación y siempre que sean oportunamente revelados para no afectar el derecho de defensa;

IX. En ningún caso podrá prolongarse la prisión o detención, por falta de pago de honorarios de defensores o por cualquiera otra prestación de dinero, por causa de responsabilidad civil o algún otro motivo análogo. La prisión preventiva no podrá exceder del tiempo que como máximo de pena fije la ley al delito que motivare el proceso y en ningún caso será superior a dos años, salvo que su prolongación se deba al ejercicio del derecho de defensa del imputado. Si cumplido este término no se ha pronunciado sentencia, el imputado será puesto en libertad de inmediato mientras se sigue el proceso, sin que ello obste para imponer otras medidas cautelares.

Sistema Inquisitivo-Mixto	vs.	Sistema Acusatorio
Las actuaciones judiciales se practican por escrito		Las actuaciones se practican en su mayoría oralmente, con algunas constancias por escrito (Art. 20 CPEUM)
Audiencias sólo para el desahogo de pruebas o diligencias estrictamente necesarias		Audiencias públicas, excepcionalmente privadas (Art. 20 CPEUM)
Resoluciones judiciales escritas		Las resoluciones se deberán dictar en audiencia pública, en presencia de las partes (Párrafo Quinto del Art. 17 de la CPEUM)
Registro de actuaciones por escrito		Registro de actuaciones mayormente video-grabados y en menor medida por escrito
El juez conoce las pruebas a través de las constancias escritas, de manera no concentrada		El juez conoce directamente de las pruebas, de manera concentrada y actual; bajo pena de nulidad, no podrá delegar esta función (Art. 20 CPEUM)
Se utiliza constantemente la prisión preventiva		La prisión preventiva solo se utilizará excepcionalmente (Párrafo Segundo del Art. 19 CPEUM)
Existe un Juez para todo el proceso y un Juez para la ejecución de sanciones (Juez de Ejecución creada por Acuerdo General 22/2011 del Pleno del Consejo de la Judicatura Federal)		Además de un juez de Juicio y un juez de Ejecución de sanciones, se crea la figura de juez de Control (Art.16 CPEUM) Se incorpora la obligación de que intervengan distintos jueces durante el trámite de un procedimiento (Art. 20 CPEUM) Prioritaria la auto regulación entre partes, limitándose la oficiosidad del juzgador (Art. 20 CPEUM)

CAPÍTULO II. ANTECEDENTES DEL MINISTERIO PÚBLICO EN MÉXICO

2.1. Concepto de Ministerio Público (MP)

Primero para conceptualizar al MP citaremos a Fix Zamudio quien nos hace una descripción del MP como el organismo estatal que realiza funciones judiciales como parte o sujeto auxiliar de las diversas ramas procesales, como consejero jurídico de las autoridades gubernamentales y que además defiende los intereses patrimoniales del Estado. A nuestro juicio la institución del Ministerio Público es principalmente judicial, aunque a veces se le atribuyan actividades que merecen ser calificadas como administrativas.

Otro concepto que consideramos acertado para definir al ***Ministerio Público*** es: La Institución Unitaria y jerárquica dependiente del organismo ejecutivo, que posee como funciones esenciales las de persecución de los delitos y el ejercicio de la acción penal; intervención en otros procedimientos judiciales para la defensa de intereses sociales, de ausentes, menores e incapacitados y finalmente como consultor y asesor de los jueces y tribunales[2].

También lo podemos definir como:

Funcionarios encargados de representar en los procesos jurídicos los intereses públicos o sociales[3].

Hubo un tiempo en que pareció confundirse a la Procuraduría de Justicia con el Ministerio Público dando a ambas instituciones iguales alcances, la aclaración y precisión de conceptos se inició con el ordenamiento de esta materia en el Distrito Federal en 1971. Respondiendo a su remota etimología latina, Ministerio Público es "Manus", una mano popular, para promover y auspiciar que se administre justicia al pueblo. Del derecho francés ha pasado a todas las legislaciones el principio que ha llegado a aceptarlo como indivisible.

Esto es lo que se acepta actualmente como que el Ministerio Público sea único e indivisible.

2. Diccionario Jurídico, UNAM, 2026
3. Diccionario Jurídico Cognitium 2026

El MP es una institución dependiente del estado, el cual actúa en representación de la sociedad en el ejercicio de la acción penal y la tutela social en todos aquellos casos que le asignan las leyes, es un órgano sin género, de naturaleza muy singular, ya que adopta un sin número de fases en su funcionar. Al MP también se le considera como fiscal, que viene de "Fiscus" y que significa: "Canasta de mimbre" ya que los romanos la usaban para recolectar los impuestos cobrados a los pueblos conquistados.

Al Ministerio Público también se le llama Representante Social, porque representa a la sociedad en el ejercicio de la acción penal, sin embargo, el término de Ministerio Público se reviste de ambigüedad ya que se considera doctrinariamente como órgano administrador de justicia, también se le considera como órgano judicial, dicha imprecisión al tratar de conceptualizarlo impresionó a Carnelutti quien cuestionaba si acaso podía ser el MP tan sólo una parte del todo.

Para el Dr. Carrancá y Rivas (2008) la Institución del Ministerio Público se constituye como un órgano imprescindible para en el proceso penal, que tiene por misión fundamental promover el ejercicio de la función jurisdiccional e interés público y determinar acerca del modo de ejercitarla. Aún con la precisión de estos términos persiste la duda sobre si el MP se debe ubicar como un órgano del área del ejecutivo o del judicial.

La institución del Ministerio Público deriva de dos voces latinas: Manus y Pública. El vocablo Manus indica la fuerza del actor, lo que equivale a al poder del pueblo bien a la representación del poder público (Alcalá, Castillo. 1945) El aspecto etimológico define de forma clara la función de esta institución como representante del pueblo y órgano del Estado.

2.2. Antecedentes Históricos

En Roma es cómo surge la Institución hoy también conocida como el Ministerio Público (MP). En Roma antes de que fuera conocida la Institución, la persecución de los delitos era una facultad solamente asignada a la víctima y sus familiares.

Si bien es cierto la institución Ministerio Público con los rasgos y características que es conocido para nosotros nace en Francia originado en la época de la monarquía (Siglo XIV) y se perfecciona durante la Revolución

Francesa, existen antecedentes remotos de "una institución" o "personaje" que ejercía la función ya sea de conocer los delitos, ya sea de perseguirlos o juzgarlos desde el período griego pasando por el romano hasta, como ya dijimos la Francia revolucionaria.

En Roma, surge la acción popular, en el desarrollo pleno del Derecho Romano, existen instituciones como la Quivis de Populo que acusa de los delitos de que tiene conocimiento. Existe entonces una diferencia en cuanto a los delitos privados (el ofendido es un particular) delicta privata, y los delitos públicos (el ofendido es el Estado) delicta pública, en los primeros se daba un proceso penal privado en que el Juez tenía un carácter de mero árbitro y en los segundos el proceso penal es público y comprende la cognitio, la accusatio y un procedimiento extraordinario.

Sin embargo, se puede concluir que en Roma la acción popular fracasa, citamos al autor historiador del Derecho, Manduca: "...cuando Roma se hizo la ciudad de infames delatores que, causando la ruina de íntegros ciudadanos, adquirían honores y riquezas, cuando el romano se adormeció en una indolencia egoísta y cesó de consagrarse a las acusaciones públicas, la sociedad tuvo necesidad de un medio para defenderse, y de aquí nace el procedimiento de oficio, que comprende el primer germen del Ministerio Público en la antigua Roma, representando la más alta conciencia del Derecho..."

El Ministerio Público, institución de buena fe, paladín de la justicia y de la libertad, tal como lo llama Pessina, viene a llenar una función que la pasión y el interés personal de la víctima no pueden ni debe ocupar. A este respecto el pensador del Derecho, Tolomei expresa: "...la historia ha demostrado que el particular lesionado no tiene el interés o el desinterés, o la preparación, o la posibilidad de corresponder en modo adecuado a las exigencias de la altísima competencia de la acción pena...

En virtud de los pensamientos anteriores, el Estado llega a comprender que la persecución de los delitos es una función social de magna importancia que debe ser ejercida por él y no por el particular. El procedimiento inquisitivo inaugura este paso decisivo en la historia del procedimiento penal: la persecución de los delitos es misión del Estado.

Volvamos a los antecedentes remotos de la función persecutoria, se habla de que en el Derecho ático, un ciudadano sostenía la acusación, cuya inquisición era llevada ante los eliastas. Otros creen que el origen histórico de la función persecutoria se ubica en la antigua Grecia, en forma particular en los Temostéti. Funcionarios encargados de denunciar a los imputados ante el Senado o ante la Asamblea del pueblo que designaba a un ciudadano para sostener la acusación.

Otros autores ubican el origen de la función persecutoria en Roma, en los curiosi, stationari, con funciones policiacas y en especial en los praefectus urbis en Roma, y procónsules en la provincia, o en los defensores civitatis, los advocati fisci y los procuratores caesaris del imperio[4].

La primera manifestación que presenta semejanza con lo que siglos más tarde sería el Ministerio Público fue la de Saión, funcionario encargado especialmente de velar por los dominios reales de la monarquía francesa y que Carlo Magno convirtió en mantenedor de la ley. Ya de Francia se extendió a Alemania y pasó sucesivamente a casi todos los países del mundo como representante de los grandes valores morales, sociales y materiales del estado.

Se habla de que en el Derecho Atico, un ciudadano sostenía la acusación cuya inquisición era llevada ante los Eliastas.

El origen del MP para algunos es romano, para otros lo es en la legislación canónica del medioevo, por la eficacia del proceso inquisitorio en los tribunales eclesiásticos de los siglos XIII y XIV. Para el autor Juventino V. Castro la institución nació en Francia, con "Los Procureurs du rui" de la monarquía francesa del siglo XIV. Por lo que, a la institución en España, las leyes de recopilación expedidas por Felipe II en 1576, reglamenten las funciones de los procuradores fiscales que acusaban cuando no lo hacía un acusador privado.

Sin embargo creemos que la ambigüedad del término del Ministerio Público nos propone la idea de que aún precisados por la historia algunos de sus orígenes, es una institución no definida en cuanto a su cronología se refiere, como en México que los fiscales asumían el carácter de promotores de justicia y como tales realizaban una función impersonal, desinteresada y pública, obrando a nombre de la sociedad, pero no se presentaban con

4. V. Castro, Juventino 2007

los caracteres precisos de la institución, porque no había una unidad de armonía e inspección, por lo que existían grandes lagunas en cuanto a las atribuciones de los agentes.

2.3. Antecedentes Históricos en México

Nacido México a la vida independiente, siguió rigiendo con relación al Ministerio Público lo que establecía el decreto del 9 de octubre de 1812 (Que en la Audiencia de México hubiese 2 fiscales) ya con la Constitución de 1824 estableció el Ministerio Público en la Suprema Corte (artículo 124) equiparando su dignidad a la de los Ministros y dándoles el carácter de inamovibles.

La primera organización sistematizada del ministerio fiscal en México independiente se introduce en la Ley Lares en el régimen de Antonio López de Santa Ana.

En las Bases de Santa Anna, de 1853, se dispuso aparece por primera vez el nombramiento de un Procurador General de la Nación.

En 1869 Juárez expidió la Ley de Jurados criminales para el Distrito Federal en donde se previene que existirán 3 promotores o procuradores fiscales, a pesar de la nueva nomenclatura: La de Ministerio Público y además se siguió la tendencia española en cuanto que los funcionarios no integraban un organismo, sino que eran independientes entre sí.

El presidente Díaz dio las características del Ministerio Público en México: Definiendo el carácter especial, prescindiendo del concepto como órgano auxiliar de la administración de la justicia y como representante de la sociedad, además de que recogía las huellas del delito para determinar a sus autores.

El Ministerio Público desde la independencia hasta la fecha es el que se encarga de averiguar los delitos mediante las pruebas, razón por la que se considera con derecho para acusar al detenido. El Ministerio Público, cuya actuación había sido indefinida y débil, a partir de la Constitución vigente adquiere importancia mayúscula, de simple figura decorativa pasa a ser elemento básico en la administración de justicia penal y de los demás intereses que le encomiendan las leyes.

a) El Ministerio Público francés. En la época de Felipe IV el Hermoso (de Francia) dictó una ordenanza por la que se creaban los procuradores del rey, para que lo representaran ante los tribunales. Posteriormente se agregó un abogado del rey, dedicado a atender los asuntos jurídicos de los cortesanos favorecidos por la protección monárquica.

A consecuencia de la Revolución Francesa se transformaron las instituciones. Apareció entonces el acusador público a cargo, desde luego, de elección popular, con el solo fin de sostener la acusación ante los tribunales penales.

Hacia 1808 se expide el Código de Instrucción Criminal y en 1810 la Ley de Organización Judicial. Con ellos surge propiamente el Ministerio Público francés. Sus funciones abarcan tanto la magistratura judicial (su actividad procesal connotando protección de la ley) como la gestoría administrativa, en cuanto se ocupa de representar al gobierno ante los tribunales. Se le considera integrante del Poder Ejecutivo.

b) El Attorney General angloamericano. Su creación data de 1277 en Inglaterra. Elegido y nombrado por el rey entre los juristas más notables del reino, el Attorney General era el funcionario responsable de los asuntos legales de la Corona. Asimismo, le correspondía fungir como asesor jurídico del gobierno; ejercer la acción penal en aquellos delitos que afectaran la seguridad del Estado; y perseguir los delitos de carácter fiscal.

En los Estados Unidos el Attorney General aparece por primera vez en la Ley de Organización Judicial de 1789. Poco después, en 1792, se le da jerarquía de miembro integrante del gabinete. No tarda en crearse, dada la importancia de su labor y número creciente de asuntos sometidos a su atención, el Departamento de Justicia, siempre bajo su dirección.

Aun cuando en la actualidad es por demás complejo su esquema de responsabilidades, sigue destacando en forma especial la de asesoría jurídica y la coordinación de las oficinas más importantes del ramo. También asume la representación del Gobierno de los Estados Unidos ante los organismos judiciales. Y si bien es el Solicitor General (Procurador General) quien representa al Gobierno Federal ante la Suprema Corte, lo hace bajo la dirección del Attorney General. Por otra parte, tratándose de delitos federales que ponen en peligro la seguridad del Estado, compete al Attorney General delegar en un sector de su despacho la acción de órgano acusador.

c) El Ministerio Fiscal español. El tratadista Isidro Montiel y Duarte declara que en España una ley del Fuero Juzgo marca el origen del Ministerio Público Fiscal en este país la cual dice: "que non traten ellos (el Rey y los Obispos) el pleito por sí, más por sus mandaderos" (Lib. 1-Tit. 3 Lib. 2-F.J.). Pasado algún tiempo encontramos a los llamados Patronus Fisci, los cuales eran hombres designados para defender los derechos de la Cámara del Rey.

Más tarde estos funcionarios son denominados procuradores fiscales, ampliándose a su vez la gama de funciones a ellos encomendada; así, por ejemplo, queda a su cargo actuar como órgano acusador de determinadas conductas delictuosas. Finalmente, Joaquín Escriche conceptúa al Ministerio Fiscal como una "Magistratura que tiene por objeto velar por el interés del Estado y de la sociedad en cada Tribunal, promoviendo la represión de los delitos, la defensa judicial de los intereses del Estado y la observancia de las leyes que determinan la competencia de los Tribunales

La característica hispánica de esta institución radica fundamentalmente en integrar a los fiscales (Ministerio Público) a los organismos judiciales. En el Fuero Juzgo se encuentran disposiciones que hacen referencia a los "personeros del rey", representantes de éste y defensores de los intereses de la Corona. Las leyes de Partidas se referían a los "personeros" y a los "patrones del Fisco". Específicamente la Ley 12 Tit. 18 Part. 4 habla de un funcionario público encargado de negocios judiciales, "home puesto para razonar y defender en juicio todas las cosas e los derechos que pertenecen a la Cámara del Rey". Tales funcionarios no intervenían en las causas criminales.

En Castilla, los fueros municipales autorizaban a los pueblos a nombrar funcionarios encargados de vigilar la administración de justicia e intervenir en la investigación de los delitos.

En Navarra se crearon las figuras del abogado fiscal -con funciones de acusar de delitos- y del abogado patrimonial, que intervenía en los asuntos del erario y del patrimonio del soberano.

En 1527, el rey Felipe II ordenó que en las Audiencias hubiese dos fiscales, uno para las causas civiles y otro para las criminales. Asimismo, disponía que el más antiguo de los residentes en dichas Audiencias pudiese elegir entre uno y otro cargo. Sin embargo, el fiscal de nuevo ingreso ocupaba habitualmente el lugar del fiscal saliente, ya fuera en el ejercicio de las causas civiles o en el de las causas criminales.

Por Cédula Real expedida en Madrid el 20 de noviembre de 1578, se les concede a dichos fiscales el poder de juzgar en todos los negocios que presentan discordia de votos, así como en aquellos en los que el número de oidores no es el requerido. En las Leyes de Recopilación de 1576, se les señalaban a los fiscales algunas atribuciones: "...Mandamos que los fiscales hagan diligencias para que se acaben y fenezcan los procesos que se hicieren en la vista privada de los escribanos". Las funciones de los promotores fiscales consistían en vigilar lo que ocurría ante los tribunales del Crimen y en obrar de oficio, a nombre del pueblo cuyo representante era el Soberano.

Para comprender el actual Ministerio Público mexicano conviene observar cuál ha sido su origen y evolución.

Los Fiscales en el Derecho Novohispano

La Real Audiencia y Chancillería de México se erigió el 29 de noviembre de 1527 y se le dotó de ordenanzas el 22 de abril de 1528, siguiendo el modelo de las que se dieron para la Real Audiencia y Chancillería de Santo Domingo, en la isla de La Española. Las ordenanzas de la Audiencia de México fueron substancialmente reformadas el 12 de julio de 1530. Otra reforma importante fue la del 17 de abril de 1536, en la que se establecía que la Presidencia de la Audiencia de México correspondía al Virrey de la Nueva España. También presentaron innovaciones las llamadas Leyes Nuevas del 20 de noviembre de 1542, fundamentalmente en lo que respecta a las atribuciones gubernamentales de la Audiencia.

Podemos considerar que el período de formación de la Real Audiencia de México concluyó con las reformas de 1568 y 1597, en las que se creó la Real Sala del Crimen integrada por cuatro Alcaldes de Casa y Corte llamados también, en 1568, Alcaldes del Crimen, así como con la creación de la Fiscalía del Crimen en 1597. El Presidente virtual de la Audiencia de México era el Virrey de la Nueva España, pues siendo el representante personal del Monarca encarnaba todos los poderes estatales.

Por tanto, le correspondía presidir el organismo superior de la administración de la justicia.

Pero, aunque Presidente obligado de este Tribunal, no siendo letrado el Virrey tenía expresa prohibición de intervenir en los negocios de justicia. Ni siquiera estaba facultado a mostrar inclinación u opinión alguna en determinados asuntos. Es más, aunque fuere letrado, ni aun en el caso de desahogarse un recurso de fuerza en el Distrito de la Audiencia, y como prelado ordinario, le era dado intervenir. Sin embargo, en su carácter de presidente del Tribunal, el Virrey debía firmar todas las sentencias.

Entre los ministros de la Audiencia y Cancillería de México se encontraban los fiscales. No tienen un mismo origen los fiscales del orden civil y los del criminal. El Fiscal de lo Civil encuentra sus antecedentes más remotos en el mismo Derecho Romano, donde tanto el Fiscus, es decir, el Patrimonio del Príncipe, como el erario o patrimonio del Estado, tenían representantes e inclusive instrumentos procesales propios.

Los Fiscales del Crimen, en cambio, tienen un origen posterior. Si bien en la baja Edad Media se planteaba la necesidad de que la Corona estuviera representada en los tribunales superiores, el valor defendido no sólo radicaba en la Ley, sino en el poder y autoridad del Soberano. Más adelante, a falta de algún particular o en su refuerzo, el Fiscal actuaba como acusador; más no lo hacía en nombre de la sociedad ni pretendía salvaguardar los valores sociales. Lo hacía como manifestación del poder del mismo Monarca, quien en virtud de su señoría natural debía defender a sus vasallos. Así, no es sino hasta la aparición de la corriente racionalista según la cual las leyes son dadas en función de un bien social, cuando se empieza a ver el sistema de fiscalías como representante de la sociedad.

En un principio se les llamó procuradores fiscales; después, simplemente fiscales. Los Fiscales de lo Civil tenían como función promover y defender los intereses del Fisco; en cambio, los Fiscales del Crimen se encargaban de promover la observancia de las leyes relacionadas con los delitos y penas respectivas, convirtiéndose en acusadores públicos cuando era necesaria su intervención para la aplicación de sanciones del orden penal.

Al igual que los demás ministros de la Real Audiencia, los fiscales seguían ciertas formalidades después de su nombramiento; prestaban el juramento propio de los procuradores, en que quedaban contenidos los principios de las obligaciones que contraían y en que prometían ante Dios y ante el Rey: desempeñar sus deberes con la mayor diligencia y esmero posibles, así como jamás atentar contra el Fisco. Fiscal que no cumpliera con su juramento, recibía un castigo pecuniario consistente en la pérdida de la mitad de sus bienes y en la destitución de su cargo.

Entre las obligaciones de los fiscales se encontraban las siguientes: residir en la sede de la Fiscalía, trabajar por lo menos tres horas diarias; y rendir un informe semanal sobre su actuación en los casos que estuviere llevando. Les estaba vedado ejercer como abogados. Asimismo, debían abstenerse de tratar a ciertos personajes de las salas o audiencias que, en un momento determinado, pudieren comprometer su honorabilidad como fiscales. Tenían prohibido actuar en juicios eclesiásticos o desempeñar cualquier otro oficio, pero sí podían fungir como jueces en alguna de las salas, siempre y cuando no fueran parte.

Ayudaban a los fiscales en el desempeño de sus funciones otros letrados, llamados agentes fiscales o solicitadores, que vendrían a corresponder a nuestros modernos agentes del Ministerio Público. En la Audiencia de México había dos fiscales.

En la Recopilación de Indias se lee: "Es nuestra merced y voluntad que en cada una de las Reales Audiencias de Lima y México haya dos fiscales, que el más antiguo sirva la plaza en todo lo civil y el otro en lo criminal. Como se puede apreciar por el análisis de las cédulas, todos los fiscales tenían la misma jerarquía que los oidores de las reales audiencias: "advierto que la necesidad del cargo que ejercen ha resultado el estar mandado por cédulas reales, de ellas que se les guarde así en el salario como en las demás del mismo honor...que a los oidores".

En la Recopilación de Leyes de 1680 se hace mención a dos fiscales: uno de lo Civil y otro de lo Penal. Sin embargo, posteriormente hubo un tercer fiscal también encargado de los asuntos civiles, aunque se suprimió en 1778. El 18 de octubre de 1777 se dictó un decreto por el que se creaba una Fiscalía más, especializada en los asuntos de la Real Hacienda. Fue así como la Audiencia de México llegó a tener un total de cuatro fiscales.

Los Fiscales podían asistir al Real Acuerdo para emitir dictamen. Entre sus funciones estaba la de representar a la Corona en los pleitos sobre asuntos de gobierno, particularmente defendiendo la Real Hacienda y el Patronazgo. En las audiencias americanas los fiscales desempeñaban un papel muy importante, pues llevaban el título de Protectores de Indios, lo que implicaba ser prácticamente sus abogados en los pleitos que tenían contra los españoles.

En caso de que faltara uno de los fiscales, podía ser sustituido por el oidor de más reciente nominación, o por otro de los fiscales. La persona que lo supliere tenía derecho a cobrar la mitad del salario del sustituido; también se autorizó que un abogado reemplazara al fiscal que estuviere ausente.

Conforme a la Constitución de Cádiz de 1812, correspondía a las Cortes determinar el número de magistrados que habían de componer el Tribunal Supremo y Audiencia de la Península y de Ultramar. Resultado de ello fue el Decreto expedido el 9 de octubre de 1812, en el que se dispuso que en la Audiencia de México hubiera dos fiscales. Asimismo, por decreto expedido el 13 de septiembre de 1813, "las Cortes dividieron los partidos judiciales y ordenaron que en cada uno hubiera un Promotor Fiscal que fuera letrado y nombrado por el político superior de la provincia, oyendo el parecer de la audiencia y del mismo juez de primera instancia, por ser muy arduas y elevadas las funciones que ellos tenían que ejercer".

En resumen: podemos decir que de España heredamos la figura de Promotor o Procurador Fiscal o, simplemente llamado, el Fiscal, con base en las disposiciones que rigieron durante la época colonial. Sus funciones principales fueron: defender intereses tributarios de la Corona; perseguir los delitos y ser acusadores en el proceso penal; y asesorar a los órganos que tenían a su cargo la administración de justicia.

Surgimiento del Procurador General de la Nación

En las Bases para la Administración de la República, publicadas el 22 de abril de 1853, se establecía en su artículo 9° que: "Para que los intereses nacionales sean convenientemente atendidos en los negocios contenciosos que se versen sobre ellos, ya estén pendientes o se susciten en adelante, promover cuanto convenga a la Hacienda pública y que se proceda en todos los ramos con los conocimientos necesarios en puntos de derecho, se nombrará un procurador general de la nación, con sueldo de cuatro mil pesos, honores y condecoración de ministro de la Corte Suprema de Justicia, en la cual y en todos los tribunales superiores, será recibido como parte de la nación, y en los inferiores cuando lo disponga así el respectivo ministerio, y además despachará todos los informes en derecho que se le pidan por el gobierno. Será amovible a voluntad de éste, y recibirá instrucciones para sus procedimientos de los respectivos ministerios"

2.4. La Ley Lares y la Institución del Ministerio Público

En la Ley Lares expedida el 6 de diciembre de 1853, se instruye la organización del Ministerio Público como dependiente del Poder Ejecutivo. El fiscal debía ser oído siempre que hubiere duda y obscuridad sobre el sentido de la ley. El Procurador General de la Nación representaba los intereses del Gobierno. Claramente se explícita: "es el encargado de defender o cuidar los intereses nacionales en los siguientes casos: en los negocios que se sigan ante la autoridad judicial, en los contenciosos administrativos, en los asuntos de expropiación, así como en todos los que tenga interés la hacienda pública o se afecte su jurisdicción especial, y en todos los demás que prescriban las leyes" El 23 de noviembre de 1855 el presidente don Juan Álvarez expidió una ley en la que se ampliaba la intervención de los procuradores o promotores fiscales a la Justicia Federal.

Al año siguiente, siendo presidente don Ignacio Comonfort, se promulgó el Decreto del 5 de marzo de 1856 que se conoce con el nombre de Estatuto Orgánico Provisional de la República Mexicana, en el cual se establece: "Todas las causas criminales deben ser públicas, precisamente desde que se inicie el plenario, con excepción de los casos en que la publicidad sea contraria a la moral; a partir del plenario, todo inculpado tiene derecho a que se le den a conocer las pruebas que existen en su contra, permitiéndosele carearse con los testigos cuyos dichos le perjudiquen, debiendo ser oído en defensa propia.

Discusión sobre el Ministerio Público en el Constituyente de 1856-1857

En las sesiones del Congreso Constituyente de 1856 se vierten algunas ideas sobre las funciones que debía tener el Ministerio Público con base en el art. 27 del proyecto, el cual a la letra dice: "A todo procedimiento del orden criminal debe proceder querella o acusación de la parte ofendida, o instancia del Ministerio Público que sostenga los derechos de la sociedad". Al respecto el señor Villalobos opinó que el pueblo no puede delegar los derechos que debe ejercer por sí mismo, y que todo crimen es un ataque a la sociedad. Así pues, reclama para el ciudadano el derecho de acusar. A ello el señor Díaz González respondió que si se piensa que la existencia del Ministerio Público vulnera el derecho de acusar, lo mismo se pensará acerca del procedimiento de oficio.

Por su parte, el señor Moreno hizo notar que la redacción del artículo daba idea de que querella y acusación eran equivalentes, lo cual era inexacto. Pidió que todo ciudadano tuviera el derecho de acusar. El señor Castañeda declaró que crearía grandes dificultades el hecho de obligar al juez a esperar la acusación formal para proceder en lo criminal; que esto era atarles las manos, pretender reducirlo a un estado pasivo, facilitando la impunidad de todos los crímenes. También manifestó que en las causas de Hacienda se escuchaba siempre al promotor fiscal sin obtener por ello muy buenos resultados. En su opinión el artículo 27 requería para la administración de justicia, no de un funcionario, sino de dos, propiciando así complejidad y lentitud en el proceso.

De nuevo intervino el señor Díaz González, rebatiendo que el artículo quitara a los ciudadanos el derecho de acusar. Opinó que el Ministerio Público había estado a cargo de los mismos jueces, y ello disminuía en mucho las garantías del acusado. Además, al establecer el artículo la referida instrucción, daba lugar a la denuncia de la parte ofendida.

El señor Cerqueda apoyó el artículo, porque le parecía monstruoso que el juez fuera juez y parte simultáneamente, como había venido sucediendo. Para que el acusado tuviera garantías y los magistrados actuaran con imparcialidad, sustentaba como indispensable la existencia del Ministerio Público.

La Constitución de 1857

En la Constitución surgida de este Congreso se incorpora la existencia del Fiscal y la del procurador General en el Poder Judicial.

Finalmente, en el texto constitucional definitivo, en su título III relativo a la división de poderes, en la sección III dedicada al Poder Judicial, se declara que la Suprema Corte de Justicia estaría compuesta por once ministros propietarios, cuatro supernumerarios, un fiscal y un procurador general (art. 91).

De nueva cuenta se equipará jerárquicamente a los ministros, al Fiscal y —ahora también—al Procurador General, estableciendo como requisitos para poder ser electo en cualquiera de estos cargos, los siguientes: tener instrucción en la ciencia del Derecho a juicio de los electores; ser mayor de treinta y cinco años y ciudadano mexicano (por nacimiento) en ejercicio de sus derechos (art. 93).

La duración de todos estos cargos se limita a seis años (art. 92). Se permitía la renuncia sólo por causas graves, calificada como tal por el Congreso ante quien debía presentarse o, en los recesos de éste, ante la diputación permanente (art. 95).

El 29 de julio de 1862 se dicta el Reglamento de la Suprema Corte de Justicia, en donde se determinan como funciones del Procurador General las de intervenir en todos los negocios que siendo ventilados en la Corte, implicaran algún interés de la Hacienda Pública. En este mismo ordenamiento se declara que el fiscal de la Corte debía ser oído en todos los asuntos en materia penal o de responsabilidad; en conflictos de jurisdicción y competencia de los tribunales y en consulta sobre dudas de ley, siempre que él lo pidiera y la Corte lo considerase conveniente.

El Ministerio Público en el llamado "Imperio"

El 19 de diciembre de 1865 fue expedida la Ley para la Organización del Ministerio Público. Del contenido de sus cincuenta y siete artículos se concluye que el Ministerio Público estaba subordinado en todo al Ministerio de Justicia. El capítulo primero hacía referencia a los funcionarios, señalaba el ejercicio del Ministerio Público ante los Tribunales y mencionaba a un Procurador General del Imperio, a quien estaban subordinados los procuradores imperiales y abogados generales. El Ministerio Público dependía del Emperador; él designaba a todos los funcionarios que lo integraban, pero siempre actuaban bajo la dirección del Procurador General.

La competencia y funciones del Ministerio Público eran tanto en materia criminal como en materia civil. En el artículo 33 se establecía que la acción pública criminal para la aplicación de las penas pertenecía a los funcionarios del Ministerio Público, en la forma y la manera en que lo describía la ley. El artículo 34 mencionaba que los funcionarios del Ministerio Público podían ejercer la acción pública, cuando el delito se hubiera cometido dentro del Distrito Jurisdiccional del Juez o Tribunal al que estaban adscritos, o cuando el delincuente habitara o se encontrara en ese mismo Distrito.

Se asentaba también en el artículo 41 que el Ministerio Público, aun cuando interviniera como parte principal, no procedía como acusador necesario, y podía pedir en nombre de la justicia el castigo del culpable, lo mismo que la absolución del acusado cuando el hecho por el que se le acusaba no constituía un delito; asimismo, podía apelar tanto las sentencias condenatorias como las absolutorias.

En el artículo 43 se disponía que el Ministerio Público no podía ejercitar su acción en los casos en que las leyes reservaran expresamente la acusación a las partes ofendidas, mientras éstas no hicieran uso del derecho de acusar. Tampoco podía ejercitarla en los delitos privados que sólo ofendían a los particulares, mientras ésos no se querellaban ante los tribunales.

En el capítulo quinto de la Ley para la Organización del Ministerio Público se establecieron la competencia y las funciones del Ministerio Público en los tribunales de policía o correccionales. Tenía facultades para abocarse al conocimiento de infracciones a los reglamentos de policía, y a determinados delitos. Podía solicitar la imposición de multas, tanto a las partes como a los testigos, y tenía también la facultad de hacer ejecutar las sentencias.

De igual manera, se reglamentó la extinción de la acción penal en los casos de amnistía o indulto, muerte del reo o prescripción del delito. Algunas otras normas de carácter administrativo y referentes al Secretario del Procurador; a los emolumentos que debía percibir y a las obligaciones de los agentes del Ministerio Público relacionadas con los informes que debían rendir al Procurador de los asuntos en que intervenían, se establecieron en los capítulos VI, VII y VIII.

La Ley de Jurados Criminales de 1869

En la Ley de Jurados Criminales del 15 de junio de 1869, se estableció en sus artículos 4° al 8°, tres promotorías fiscales para los juzgados de lo criminal, con la obligación de promover todo lo conducente en la investigación de la verdad, así como facultades para intervenir en los procesos desde el auto de formal prisión. Los promotores fiscales a que se refiere la ley mencionada debían ser letrados, de experiencia reconocida y con un mínimo de cinco años de ejercer la profesión. Se refería a aquellos que tuvieran facilidad para argumentar.

Entre las obligaciones de los promotores fiscales se encontraba la de promover todo lo conducente a la averiguación de la verdad en los procesos criminales, interviniendo a partir del auto de formal prisión. Constituían la parte acusadora en toda causa criminal, y el denunciante o la parte ofendida por el delito podían valerse de ellos. Pero si los interesados estaban en desacuerdo con el Promotor Fiscal podían promover por su parte cualquier prueba, y el Juez, bajo su responsabilidad, podía admitirla o rechazarla.

Son documentos claves para comprender el funcionamiento del Ministerio Público y de la Policía Judicial, antes de la Constitución Política de 1917, los códigos de procedimientos penales de 1880 y 1894; el Código de Procedimientos Federales de 1895; la reforma hecha al artículo 96 de la Constitución Política de 1857 en mayo de 1900; y las leyes orgánicas del Ministerio Público común y federal de 1903 y 1908.

Código de Procedimientos Penales para el Distrito y Territorios de la Federación

En el Código de Procedimientos Penales para el Distrito Federal, publicado el 15 de septiembre de 1880, se mencionaba al Ministerio Público como una magistratura instituida para pedir y auxiliar en nombre de la sociedad la pronta administración de la justicia, así como para defender sus intereses ante los tribunales. La Policía Judicial por su parte, tenía como objetivo principal la investigación de los delitos, la reunión de las pruebas y el descubrimiento de sus autores, cómplices y encubridores.

En el nuevo código se adoptaba la teoría francesa al establecerse que, en los delitos perseguibles de oficio, el Ministerio Público requeriría sin pérdida de tiempo la intervención del Juez competente del ramo penal, para que iniciara el procedimiento. Cuando el Juez no estuviese y el inculpado se fugará y se destruyesen o desaparecieren los vestigios del delito, estaba facultado para mandar aprehender al responsable, y hacer lo necesario para asegurar los instrumentos, huellas o efectos del delito, dando parte sin pérdida de tiempo al Juez competente.

El Ministerio Público desempeñaba las funciones de acción y requerimiento, como en la doctrina francesa. Además, intervenía como miembro de la Policía Judicial durante la investigación de los delitos. Al Ministerio Público le correspondía perseguir y acusar ante los tribunales a los responsables de los delitos y vigilar la ejecución puntual de la sentencia. La Ley establecía que el jefe de la Policía Judicial, que era el Juez de Instrucción, debía intervenir desde el inicio del procedimiento.

El Ministerio Público, los inspectores de cuartel, los comisarios e inspectores de policía, los jueces auxiliares o de campo, los comandantes de fuerzas de seguridad rural, y los prefectos y subprefectos políticos, podían desempeñar funciones investigatorias solamente en el caso de emergencia, estando ausente el Juez de lo Criminal. Estas funciones las podían desempeñar levantando de inmediato las actas de descripción e inventario. Tenían instrucciones de transmitirlas sin demora alguna al Juez quien podía ordenar, si así lo consideraba conveniente, que el contenido de las actas se repitiese en su presencia.

También los jueces de paz eran miembros de la Policía Judicial y estaban encargados de practicar las primeras diligencias, mientras se presentaba el Juez de lo Criminal, quien debía continuarlas. El ofendido por el delito o cualquier persona enterada del mismo, debía hacerlo del conocimiento del Juez competente, del representante del Ministerio Público o de alguno de los funcionarios que, conforme a la ley, tenían atribuciones de Policía Judicial.

Don Ignacio Mariscal, Secretario de Justicia e Instrucción Pública durante el gobierno de Porfirio Díaz, explicaba el funcionamiento de la Institución en los siguientes términos: "Se establecen reglas generales para que el despacho sea uniforme en los Tribunales del Crimen, procurando extirpar corruptelas introducidas en nuestro foro y adoptando medios para hacer pronta y expedita la administración de la Justicia Penal. En este particular, debe mencionarse la organización completa que da el Ministerio Público, institución que, como es bien sabido, tiene por objeto promover y auxiliar la administración de Justicia en sus diferentes ramos.

Hoy con el establecimiento de un jefe de ese Ministerio, que estará en contacto con la administración y con la subordinación a ese alto funcionario de todos los agentes de su departamento, habrá unidad en las funciones del mismo, así como con las facultades que se le conceden, para instruir las primeras diligencias y disponer de la policía; su acción será así más eficaz y conveniente para la persecución de los delitos y faltas. Constitúyase el Ministerio Público en vigilante continuo de la conducta que observan los magistrados y jueces, así como sus dependientes, imponiéndoles la obligación de acusarlos siempre que infrinjan sus deberes, lo que no existía con la extensión necesaria en ningún funcionario de los conocidos entre nosotros, por cuya razón la responsabilidad judicial dependió en muchos casos que afectara al interés público, de que los particulares quisieran y pudieran exigirla".

En mayo de 1894 se promulga el segundo Código de Procedimientos Penales para el Distrito y Territorios de la Federación. De hecho, conserva la estructura del Código de 1880, corrigiendo los vicios advertidos en la práctica, pero con tendencia a mejorar y fortificar la institución del Ministerio Público y a reconocerle autonomía e influencia propia en el proceso penal.

2.5. El Ministerio Público Surgido de la Constitución de 1917

El artículo 21 constitucional en el Congreso Constituyente

En septiembre de 1916 se convocó al pueblo a elecciones de diputados al Congreso Constituyente, mismas que se verificaron el 22 de octubre conforme a la convocatoria del Primer Jefe del Ejército Constitucionalista. Las sesiones del Congreso se inauguraron el 21 de noviembre para analizar los expedientes de los diputados y para constituir, definitivamente, el conjunto de representantes populares que se dedicaría a la tarea de revisar el Proyecto de Constitución enviado por Venustiano Carranza.

La sesión inaugural de los trabajos del Congreso Constituyente se celebró el 1° de diciembre. En ellas se presentó don Venustiano Carranza para hacer la declaración de apertura y entregar su Proyecto de Constitución, mediante un informe en el que exponía los motivos que habían fundado la redacción de los principales artículos, inmediatamente después del informe el Congreso inició sus trabajos, y comenzaron los debates para aprobar o reformar los artículos propuestos por el Primer Jefe.

Siendo nuestro objetivo analizar la reorganización que en la Constitución de 1917 se hace del Ministerio Público, y en vista de que son los artículos 21 y 102 los que, para tal efecto, se dictaron y siguen vigentes, nos abocaremos a analizar y detallar los dictámenes, los debates y la aprobación que de los mencionados artículos se hizo en el citado Congreso.

El Informe de Don Venustiano Carranza En la exposición de motivos, que a manera de informe presentó don Venustiano Carranza, se refirió al proyecto del artículo 21, de la siguiente manera: "El artículo 21 de la Constitución de 1857 dio a la autoridad administrativa la facultad de imponer como corrección hasta quinientos pesos de multa, o hasta un mes de reclusión en los casos y modos que expresamente determine la ley, reservando a la autoridad judicial la aplicación exclusiva de las penas propiamente tales.

"Este precepto abrió una anchísima puerta de abuso, pues la autoridad administrativa se consideró siempre en posibilidad de imponer sucesivamente a su voluntad, por cualquiera falta imaginaria, un mes de reclusión, mes que no terminaba en mucho tiempo.

"La reforma que sobre este particular se propone, a la vez que confirma a los jueces la facultad exclusiva de imponer penas, sólo concede a la autoridad administrativa castigar la infracción de los reglamentos de policía, que por regla general sólo da lugar a penas pecuniarias y no de reclusión, la que únicamente se impone cuando el infractor no puede pagar la multa.

"Pero la reforma no se detiene allí, sino que propone una innovación que de seguro revolucionará completamente el sistema procesal que durante tanto tiempo ha regido en el país, no obstante, todas sus imperfecciones y deficiencias.

"Las leyes vigentes, tanto en el orden federal como en el común, han adoptado la institución del Ministerio Público, pero tal adopción ha sido nominal, porque la función asignada a los representantes de aquél tiene carácter meramente decorativo para la recta y pronta administración de justicia.

"Los jueces mexicanos a continúa don Venustiano Carranza- han sido durante el período corrido desde la consumación de la Independencia hasta hoy, iguales a los de la época colonial ellos son los encargados de averiguar los delitos y buscar las pruebas a cuyo efecto siempre se han considerado autorizados a emprender verdaderos asaltos contra los reos, para obligarlos a confesar, lo que sin duda alguna desnaturaliza las funciones de la judicatura.

"La sociedad entera recuerda horrorizada los atentados cometidos por jueces que, ansiosos de renombre, veían como positiva fruición que llegase a sus manos un proceso que les permitiera desplegar un sistema completo de opresión, en muchos casos contra personas inocentes, y en otros contra la tranquilidad y el honor de las familias, no respetando en sus inquisiciones, ni las barreras mismas que terminantemente establecía la ley.

"La misma organización del Ministerio Público a la vez que evitará ese sistema procesal tan vicioso, restituyendo a los jueces toda la dignidad y toda la responsabilidad de la magistratura, dará al Ministerio Público toda la importancia que le corresponde, dejando exclusivamente la persecución de los delitos, la busca de los elementos de convicción que ya no se hará por procedimientos atentatorios y reprobados, y la aprehensión de los delincuentes.

Como órgano administrador de la justicia se considera al MP como titular de la acción oficial, en cuántos casos afectan al interés público más o menos directamente, sin perjuicio de hacerlo también en aquellos casos en que se ventilan cuestiones que afectan a intereses privados considerados como dignos de una especial tutela. Esta figura del proceso, no obstante, su importancia, no ha sido estudiada con la atención que se merece, sin embargo, los procesalistas parecen cada vez más atentos a esta Institución y tratan de hacer de ella objeto especial de sus investigaciones.

Algunos autores como Rafael de Pina (1940) lo consideran una Institución Judicial. Tal vez se deba a la confusión de sus funciones lo que provoca y ha provocado que las mismas vayan más allá de lo que realmente como Institución Administrativa deba realizar. En la vida diaria se puede dar uno cuenta como el MP se encarga de los casos más injustos ya que del MP emana el veredicto sobre si el ofendido es o no lo es, o inclusive si el presunto culpable efectivamente lo es; se dan casos en que el presunto culpable tiene pruebas que demuestran su inocencia y de todos modos se le sanciona o se le presiona para acreditar lo contrario, claro, todo esto aunado a factores como lo son los económicos, error en la administración del mismo MP, coacción por parte de la Policía Investigadora y en fin, factores que influyen de manera determinante para el mal desempeño de su función administrativa que debe ser.

Esta confusión de sus funciones ha provocado que se le considere como órgano judicial, encargado de juzgar los actos no como órgano administrativo, hablemos también del soborno, este grave problema que origina en casos concretos la libertad a la persona verdaderamente culpable, de este modo se provocan graves injusticias y se abre un campo de actitudes vengativas que rompen un orden jurídico público.

Es innegable, el excesivo poder que ha traído el desarrollo inmoderado de las funciones del MP, no solo pone en peligro la libertad de seres inocentes, patrimonios bien cimentados, sino que pone de manifiesto la irresponsabilidad de quienes se supone deben estar al cuidado de la sociedad y no para perjudicar el bien común, el bienestar social.

Se dan casos, en que la ignorancia de la misma gente impide denunciar un hecho delictuoso ante el Agente del MP, puesto que no sabe o simplemente no quiere, ya sea por temor a represalias por parte del acusado o al Ministerio Público, si esta es nuestra realidad, se está ante una pequeñísima muestra de los alcances que como Institución ha tenido por lo que respecta a sus funciones, ya que se le tiene catalogada como una Institución deshonesta, no capaz de perseguir, conforme a derecho, los fines para los cuales se debe desempeñar.

Fundamento Constitucional del Ministerio Público

El artículo 21, tal como lo proponía Carranza, decía así:

"La imposición de las penas es propia y exclusiva de la autoridad judicial. Sólo incumbe a la autoridad administrativa el castigo de las infracciones de los reglamentos de policía y la persecución de los delitos por medio del ministerio público y de la policía judicial que estará a la disposición de éste. La autoridad judicial mandará, siguiendo este criterio, buscar y aprehender a los reos. Se podrá valer, para la aprehensión, de la autoridad administrativa para cuyas funciones la autoridad administrativa tendrá a sus órdenes al Ministerio Público y a la Policía investigadora Ministerial.

Con este proyecto, y con las consideraciones hechas por el señor Carranza en sus informes, la comisión formada por el General Francisco J. Múgica, como presidente, Alberto Román, Luis G. Monzón, enrique Recio y Enrique Colunga, presentó ante el Congreso su dictamen en la 27ª. Sesión ordinaria, efectuada la tarde del martes 2 de enero de 1917, bajo la presidencia del señor Luis Manuel Rojas y con la asistencia de 124 diputados.

Ya hoy en día observamos que la imposición de penas es propia de la autoridad judicial. La investigación y persecución de los delitos incumbe al Ministerio Público, el cual se auxiliará con una policía que estará bajo su autoridad y mando inmediato. Compete a la autoridad administrativa la aplicación de sanciones por las infracciones de los reglamentos gubernativos y de policía, las que únicamente consistirán en multa o arresto hasta por treinta y seis horas; pero si el infractor no pagare la multa que se le hubiese impuesto, se permutará ésta por el arresto correspondiente, que no excederá en ningún caso de treinta y seis horas.

Si el infractor fuese jornalero, obrero o trabajador, no podrá ser sancionado con multa mayor del importe de su jornal o salario de un día.

Tratándose de trabajadores no asalariados, la multa o excederá del equivalente a un día de su ingreso.

Las resoluciones del Ministerio Público sobre el no ejercicio y desistimiento de la acción penal, podrán ser impugnadas por vía jurisdiccional en los términos que establezcan la ley (Constitución Mexicana, 2026).

Funciones y Atribuciones del Ministerio Público Local

La función del MP sobresale en el campo del proceso penal y es un sujeto que interviene en la relación para proponer la pretensión punitiva derivada del delito, a nombre y por cuenta del estado, es decir, que promueve y ejerce la acción penal.

Según la ley mexicana, corresponde al Ministerio Público:

Cuidar en general de la legalidad y en especial del respeto a la Constitución Aconsejar al gobierno en materia jurídica Defender a la colectividad de los ataques de los individuos, especialmente en materia delictiva Defender los intereses de la Federación y representar a la Federación en los conflictos con las entidades federativas, interviniendo en los que surjan entre ellas.

Como consecuencia de la reforma constitucional introducida por los artículos 21 y 102 en 1917[5], la Institución quedó transformada de acuerdo con las siguientes bases:

El monopolio de la acción penal corresponde exclusivamente al estado y el único órgano estatal a quien se encomienda su ejercicio es el Ministerio Público. De conformidad con el pacto federal, todos los estados de la república deben ajustarse a las disposiciones constitucionales, estableciendo en sus respectivas entidades la institución.

Como titular de la acción penal, tiene todas las funciones de acción y requerimiento, persiguiendo y acusando ante los tribunales a los responsables de un delito, pues el juez penal no puede actuar de oficio y necesita la petición del MP.

La Policía Investigadora Ministerial tiene a su cargo la investigación de los delitos, la búsqueda de las pruebas y el descubrimiento de los responsables, y debe estar bajo control y la vigilancia del MP, entendiéndose que dicha corporación constituye una función, que cualquier autoridad administrativa facultada por la ley, puede investigar delitos, pero siempre que esté bajo la autoridad y mando inmediato de los funcionarios del Ministerio Público. Los jueces de lo criminal pierden su carácter de policía judicial, no están facultados para buscar pruebas por iniciativa propia y sólo pueden desempeñar funciones decisorias. Los particulares no pueden ocurrir directamente a los jueces como denunciantes o como querellantes, deben hacerlo ante el Ministerio Público, para que éste, dejando satisfechos los requisitos legales, promueva la acción penal que corresponda.

En lo civil, la participación del Ministerio Público se observa limitadamente en la expedición de copias certificadas o testimonios de documentos archivados, en cuestiones de competencia, en relación con la ejecución de sentencias extranjeras, con divorcios por mutuo consentimiento, en los concursos de acreedores.

5. Constitución Política Méx., 2026

En el juicio sucesorio en los procedimientos testamentarios y en varios de jurisdicción voluntaria, además de actuar como parte en los casos en que interesen a la federación.

En México sólo la Suprema Corte de Justicia de la Nación tiene el control de los actos del MP a través de la reparación del daño, íntima e indisolublemente ligada a la acción penal. El verdadero papel, como lo dice Manzini debe estar dotado de garantía.

La institución del Ministerio Público basa su actividad en lo judicial, incluso en ocasiones realiza actividades administrativas. La legislación ordinaria, la jurisprudencia y la práctica han venido otorgando al MP facultades que exceden con mucho su función constitucional.

Dos son las funciones del MP que competen tanto al Ministerio Público Federal como al Local:

- ✓ La investigación de hechos posiblemente delictuosos, y
- ✓ El ejercicio de la acción en el proceso penal

El MP lleva a cabo su función investigadora en la etapa preliminar del proceso penal denominada de Averiguación Previa con el auxilio de la Policía Investigadora Ministerial.

La investigación es básica en el MP para poder determinar si hubo delito y encontrar al culpable y ejercer la acción penal, asimismo al ejercer la actividad de investigación actúa como autoridad ya que la Policía Investigadora Ministerial está bajo su mando inmediato como lo ordena el artículo 21 constitucional. El MP del Distrito Federal, al tomar conocimiento de hechos de competencia federal, deberá practicar las diligencias más urgentes y necesarias.

La investigación se inicia a partir del momento en que el MP tiene conocimiento de un hecho posiblemente delictivo, a través de una denuncia, una acusación o una querella, y tiene por finalidad optar en sólida base jurídica: Por el ejercicio o la abstención de la acción penal, no necesariamente ejercer la acción penal.

La Carpeta de investigación como su nombre lo indica consiste en indagar, investigar antes, por lo que se considera la etapa procedimental durante la cual el órgano investigador realiza todas aquellas diligencias para comprobar el cuerpo del delito y la probable responsabilidad y después optar por el ejercicio o abstención penal.

El Estado es el encargado de sancionar la comisión de un delito, aunque esto originalmente corresponde a la sociedad, misma que ha delegado la titularidad (Flores, 2008). De la Averiguación Previa al MP según lo establece el artículo 21 constitucional, evidentemente el MP tiene la atribución de orden constitucional de averiguar los delitos y esta atribución la lleva a cabo mediante dicha averiguación, por lo tanto, la titularidad de esta etapa corresponde al MP.

Toda La Carpeta de investigación se inicia mediante una noticia (jurídicamente llamada denuncia o querella) que hace del conocimiento del MP la comisión de un hecho posiblemente constitutivo de delito, tal noticia puede ser proporcionada por un particular, una institución, un agente o un miembro de una corporación policíaca o cualquier otra persona que tenga conocimiento de la ejecución de un hecho presumiblemente delictivo.

El MP al integrar una Averiguación Previa debe observar y respetar íntegramente en todos los actos que realice, las garantías constitucionales establecidas para todos los individuos de manera que la averiguación se efectúe con absoluto apego a derecho y no afecte la seguridad y la tranquilidad de los individuos.

El MP está integrado básicamente con un Agente del Ministerio Público, dos oficiales secretarios, un archivista y un Fiscal o Coordinador pudiendo variar el número de ellos conforme a las cargas de trabajo existentes y en todo caso deberá estar a cargo de la Agencia un Agente o un Secretario. Dentro de la Agencia investigadora, en cierta manera integrada a ella, pero no realizando funciones de investigación de los delitos, se encuentran elementos de Servicios Sociales que laboran en tareas de orientación y atención al público que acude a las Agencias del Ministerio Público.

Los principios que caracterizan al MP son:

- Jerarquía
- Independencia

- Irrecusabilidad
- Indivisibilidad

Por otra parte, las Atribuciones del Ministerio Público Federal son:

Vigilar la observancia de los principios de constitucionalidad y legalidad en el ámbito de su competencia, sin perjuicio de las atribuciones que legalmente correspondan a otras autoridades jurisdiccionales o administrativas. Promover la pronta, expedita y debida procuración e impartición de justicia y también intervenir en los actos que sobre esta materia prevenga la legislación acerca de planeación del desarrollo.

Representar a la Federación en todos los negocios que ésta sea parte, e intervenir en las controversias que se susciten entre dos o más estados de la unión, entre un estado y la federación o entre los poderes de un mismo estado y en los casos de los diplomáticos y los cónsules generales.

Prestar consejo jurídico al Gobierno Federal.

Perseguir los delitos del orden federal

Representar al Gobierno Federal, previo acuerdo con el Presidente de la República en actos en que deba intervenir la Federación ante los estados de la República, cuando se trate de asuntos relacionados con la Procuración e impartición de justicia.

Dar cumplimiento a las leyes, tratados y acuerdos de alcance internacional en que se prevea la intervención del Gobierno Federal, en asuntos concernientes a las atribuciones de la Institución y con la intervención que en su caso, corresponda a otras dependencias.

Características del Ministerio Público

I. Constituye un cuerpo orgánico: La Institución del Ministerio Público constituye una entidad colectiva, carácter que principia a apuntarse en un Código de Procedimientos Penales de 1880 y se señala con precisión en la Ley Orgánica del Ministerio Público de 1903.

II. Actúa bajo una dirección: A partir de la Ley Orgánica en 1903, el Ministerio Público actúa bajo la dirección de un Procurador de Justicia.

III. Depende del Ejecutivo: El Ministerio Público depende del poder ejecutivo, siendo el Presidente de la República el encargado de hacer el nombramiento de Procurador General de Justicia.

IV. Representa a la sociedad: A partir de la Ley Orgánica de 1903 el Ministerio Público se estima como representante de los intereses sociales y es el encargado de defenderlos ante los Tribunales. Así pues, actúa independientemente de la parte ofendida.

El Ministerio Público, aunque tiene pluralidad de miembros, posee indivisibilidad en sus funciones, en cuanto que todas ellas emanan de una sola parte: La sociedad. Uno de sus miembros puede sustituirse en cualquier momento por otro, sin que tal hecho exija cumplimiento de formalidades.

Es parte de los procesos: Desde 1903 el MP dejó de ser un simple auxiliar de la administración de la justicia para convertirse en parte. Tiene a sus órdenes a la Policía Investigadora Ministerial: A partir de la Constitución de 1917 deja de ser miembro de la Policía Judicial y desde ese momento es la Institución a cuyas órdenes se encuentra la propia Policía Investigadora.

Tiene el monopolio de la acción procesal penal: Correspondiendo exclusivamente al MP la persecución de los delitos es lógico que dicha Institución tenga el monopolio de la acción procesal penal, por lo que la intervención del MP es imprescindible para la existencia de los procesos. Es una Institución Federal: Por estar prevista la Institución del MP en la Constitución de 1917 están obligados todos los estados de la Federación a establecer dicha Institución.

2.6. El Ministerio Púbico en la Actualidad

Artículo 21. La investigación de los delitos corresponde al Ministerio Público, a la secretaría del ramo de seguridad pública del Ejecutivo Federal, a la Guardia Nacional y a las policías, en el ámbito de su competencia, las cuales actuarán bajo la conducción y mando de aquél en el ejercicio de esta función. Párrafo reformado DOF 30-09-2024, 31-12-2024.

El ejercicio de la acción penal ante los tribunales corresponde al Ministerio Público. La ley determinará los casos en que los particulares podrán ejercer la acción penal ante la autoridad judicial.

La imposición de las penas, su modificación y duración son propias y exclusivas de la autoridad judicial.

Compete a la autoridad administrativa la aplicación de sanciones por las infracciones de los reglamentos gubernativos y de policía, las que únicamente consistirán en multa, arresto hasta por treinta y seis horas o en trabajo a favor de la comunidad; pero si el infractor no pagare la multa que se le hubiese impuesto, se permutará esta por el arresto correspondiente, que no excederá en ningún caso de treinta y seis horas.

Si el infractor de los reglamentos gubernativos y de policía fuese jornalero, obrero o trabajador, no podrá ser sancionado con multa mayor del importe de su jornal o salario de un día.

Tratándose de trabajadores no asalariados, la multa que se imponga por infracción de los reglamentos gubernativos y de policía, no excederá del equivalente a un día de su ingreso.

El Ministerio Público podrá considerar criterios de oportunidad para el ejercicio de la acción penal, en los supuestos y condiciones que fije la ley.

El Ejecutivo Federal podrá, con la aprobación del Senado en cada caso, reconocer la jurisdicción de la Corte Penal Internacional.

La seguridad pública es una función del Estado a cargo de la Federación, las entidades federativas y los Municipios, cuyos fines son salvaguardar la vida, las libertades, la integridad y el patrimonio de las personas, de conformidad con lo dispuesto en el artículo 4o. de esta Constitución que garantiza los deberes reforzados de protección del Estado con las mujeres, adolescentes, niñas y niños; así como contribuir a la generación y preservación del orden público y la paz social, de conformidad con lo previsto en esta Constitución y las leyes en la materia. La seguridad pública comprende la prevención, investigación y persecución de los delitos, así como la sanción de las infracciones administrativas, en los términos de la ley, en las respectivas competencias que esta Constitución señala. La actuación de las instituciones de seguridad pública se regirá por los principios de legalidad, objetividad, eficiencia, profesionalismo y honradez, así como por la perspectiva de género y el respeto a los derechos humanos reconocidos en esta Constitución. DOF, 15-11-2024.

Las instituciones de seguridad pública serán disciplinadas, profesionales y de carácter civil. DOF, 30-08-2024.

El Ministerio Público y las instituciones policiales de los tres órdenes de gobierno, incluida la Guardia Nacional, deben coordinarse entre sí para cumplir los fines de la seguridad pública y conformarán el Sistema Nacional de Seguridad Pública, que estará sujeto a las siguientes bases mínimas: DOF, 30-09-2024.

a) La regulación de la selección, ingreso, formación, permanencia, evaluación, reconocimiento y certificación de los integrantes de las instituciones de seguridad pública. La operación y desarrollo de estas acciones será competencia de la Federación, las entidades federativas y los Municipios en el ámbito de sus respectivas atribuciones. DOF, 29-01-2016.

b) El establecimiento de un sistema nacional de información en seguridad pública a cargo de la Federación al que ésta, las entidades federativas y los Municipios, a través de las dependencias responsables de la seguridad pública, proporcionarán la información de que dispongan en la materia, conforme a la ley. El sistema contendrá también las bases de datos criminalísticos y de personal para las instituciones de seguridad pública. Ninguna persona podrá ingresar a las instituciones de seguridad pública si no ha sido debidamente certificada y registrada en el sistema. DOF, 26-03-2019.

c) La formulación de políticas públicas tendientes a prevenir la comisión de delitos.

d) Se determinará la participación de la comunidad que coadyuvará, entre otros, en los procesos de evaluación de las políticas de prevención del delito así como de las instituciones de seguridad pública.

e) Los fondos de ayuda federal para la seguridad pública, a nivel nacional serán aportados a las entidades federativas y municipios para ser destinados exclusivamente a estos fines. Estos fondos serán auditados y su debido ejercicio vigilado por el Sistema a través de su Secretariado Ejecutivo. Inciso reformado DOF 31-12-24.

f) El Sistema contará con un Secretariado Ejecutivo, el cual podrá ampliar las bases, emitir acuerdos y lineamientos, así como realizar las acciones necesarias para lograr la homologación de estándares y criterios, así como una coordinación eficiente, transparente y responsable, en el ejercicio de las atribuciones concurrentes de los tres órdenes de gobierno; en todo momento en atención a los fines del Sistema y los objetivos de la Estrategia Nacional de Seguridad Pública.

Inciso reformado DOF 31-12-24.

La Federación contará con la Guardia Nacional, fuerza de seguridad pública, profesional, de carácter permanente e integrada por personal militar con formación policial, dependiente de la secretaría del ramo de defensa nacional, para ejecutar la Estrategia Nacional de Seguridad Pública en el ámbito de su competencia. Los fines de la Guardia Nacional son los señalados en el párrafo noveno de este artículo, la coordinación y colaboración con las entidades federativas y Municipios, así como la salvaguarda de los bienes y recursos de la Nación. La ley determinará la estructura orgánica y de dirección de la Guardia Nacional. Párrafo adicionado DOF 26-03-2024 Reformado, (DOF 30-09-24).

La secretaría del ramo de seguridad pública formulará, coordinará y dirigirá la Estrategia Nacional de Seguridad Pública, así como los programas, las políticas y acciones respectivos; auxiliará a la persona titular de la Presidencia de la República en el ejercicio de las funciones en materia de seguridad nacional; le corresponderá la coordinación del Sistema Nacional de Inteligencia en materia de seguridad pública, en los términos que señale la ley, y podrá coordinar las acciones de colaboración de los tres órdenes de gobierno, a través de las instituciones de seguridad pública, los cuales además deberán de proporcionar la información de que dispongan o que recaben en la materia conforme a la ley. Podrá solicitar información a las instituciones y dependencias del Estado para la identificación y esclarecimiento de los hechos presuntamente constitutivos de delitos. Párrafo adicionado DOF 26-03-2019 Reformado DOF 30-09-24., 31-12-2024.

La formación y el desempeño de los integrantes de la Guardia Nacional y de las demás instituciones policiales se regirán por una doctrina policial fundada en el servicio a la sociedad, la disciplina, el respeto a los derechos humanos, al imperio de la ley, al mando superior, y en lo conducente a la perspectiva de género. Párrafo adicionado DOF 26-02-2019.

Y a Nivel Federal el Ministerio Público (MP)

En su Artículo 102 Constitucional.

A. El Ministerio Público de la Federación se organizará en una Fiscalía General de la República como órgano público autónomo, dotado de personalidad jurídica y patrimonio propio. **Párrafo reformado DOF 29-01-2016.**

Para que una persona pueda ser titular de la Fiscalía General de la República se requiere: ser ciudadana mexicana por nacimiento, en ejercicio de sus derechos; tener cuando menos treinta y cinco años cumplidos el día de la designación; contar, con antigüedad mínima de diez años, con título profesional de licenciatura en derecho; gozar de buena reputación, y no haber sido condenada por la comisión de delito doloso. **Párrafo reformado DOF 29-05-2023.**

El Fiscal General durará en su encargo nueve años, y será designado y removido conforme a lo siguiente:

I. A partir de la ausencia definitiva del Fiscal General, el Senado de la República contará con veinte días para integrar una lista de al menos diez candidatos al cargo, aprobada por las dos terceras partes de los miembros presentes, la cual enviará al Ejecutivo Federal.

Si el Ejecutivo no recibe la lista en el plazo antes señalado, enviará libremente al Senado una terna y designará provisionalmente al Fiscal General, quien ejercerá sus funciones hasta en tanto se realice la designación definitiva conforme a lo establecido en este artículo. En este caso, el Fiscal General designado podrá formar parte de la terna.

II. Recibida la lista a que se refiere la fracción anterior, dentro de los diez días siguientes el Ejecutivo formulará una terna y la enviará a la consideración del Senado.

III. El Senado, con base en la terna y previa comparecencia de las personas propuestas, designará al Fiscal General con el voto de las dos terceras partes de los miembros presentes dentro del plazo de diez días.

En caso de que el Ejecutivo no envíe la terna a que se refiere la fracción anterior, el Senado tendrá diez días para designar al Fiscal General de entre los candidatos de la lista que señala la fracción I.

Si el Senado no hace la designación en los plazos que establecen los párrafos anteriores, el Ejecutivo designará al Fiscal General de entre los candidatos que integren la lista o, en su caso, la terna respectiva.

IV. El Fiscal General podrá ser removido por el Ejecutivo Federal por las causas graves que establezca la ley. La remoción podrá ser objetada por el voto de la mayoría de los miembros presentes de la Cámara de Senadores dentro de un plazo de diez días hábiles, en cuyo caso el Fiscal General será restituido en el ejercicio de sus funciones. Si el Senado no se pronuncia al respecto, se entenderá que no existe objeción.

V. En los recesos del Senado, la Comisión Permanente lo convocará de inmediato a sesiones extraordinarias para la designación o formulación de objeción a la remoción del Fiscal General.

VI. Las ausencias del Fiscal General serán suplidas en los términos que determine la ley.

Corresponde al Ministerio Público de la Federación la persecución, ante los tribunales, de todos los delitos del orden federal; y, por lo mismo, solicitará las medidas cautelares contra los imputados; buscará y presentará las pruebas que acrediten la participación de éstos en hechos que las leyes señalen como delito; procurará que los juicios federales en materia penal se sigan con toda regularidad para que la impartición de justicia sea pronta y expedita; pedirá la aplicación de las penas, e intervendrá en todos los asuntos que la ley determine. **Párrafo reformado DOF 29-01-2016.**

La Fiscalía General contará, al menos, con las fiscalías especializadas en materia de delitos electorales y de combate a la corrupción, cuyos titulares serán nombrados y removidos por el Fiscal General de la República. El nombramiento y remoción de los fiscales especializados antes referidos podrán ser objetados por el Senado de la República por el voto de las dos terceras partes de los miembros presentes, en el plazo que fije la ley; si el Senado no se pronunciare en este plazo, se entenderá que no tiene objeción.

La ley establecerá las bases para la formación y actualización de los servidores públicos de la Fiscalía, así como para el desarrollo de la carrera profesional de los mismos, la cual se regirá por los principios de legalidad, objetividad, eficiencia, profesionalismo, honradez y respeto a los derechos humanos.

El Fiscal General presentará anualmente a los Poderes Legislativo y Ejecutivo de la Unión un informe de actividades. Comparecerá ante cualquiera de las Cámaras cuando se le cite a rendir cuentas o a informar sobre su gestión.

El Fiscal General de la República y sus agentes, serán responsables de toda falta, omisión o violación a la ley en que incurran con motivo de sus funciones.

Apartado reformado DOF. 28-02-1992, 31-12-19994, 10-02-2014.

B. El Congreso de la Unión y las legislaturas de las entidades federativas, en el ámbito de sus respectivas competencias, establecerán organismos de protección de los derechos humanos que ampara el orden jurídico mexicano, los que conocerán de quejas en contra de actos u omisiones de naturaleza administrativa provenientes de cualquier autoridad o servidor público, con excepción de los del Poder Judicial de la Federación, que violen estos derechos.

Los organismos a que se refiere el párrafo anterior, formularán recomendaciones públicas, no vinculatorias, denuncias y quejas ante las autoridades respectivas. Todo servidor público está obligado a responder las recomendaciones que les presenten estos organismos. Cuando las recomendaciones emitidas no sean aceptadas o cumplidas por las autoridades o servidores públicos, éstos deberán fundar, motivar y hacer pública su negativa; además, la Cámara de Senadores o en sus recesos la Comisión Permanente, o las legislaturas de las entidades federativas, según corresponda, podrán llamar, a solicitud de estos organismos, a las autoridades o servidores públicos responsables para que comparezcan ante dichos órganos legislativos, a efecto de que expliquen el motivo de su negativa. DOF 10-06-2011

Estos organismos no serán competentes tratándose de asuntos electorales y jurisdiccionales. Apartado reformado DOF. 10-06-2011.

El organismo que establezca el Congreso de la Unión se denominará Comisión Nacional de los Derechos Humanos; contará con autonomía de gestión y presupuestaria, personalidad jurídica y patrimonio propios. Las Constituciones de las entidades federativas establecerán y garantizarán la autonomía de los organismos de protección de los derechos humanos. Párrafo adicionado DOF 10-06-2011, Reformado DOF 29-01-2016.

La Comisión Nacional de los Derechos Humanos tendrá un Consejo Consultivo integrado por diez consejeros que serán elegidos por el voto de las dos terceras partes de los miembros presentes de la Cámara de Senadores o, en sus recesos, por la Comisión Permanente del Congreso de la Unión, con la misma votación calificada. La ley determinará los procedimientos a seguir para la presentación de las propuestas por la propia Cámara. Anualmente serán substituidos los dos consejeros de mayor antigüedad en el cargo, salvo que fuesen propuestos y ratificados para un segundo período.

El Presidente de la Comisión Nacional de los Derechos Humanos, quien lo será también del Consejo Consultivo, será elegido en los mismos términos del párrafo anterior. Durará en su encargo cinco años, podrá ser reelecto por una sola vez y sólo podrá ser removido de sus funciones en los términos del Título Cuarto de esta Constitución.

La elección del titular de la presidencia de la Comisión Nacional de los Derechos Humanos, así como de los integrantes del Consejo Consultivo, y de titulares de los organismos de protección de los derechos humanos de las entidades federativas, se ajustarán a un procedimiento de consulta pública, que deberá ser transparente, en los términos y condiciones que determine la ley. Párrafo adicionado DOF 10-06-2011.

El Presidente de la Comisión Nacional de los Derechos Humanos presentará anualmente a los Poderes de la Unión un informe de actividades. Al efecto comparecerá ante las Cámaras del Congreso en los términos que disponga la ley.

La Comisión Nacional de los Derechos Humanos conocerá de las inconformidades que se presenten en relación con las recomendaciones, acuerdos u omisiones de los organismos equivalentes en las entidades federativas.

La Comisión Nacional de los Derechos Humanos podrá investigar hechos que constituyan violaciones graves de derechos humanos, cuando así lo juzgue conveniente o lo pidiere el Ejecutivo Federal, alguna de las Cámaras del Congreso de la Unión, los titulares de los poderes ejecutivos de las entidades federativas o las Legislaturas de éstas. Párrafo adicionad DOF. 10-06-2011Refoemdo DOF 29-01-2016, Apartado B adicionando DOF 28-01-1992 Reformado DOF 13-09-1999 Artículo reformado DOF 11-09-1940, 25-10-1967.

CAPÍTULO III. ACTOS DE INVESTIGACIÓN PARA LA OBTENCIÓN DE LA PRUEBA

3.1. Control Ministerial y Policial

El control ministerial sobre la policía se refiere a la supervisión y dirección que el Ministerio Público, como órgano encargado de la persecución del delito, ejerce sobre las instituciones policiales. En México, esto se materializa a través del mando y la dirección que el Ministerio Público tiene sobre la policía investigadora o ministerial en la conducción de las investigaciones criminales.

La policía ministerial, también conocida como policía de investigación, es una entidad policial que trabaja bajo la autoridad del Ministerio Público. Su función principal es auxiliar al Ministerio Público en la investigación de delitos, recopilando pruebas y realizando diligencias para que el Ministerio Público pueda ejercer la acción penal ante los tribunales.

La relación entre el Ministerio Público y la policía ministerial se basa en la colaboración y coordinación para lograr los objetivos de la seguridad pública. El Ministerio Público dirige y supervisa las investigaciones, mientras que la policía ministerial lleva a cabo las diligencias y acciones necesarias bajo esa dirección. Esta relación se encuentra establecida en la Constitución mexicana y en las leyes que regulan el sistema de seguridad pública.

En nuestro país históricamente el Ministerio Público ha sido el órgano encargado de la persecución del delito y responsable de dirigir las investigaciones el cual ha tenido a su mando a la Policía Ministerial/ Investigadora: Cuerpo policial que siempre ha auxiliado al Ministerio Público en la investigación de delitos. Siendo este quien dirige y supervisa las investigaciones, y la policía ministerial actuando siempre bajo su autoridad, existiendo una relación de colaboración, coordinación y subordinación entre el Ministerio Público y policía ministerial para lograr los objetivos de la seguridad pública.

En resumen, el control ministerial sobre la policía implica que las instituciones policiales, especialmente las investigadoras, actúan bajo la dirección y supervisión del Ministerio Público en el ámbito de la investigación penal.

3.2. ¿Qué son Actos de Investigación?

En el contexto legal, los actos de investigación son las diligencias realizadas por las autoridades competentes, como la policía o el Ministerio Público, para esclarecer hechos posiblemente delictivos y recopilar pruebas. Estos actos buscan identificar la existencia de un delito, determinar cómo se cometió, quiénes participaron, y el daño causado.

En todo acto de investigación se realizan todas esas actividades para comprobar el delito a partir de Inspección de lugares, objetos, o personas, así como reconstrucciones de hechos y peritajes, para identificar al presunto responsable desde los elementos formales y materiales de la misma forma se recaban declaraciones de imputados, testigos, y víctimas, así como la realización de careos y peritajes.

Es entones que en los **actos de investigación** son distintos de los **actos de prueba**. Los primeros buscan descubrir y recopilar información, mientras que los segundos buscan probar la verdad de los hechos ante un juez, incluso en algunos actos de investigación se requiere autorización judicial previa, especialmente aquellos que puedan afectar derechos fundamentales de las personas y en coordinación el Ministerio Público con la policía, mismo que es el encargado de llevar a cabo estos actos, buscando obtener indicios para esclarecer los hechos y sustentar una posible acusación.

Acto de Investigación Policial

En el contexto legal, los actos de investigación policial son las acciones realizadas por las fuerzas del orden para recopilar información y evidencia con el fin de esclarecer un hecho delictivo y determinar la responsabilidad de los involucrados. Estas acciones son fundamentales para la investigación de un delito, pudiendo incluir la inspección de lugares, la recopilación de pruebas, la entrevista a testigos y sospechosos, entre otros.

El objetivo principal de los actos de investigación es: Descubrir la verdad: Aclarar los hechos, determinar cómo ocurrió el delito y quiénes participaron. Reunir pruebas: Recopilar evidencia física, testimonios y otros elementos que puedan ser utilizados en un juicio. Identificar a los responsables: Determinar la identidad de los autores del delito y sus cómplices.

Ejemplos de actos de investigación policial los podemos definir de la siguiente manera:

Desde las Inspecciones, al llevar a cabo la revisión de lugares, vehículos o personas para buscar indicios o evidencia, incluyendo entrevistas: al realizar conversaciones con testigos, víctimas y sospechosos para obtener información relevante, la recopilación de pruebas: en la recogida de objetos, documentos, fotografías o cualquier elemento que pueda ser relevante para la investigación, el análisis forense: al realizar exámenes de laboratorio de muestras, huellas dactilares, ADN, etc., para establecer conexiones con el delito, hasta la vigilancia: a la observación encubierta de personas o lugares para obtener información, hasta las detenciones: al realizar arresto de presuntos sospechosos para evitar que escapen o continúen cometiendo delitos.

Por otra parte, la Importancia de los actos de investigación: son cruciales para el correcto funcionamiento del sistema de justicia penal, ya que proporcionan la base para la acusación y el juicio de los presuntos delincuentes. La calidad y la legalidad de estos actos son fundamentales para garantizar un proceso justo y transparente.

En resumen, los actos de investigación policial son un conjunto de acciones realizadas por las autoridades para esclarecer un delito y determinar la responsabilidad de los involucrados. Son esenciales para la búsqueda de la verdad y la administración de justicia.

3.3. Acceso a los Indicios por parte del Perito en Trabajo Social

Para el correcto proceso judicial es de suma importancia la elaboración de la prueba pericial, máxime si se habla del perito en trabajo social como nuevo operador considerado también auxiliar de la justicia debe contar con documentos Carpeta de investigación, expedientes, (papeles, grabaciones, información física y digital, archivos, y en general todo soporte de un hecho o acto), o con el acceso a lugares que se encuentren restringidos para los ciudadanos del común, pero no para la justicia, por ello la ley ha dispuesto que las partes deberán colaborar con lo requerido por el perito, sin oposición, siempre que se encuentren dentro de las posibilidades y el marco del objeto de la prueba pericial, (Informe o Dictamen).

De tal manera que el acceso del perito a los indicios es un derecho y una obligación en el proceso penal, garantizando que el experto pueda analizar los elementos materiales probatorios para emitir su dictamen. Es importante entonces que el perito debe tener contacto con los indicios sobre los que dictaminará y, a su vez, puede documentar su estado al recibirlos y al devolverlos, informando cualquier alteración.

El acceso del perito a los indicios es clave para:

Sin duque para obtener conocimientos especiales se requiere para examinar personas, objetos o circunstancias relevantes para un proceso, así como realizar el Informe o Dictamen pericial en los cuales el perito tiene derecho a examinar y analizar (Carpeta de investigación, entrevistas, declaraciones) que cuentan con los indicios para emitir sus conclusiones.

Es importante tomar en cuenta el Procedimiento de acceso y manejo de los indicios como primer pinto para iniciar un peritaje en trabajo social a partir de:

1. **Revisión de documentación (carpeta de Investigación):** El perito debe leer detalladamente el documentar de forma minuciosa para el peritaje.

5. **Análisis de indicio:** El perito realiza el estudio y el análisis de indicios.

6. **Informe o Dictamen Pericial en Trabajo Social:** Se emite un informe o dictamen que detalla Los hechos, las consideraciones y las conclusiones y las condiciones en las que se elaboró dicha pericial.

De tal manera que para el Trabajo Social:

- El peritaje se enfoca especialmente al análisis del entorno social, en el que se desenvuelve el individuo, sus relaciones sociales, tanto familiares como vecinales, laborales y de amistad, así como a cuestiones de tipo socioeconómico, habitacionales e incluso de convivencia dentro de una comunidad.

- El Trabajador (a) Social tiene la responsabilidad de proporcionar al juez todos aquellos elementos sociojurídicos que lo ayuden a identificar factores de riesgo o por el contrario los que no lo son.

Por otra parte, el Informe o dictamen pericial, estarán integrados por tres elementos:

1.- Los Hechos

2.- Las Consideraciones

3.- Las Conclusiones

1.- LOS HECHOS

- Corresponden a la narración de los datos que se desconocen y que son objeto de estudio. Su estructura básica está determinada por la información que se refiere a la presentación e identificación y el motivo del peritaje.

Estructura:

- Fecha, número de legajo de expediente
- Nombre de quien solicita la investigación
- Fecha de nacimiento, nacionalidad, escolaridad, estado civil, domicilio, ocupación etc.
- Descripción del grupo familiar conveniente y no conveniente, nuclear y/o de origen, dinámica de estas.
- En algunos casos se requiere, de una breve reseña de historia familiar, situación laboral, económica, de salud, de vivienda de recreación, educativa y social, y todos aquellos datos relacionados con la demanda motivo del peritaje.

2.- LAS CONSIDERACIONES

- Se especifica con quienes se entablo comunicación, así como las técnicas, herramientas y los instrumentos empleados por el trabajador social para llegar al conocimiento.

- Comprende una explicación de la forma en que llegaron a las certezas científicas, que se adquieren al analizar la evidencia del hecho, a quien se le requirió información, que hizo, técnicas y estrategias que se aplicaron y como se hizo.

3.- LAS CONCLUSIONES

- Son las aseveraciones de los peritos en torno al problema que se sometió a su consideración. No aporta recomendaciones, solo da a conocer sus conclusiones en torno a la situación que prevalece.

Incluye:

- Aspectos descriptivos: de presentación del problema.
- Aspectos analíticos: donde aparecerán analizadas las variables tomadas en consideración.
- Aspectos concluyentes: donde se expondrán las conclusiones sobre el problema

DE TAL MANERA ES QUE LA METODOLOGÍA DE TRABAJO SOCIAL A TRAVÉS DEL DIÁGNOSTICO SOCIAL NOS PERMITIRA EN LAS CONLCUSIONES LLEGAR A:

- - Conocer la realidad
- - Elabora del diagnóstico
- - Donde el trabajador social se basará en diversas técnicas como:
- - Interpretación y síntesis de la información.

ANÁLISIS:

- Se separan las componentes que integran el estudio social, se interrelacionan: sexo, edad, escolaridad, roll de cada miembro de la familia, necesidades, expectativas, características, perspectivas de otras personas involucradas en la situación, que nos ayudan a identificar la relación existente entre una y otras, ayuda a interpretar la realidad y explicar las características de su funcionamiento.

SE ORIENTA A

- Descubrimiento y análisis de los procesos sociales
- Registro y análisis de todas las conclusiones y relaciones
- Identificará los recursos humanos y materiales con que cuentan
- La descripción de la naturaleza y magnitud de las necesidades o problemas sociales.

LA INTERPRETACIÓN:

- Consiste en la explicar de qué manera están influyendo las reacciones que se dan entre un dato o fenómeno y otro.

SÍNTESIS:

- Permite reagrupar la información analizada e interpretada destacando la situación encontrada a partir de las causa y efecto que se interrelacionan.
- Entrevista, visita domiciliaria, familiograma, observación, análisis del estudio y uso de fuentes indirectas.
- Los criterios para el uso de las técnicas y herramientas a utilizar dependerán del peritaje solicitado.
- Rama del derecho, la puerta particularidad del caso y los objetivos que se persiguen.

ENTREVISTA:

- Es una forma oral de comunicación interpersonal que tiene como finalidad obtener información de un objetivo.
- Una conversación con un propósito deliberado comprende comunicación verbal y no verbal.

Es entonces que el acceso al indicio por parte del perito en Trabajo Social debe ser:

Abierto no restringido: Las partes del proceso no deben ocultar ni dificultar el acceso a la información ni al objeto de la pericia, total de una u otra manera el perito tendrá acceso a los indicios sobre los que versarán sus informes o dictámenes o a los que se hará referencia en el interrogatorio. Según el Código Nacional de Procedimientos Penales (CNPP, 2025).

Artículo 218. Reserva de los Actos de Investigación.

En la investigación inicial, los registros de ésta, así como todos los documentos, independientemente de su contenido o naturaleza, los objetos, los registros de voz e imágenes o cosas que le estén relacionados, son estrictamente reservados. El imputado y su Defensor podrán tener acceso a ellos cuando se encuentre detenido, o sea citado para comparecer como imputado, y se pretenda recibir su entrevista. A partir de este momento ya no podrán mantenerse en reserva los registros para no afectar el derecho de defensa del imputado.

En ningún caso la reserva de los registros podrá hacerse valer una vez dictado el auto de vinculación a proceso, salvo lo previsto en este Código o en las leyes especiales.

Artículo 272. Peritajes

Durante la investigación, el Ministerio Público o la Policía con conocimiento de éste, podrá disponer la práctica de los peritajes que sean necesarios para la investigación del hecho. El dictamen escrito no exime al perito del deber de concurrir a declarar en la audiencia de juicio.

Artículo 273. Acceso a los indicios

Los peritos que elaboren los dictámenes tendrán en todo momento acceso a los indicios sobre los que versarán los mismos, o a los que se hará referencia en el interrogatorio.

3.4. Investigación y Medios de Prueba

La investigación y los medios de prueba se refieren a las actividades y elementos utilizados en un proceso judicial para verificar hechos y convencer al juez de la existencia o inexistencia de alegaciones. La investigación son los actos previos de averiguación de un hecho, mientras que el medio de prueba es la herramienta (como un documento o un testigo) y la prueba es el conocimiento cierto o probable derivado de la actividad probatoria, que sirve como base para la decisión judicial.

Es importante diferenciar entre Investigación y Prueba para evitar confusiones. Mientras que en la **Investigación**, podremos decir que son las primeras averiguaciones que se realizan para descubrir un hecho punible y a los responsables. Los datos de investigación, o antecedentes de investigación, son registros que sustentan los posteriores "datos de prueba". Y en el caso de la **Prueba (o medio de prueba):** es el conocimiento que se aporta al proceso judicial para probar los hechos. Se denomina medio de prueba a la fuente de información (el documento, la declaración del testigo) que se utiliza para llevar esa información al proceso.

Así como también es pertinente mencionar que durante el proceso judicial se obtendrá: el

1.- Dato de Prueba: el cuál es la referencia al contenido de un medio de convicción aún no desahogado ante el órgano jurisdiccional, pero idóneo para establecer razonablemente la existencia de un hecho delictivo y la participación del imputado. **2.- el Medio de Prueba:** siendo las actividades para introducir los datos y las fuentes al proceso judicial, respetando las formalidades, y **3.- la Prueba:** la cual es el conocimiento cierto o probable sobre un hecho, que ingresa y se desahoga en el juicio bajo principios como inmediación y contradicción, sirviendo al tribunal para su valoración y toma de decisión.

De tal manera que la pertinencia de los medios de prueba deben ser relevantes para los hechos que se pretenden acreditar, deban de ser lícitos estos datos y pruebas deben obtenerse, producirse lícitamente, mismos que deben ser admitidos y desahogados conforme a la ley a parir del principio de contradicción que las partes tienen como un el derecho de ser escuchadas y de pronunciarse sobre los medios de prueba que se ofrecen, a partir de la valoración de los medios de prueba, una vez desahogados, por el tribunal para reconstruir los hechos y tomar una decisión.

A ello los Medios de prueba desde el Código Nacional de Procedimientos Penales en su artículo 261. Nos orienta sobre Los medios o también llamados elementos de prueba son toda fuente de información que permite reconstruir los hechos, respetando las formalidades procedimentales previstas para cada uno de ellos.

Prueba y Prueba Documental

Para Couture, la prueba es todo aquello que sirve para averiguar un hecho, yendo de lo conocido hacia lo desconocido; también se refiere a la forma de verificar la exactitud o error de la una proposición; de la misma forma se refiere al conjunto de actuaciones realizadas en un juicio, con el objeto de demostrar la verdad o falsedad de las manifestaciones formuladas en él; y, adicionado a ello también puede referir los medios de evidencia que crean al juez la convicción necesaria para admitir como ciertas o rechazar como falsas las proposiciones formuladas en el juicio.

Esta aproximación general de Couture nos muestra la complejidad del término "prueba". Por ello es necesario tomar una postura al respecto, y consideramos que la concepción cognoscitiva de la prueba de Michele Taruffo es clara en torno a qué nos referimos con "prueba" en términos jurídicos. Así, Taruffo en sus Algunas consideraciones sobre la relación entre prueba y verdad determina que la prueba es un instrumento, una actividad encaminada a conocer o averiguar la verdad la verdad sobre los hechos controvertidos, pero, al mismo tiempo, como fuente de un conocimiento solo probable debido a las limitaciones a que está sometido

Por parte del Código Nacional de Procedimientos Penales en su artículo 261.nos define que es la prueba "Se denomina prueba a todo conocimiento cierto o probable sobre un hecho, que ingresando al proceso como medio de prueba en una audiencia y desahogada bajo los principios de inmediación y contradicción, sirve al Tribunal de enjuiciamiento como elemento de juicio para llegar a una conclusión cierta sobre los hechos materia de la acusación."

3.5. Peritajes.

Para el Código Nacional e Procedimiento Penales en cuanto a su capítulo ll en actos de investigación en su artículo **272**. Hace menciona acerca de los Peritajes, los cuales, durante la investigación, el Ministerio Público o la Policía con conocimiento de éste, podrá disponer la práctica de los peritajes que sean necesarios para la investigación del hecho. El dictamen escrito no exime al perito del deber de concurrir a declarar en la audiencia de juicio.

3.6. Peritaje Irreproducible

Los peritajes irreproducibles desde nuestros Código Nacional de Procedimientos Penales están considerados desde 2014 en su Artículo 274. Mencionando que cuando se realice un peritaje sobre objetos que se consuman al ser analizados, no se permitirá que se verifique el primer análisis sino sobre la cantidad estrictamente necesaria para ello, a no ser que su existencia sea escasa y los peritos no puedan emitir su opinión sin consumirla por completo.

Éste último supuesto o cualquier otro semejante que impida que con posterioridad se practique un peritaje independiente, deberá ser notificado por el Ministerio Público al Defensor del imputado, si éste ya se hubiere designado o al Defensor público, para que si lo estima necesario, los peritos de ambas partes, y de manera conjunta practiquen el examen, o bien, para que el perito de la defensa acuda a presenciar la realización de peritaje.

La pericial deberá ser admitida como medio de prueba, no obstante que el perito designado por el Defensor del imputado no compareciere a la realización del peritaje, o éste omita designar uno para tal efecto.

Por otra parte, el Artículo 275. Hace mención de los Peritajes especiales: Cuando deban realizarse diferentes peritajes a personas agredidas sexualmente o cuando la naturaleza del hecho delictivo lo amerite, deberá integrarse un equipo interdisciplinario con profesionales capacitados en atención a víctimas, con el fin de concentrar en una misma sesión las entrevistas que ésta requiera, para la elaboración del dictamen respectivo.

En este sentido este es uno de los momentos en el que el perito si pude divulgar el secreto profesional es precisen este en los peritajes irreproducibles o peritajes especiales, dado su naturaleza el juez o el Ministerio Público solicita su declaración este profesional deberé de rendir su declaración dado que es una autoridad competente quien se lo está solicitando incluso como testigo informante.

A ello el articulo Artículo **362** Del Código Nacional de Procedimientos Penales dice contiene el deber de guardar secreto.

"Es inadmisible el testimonio de personas que respecto del objeto de su declaración, tengan el deber de guardar secreto con motivo del conocimiento que tengan de los hechos en razón del oficio o profesión, tales como ministros religiosos, abogados, visitadores de derechos humanos, médicos, psicólogos, farmacéuticos y enfermeros, así como los funcionarios públicos sobre información que no es susceptible de divulgación según las leyes de la materia. No obstante, estas personas no podrán negar su testimonio cuando sean liberadas por el interesado del deber de guardar secreto" (CNPP, 2026).

De hecho, en caso de ser citadas, deberán comparecer y explicar el motivo del cual surge la obligación de guardar secreto y de abstenerse de declarar.

Entonces en resumen el secreto profesional sí se puede informar a la autoridad que esté realizando un pedimento para integrar al proceso y procediéndote como parte de las indagatorias que realizar o para hacerse de medios de d pruebas, o pruebas, incluso de testigos, no importando que sean peritos oficiales o peritos particulares.

CAPÍTULO IV. TIPO DE PRUEBAS

4.1. Antecedentes de la Carga de la Prueba "*Onus Probandi*"

Los antecedentes de la carga de la prueba se encuentran en el derecho romano y su posterior desarrollo en la Edad Media, donde la noción de **"onus probandi"** (*la carga de probar*) se refería principalmente al sistema de valoración legal de las pruebas. Con el paso del tiempo y la evolución hacia sistemas de valoración libre o racional, la institución ha mutado, pero sigue siendo relevante al establecer reglas de conducta para las partes y criterios para el juez al momento de dictar sentencia, determinando a quién le corresponde probar determinados hechos para el éxito de su pretensión o defensa.

Si bien el concepto, así como los orígenes del ***Onus Pobandi*** (Carga de la prueba) son del Derecho Romano ligado a la práctica del sistema formulario, caracterizado por la valoración legal de las pruebas pasando por la edad Media hasta llegar a la época moderna: Se ha construido entonces la noción del ***onus probandi***, retomando elementos del proceso romano, pero sacándolos de su contexto original, y también adecuándolos a la carga subjetiva de la prueba.

Los antecedentes de la carga de la prueba en México se remontan al sistema inquisitivo de derecho romano-germánico, introducido por los españoles, que sentó las bases del sistema jurídico hasta la reforma de 2008. Posteriormente, el sistema procesal se adaptó a nuevas teorías, como la normativa de la carga de la prueba desarrollada por Rosenberg, que establece reglas para la actividad de las partes y la labor del juez. Esta evolución ha dado lugar a un sistema más moderno donde la carga de la prueba se distribuye y, en algunos casos, se invierte, para asegurar un equilibrio procesal.

Origen en el sistema inquisitivo El sistema de "carga de la prueba" tiene sus raíces en el antiguo sistema inquisitivo, que llegó a México con la conquista española.

Bajo esta tradición, el sistema procèsal se basaba en reglas preestablecidas sobre qué partes debían probar ciertos **hechos**, aunque el enfoque era distinto al actual, evolucionando a sistemas modernos desde la Teoría normativa: La teoría clásica de la carga de la prueba, desarrollada por autores como Rosenberg, asigna una responsabilidad a las partes para probar los hechos constitutivos de su acción o excepción.

En cuanto a la ***distribución de la carga***, el **actor** debe probar los hechos de su demanda, y el **demandado** debe probar los hechos de sus excepciones. Por otra parte, la inversión de la carga, en ciertos casos, como en materia civil laboral, la carga de la prueba puede invertirse. Por ejemplo, si el trabajador presenta una mínima prueba que sugiera la vulneración de sus derechos fundamentales, incluso la carga de probar que no se realizó de una conducta ilegítima pasa al demandado.

En la actualidad ha cambiado puesto que el sistema de valoración legal de la prueba se reemplaza por la valoración libre, lo que llevó a algunos autores a considerar la carga de la prueba como una institución en declive o una "reliquia histórica". Sin embargo, la institución sigue adaptándose y es fundamental en la teoría general del proceso.

Dentro de estas funciones y características la regla de conducta para las partes Indican quién debe probar determinados hechos para el éxito de su acción o excepción. Y la regla de juicio, es proporcionar un criterio para que el juez pueda resolver en el caso de hechos que no fueron probados o cuyo resultado es incierto, siendo entonces la base del sistema de valoración de pruebas lo cual se relaciona directamente con el ***onus probandi***, que es la carga de probar un hecho.

Y partiendo del concepto miso de "***onus probando***" como o una expresión latina que significa "carga de la prueba" y se refiere a la obligación que tiene una parte en un proceso legal o debate de demostrar la veracidad de un hecho que afirma. Este principio se basa en la idea de que quien alega algo, especialmente algo anormal o que rompe con la normalidad, es quien debe probarlo, mientras que quien niega no necesita hacerlo a menos que su negación implique la afirmación de un hecho.

Principio de la carga de la prueba.

Bajo este concepto entonces existe la obligación de probar: La parte que presenta una demanda, una reclamación o una excepción es la responsable de presentar la evidencia necesaria para convencer a los tribunales de sus pretensiones, basados en el principio fundamental bajo el aforismo jurídico de que "***lo normal se presume, lo anormal se prueba***".

Asumiendo que hay consecuencia por falta de pruebas si la parte que tiene la carga de la prueba no logra acreditar lo que afirma, sus pretensiones pueden ser desestimadas, desde un a aplicación práctica, por ejemplo, en un juicio, el **demandante** tiene la carga de probar los hechos en los que basa su demanda, mientras que el ***demandado*** debe probar sus excepciones si las alega.

Es evidente que la carga de la prueba se va adaptado modernizándose a la realidad, al incluir la carga dinámica de la prueba, la cual se propone trasladar el peso de la prueba a quien esté en mejores condiciones de aportar la evidencia, independientemente de su posición como actor o demandado, ahora bien contemplar la Inversión de la carga de la prueba, en ciertos casos, como en la vulneración de derechos fundamentales, la carga probatoria puede ser trasladada al demandado, quien debe probar que no realizó una conducta ilegítima.

Desde una retrospectiva se ha observado desde hace décadas como la carga de la prueba en el sistema penal inquisitorial mexicano, recaía principalmente sobre el Ministerio Público, quien debía demostrar la culpabilidad del acusado y que este había cometido el delito. El sistema inquisitivo se caracterizaba por ser una fase de investigación en un juicio con poca participación de la defensa, y aunque existía el principio de presunción de inocencia, el acusado debía probar cualquier causa de exclusión de delito que alegara después de que el Ministerio Público hubiera probado los elementos del delito.

Y dentro de las características de la carga de la prueba en el sistema inquisitorial, existía la responsabilidad del Ministerio Público, la fiscalía tenía la obligación de probar todos los elementos constitutivos del delito y la culpabilidad del acusado, en el Principio de \"quien afirma, prueba\": Si bien el Ministerio Público era quien afirmaba la existencia del delito, también se aplicaba a la defensa cuando alegaba hechos que contradecían la presunción de inocencia o el tipo penal, como una causa de exclusión. Ahora bien, la presunción de inocencia era el principio rector, aunque en la práctica el sistema tendía a favorecer al órgano acusador.

Por otra parte, el papel de la defensa tenía la responsabilidad de probar las causas de exclusión del delito, como la legítima defensa o la inimputabilidad, si el Ministerio Público ya había acreditado los elementos del delito y en la valoración probatoria el juez era el encargado de valorar las pruebas presentadas por ambas partes para llegar a una conclusión.

Afortunadamente a partir de 2008 se ha realizado un cambio de sistema; del sistema penal inquisitorial, habiendo sido reemplazado por el sistema penal acusatorio, que establece de manera clara que la ***carga de la prueba recae en el acusador,*** (el que acusa está obligado a probar) es decir, en el Ministerio Público, y se rige por los principios de oralidad, publicidad e inmediación

La carga de la prueba en el derecho mexicano ha sido un concepto histórico que ha evolucionado con el desarrollo de los sistemas de justicia penal. El sistema acusatorio ha buscado una mayor eficiencia y respeto a los principios de oralidad y contradicción, cambiando la forma en que las pruebas son incorporadas y valoradas en juicio

Carga de la Prueba en el Sistema Penal Acusatorio Mexicano Actual

Los antecedentes de la carga de la prueba en el proceso penal mexicano como ya se dijo anteriormente se centran en la obligación del Ministerio Público de probar los elementos del delito, mientras que el imputado debe probar los hechos que excluyen o modifican su responsabilidad penal, basándose en el principio de que "quien afirma está obligado a probar".

Este principio, arraigado en la tradición jurídica, se ha consolidado en el Código Nacional de Procedimientos Penales (CNPP), que establece la necesidad de pruebas lícitas para acreditar los hechos, así como el derecho de las partes a ofrecer medios de prueba y la obligación de darse a conocer estas (descubrimiento probatorio).

En el sistema penal acusatorio mexicano, la carga de la prueba recae principalmente en el Ministerio Público (MP), la parte acusadora, quien debe demostrar la culpabilidad del acusado más allá de toda duda razonable.

La defensa solo tiene la carga de probar aquellos hechos que sustenten sus excepciones o excluyan el delito, pero no tiene que probar su inocencia. La Constitución Política de los Estados Unidos Mexicanos y el Código Nacional de Procedimientos Penales (CNPP), establecen esta obligación, alineada con el principio de inocencia, que establece que el procesado es inocente hasta que se demuestre lo contrario.

Ya en los principios fundamentales del proceso se aprecias considerando a partir del **Principio de "quien afirma está obligado a probar"**: Este principio, recogido en la doctrina jurídica, es la base de la carga de la prueba lo cual implica que la parte que realiza una afirmación es la responsable de presentar pruebas sólidas y convincentes para respaldar su declaración.

Algo que caracteriza al actual sistema penal acusatorio mexicano es la ***Presunción de Inocencia*** aseveración que desde la Constitución Política de los Estados Unidos Mexicanos reconoce implícitamente como principio rector del proceso penal, de tal manera que el imputado no tiene la carga de probar su inocencia; en cambio, el Ministerio Público debe probar la culpabilidad del imputado más allá de toda duda razonable.

De tal forma que la carga de la prueba en el sistema penal acusatorio mexicano desde el **Ministerio Público** se tiene la carga de probar los elementos del delito, lo que incluye la existencia del mismo y la responsabilidad penal del imputado a ello el **Imputado** si bien la presunción de inocencia lo exime de probar su inculpabilidad, el imputado tiene la carga de probar cualquier causa de exclusión del delito, de justificación o de extinción de la responsabilidad penal que haga valer.

Desde un marco legal y procesal lo organizado desde el Condigo Nacional de Procediéndoos Penales en los procedimientos probatorios establecidos en los conceptos del derecho de las partes a ofrecer medios de prueba (**Art. 262**), La obligación de que los datos y pruebas sean lícitos, es decir, obtenidos y reproducidos cumpliendo con los derechos fundamentales (Arts. 263-264), El proceso de descubrimiento probatorio, donde las partes deben darse a conocer mutuamente los medios de prueba que pretenden ofrecer en la audiencia de juicio oral (Art. **337**).

Carga de la Prueba del Ministerio Público

La institución ministerial tiene la obligación de probar la culpabilidad, el Ministerio Público tiene la obligación de presentar pruebas suficientes para acreditar la existencia del delito y la responsabilidad del acusado. Desde el principio de inocencia, la carga de probar la culpabilidad se deriva directamente del principio de inocencia, que se presume que un individuo es inocente hasta que no sedimente lo contrario. El Ministerio Público en su labro investigadora y persecutora debe probar todos los elementos del delito que relacionan la participación del acusado con estos.

Para ello la carga de la Prueba de la Defensa con la alegación de hechos excluyentes, la defensa tiene la carga de probar los hechos que afirme y que sirvan como causa de exclusión del delito, como una legítima defensa. No prueba de inocencia: La defensa no tiene la obligación de probar la inocencia del acusado; es el MP quien debe desvirtuar esa presunción. Es importante diferenciar de la valoración, ya que muchas veces es un error confundir la carga de la prueba con la valoración de la prueba, que es la tarea del juez de apreciar los medios probatorios.

En atención a los principios fundamentales, desde la Oralidad, publicidad y contradicción, el sistema se basa en estos principios, que garantizan que las pruebas se presenten y desahoguen en audiencia pública, permitiendo a las partes debatir y refutar la información, la Inmediación, el juez debe estar presente en la audiencia y tener percepción directa de las pruebas para poder valorarlas.

En cuanto a la Libre valoración de la prueba, las decisiones del juez deben estar debidamente fundadas y motivadas en la valoración de los medios de prueba, basándose en la sana crítica y la lógica, en resumen, la carga de la prueba es un principio fundamental del sistema acusatorio mexicano que distribuye la obligación de demostrar los hechos entre las partes, recayendo la mayor responsabilidad en el Ministerio Público para destruir la presunción de inocencia del acusado

4.2. La Carga de la Prueba

Carga de probar tradicional. Distribución de cargas. Según dicta la doctrina, la carga de la prueba es una noción procesal que contiene la regla de juicio, por medio de la cual se le indica al juez cómo debe fallar cuando no encuentre en el proceso pruebas que, le den certeza sobre los hechos que deben fundamentar su decisión e indirectamente señala a cuál de las partes le interesa su justificación, para evitarse las consecuencias desfavorables[6]. (Echandía, 1981)

Objeto de la Prueba

En términos generales la prueba tiene por objeto de demostración de la existencia o inexistencia de un hecho, por lo tanto, todo lo que pueda ser objeto del conocimiento y que se alega como fundamento del derecho que se pretende, debe ser entendido como objeto de la prueba. Para H. ALSINA (ALSINA. 1958: 240) los hechos que deben probarse son aquellos del cual surge o depende el derecho discutido en un proceso y que resultan determinantes en la decisión del mismo.

4.3. Prueba Lícita desde la Constitución (CPEUM)

Teorías del fruto del árbol envenenado y curado

Proviene del derecho anglosajón. Tal figura fue acuñada en la reforma Constitucional, con precisión el artículo 20, A, IX: Cualquier prueba obtenida con violación de derechos fundamentales será nula. Cómo litigantes, al solicitar la exclusión de la prueba ilícita debemos tener cautela para no confundir una violación formal con una sustancial. La segunda, da origen a la exclusión de la prueba, implica una afectación flagrante a los derechos fundamentales y no da lugar a que pueda ser saneada de forma alguna.

6. Echandía, H. D. (1981). Teoría general de la prueba judicial. Buenos Aires:

A toda regla recae una excepción, tratándose de prueba ilegalmente obtenida, las excepciones para que aquella ilícitamente obtenida sea valorada por el Juez son:

- 1. Fuente independiente.
- 2. Descubrimiento inevitable.
- 3. Nexo atenuado.

Teorías de los Frutos del Árbol Envenenado Desde la Ética del Perito en Trabajo Social.

En la disciplina, hacer los peritajes con ética y moral con datos reales fidedignos surge como una consecuencia de la existencia de una relación profesional, siendo así un deber, un derecho y por qué no decirlo, también se trata de una obligación entre el trabajador(a) social y sus clientes o pacientes para rendir un peritaje apagados a los derechos humanos como aparte de una prueba licita obtenida desde una metodología científica.

Para culminar con un peritaje licito es fundamental, obtenido a partir de los medios lícitos que marca nuestra constitución política de los estado unidos mexicanos en sus diversos artículos relacionados al debido proceso así como el código nacional de procedimientos penales o el código penal federal desde una actitud de conciencia que tienen todos los y las Trabajadoras Sociales que ponen en práctica, siendo una muestra de su ética profesional, todo cuanto uno conoce sobre el respeto al debido proceso a partir de la obtención de pruebas licitas como sinónimo y garantía de respeto, que tanto anhelamos en esta profesión a partir de un arduo trabajo colaborativos apegado a los Derechos humanos.

4.4. Prueba Ilegal o Ilícita

La prueba ilícita en el proceso penal es toda aquella que se obtiene o práctica vulnerando derechos fundamentales o normas legales, como confesiones obtenidas bajo tortura, cateos sin orden judicial o intervenciones de comunicaciones sin autorización. Su principal efecto es la exclusión del proceso, lo que significa que no puede ser admitida ni valorada por el juez, y cualquier prueba derivada de ella también debe ser excluida.

Características principales vulneración de derechos fundamentales, se considera ilícita si se obtiene en violación de derechos humanos, como la dignidad de las personas, el derecho a la no autoincriminación, la inviolabilidad del domicilio o el secreto de las comunicaciones.

Inutilizabilidad procesal la consecuencia directa es su exclusión del proceso. No se puede admitir ni valorar por el tribunal, fundamento en la protección de derechos surge como un límite al poder del Estado en la persecución penal, buscando reafirmar la protección de los derechos fundamentales Desde diversas clasificaciones puede ser material (un objeto físico) o testimonial (dichos de personas), o puede ocurrir durante la investigación (extraprocesal) o durante el proceso.

Ya en el Artículo del CNPP en su numeral 263. No dice la **Licitud probatoria** Los datos y las pruebas deberán ser obtenidas, producidos y reproducidos lícitamente y deberán ser admitidos y desahogados en el proceso en los términos que establece este Código. Por otra parte, la Prueba Ilícita se observa en el Artículo 264. Y desde una concepción legal define la Nulidad de la prueba (CNPP, 2026), Se considera prueba ilícita cualquier dato o prueba obtenidos con violación de los derechos fundamentales, lo que será motivo de exclusión o nulidad, de tal manera que las partes harán valer la nulidad del medio de prueba en cualquier etapa del proceso y el juez o Tribunal deberá pronunciarse al respecto.

4.5. Vicios por la Ilegalidad del Medio de Prueba

Los vicios por ilegalidad en el sistema penal acusatorio mexicano se refieren a las pruebas obtenidas sin seguir las formalidades y normas establecidas en el Código Nacional de Procedimientos Penales (CNPP,2026) o aquellas que violan derechos fundamentales. Ambas situaciones pueden llevar a la exclusión o la nulidad de la prueba, afectando su valor o descarte del proceso judicial.

De los vicios por la obtención de manera ilegal de cualquier medio de prueba se entiende desde el concepto mismo puesto que se trata de una prueba obtenida al violar derechos humanos o fundamentales del imputado, su origen proviene de actos que contravienen la Constitución, así como a los tratados internacionales en materia de Derechos Humanos y protocolo de Estambul, como consecuencia de que haya vicos en la obtención de pruebas surgen consecuencias como la anulación de facto dicha prueba, anulación de pleno derecho para que no se pueda utilizar en el proceso, otro concepto de prueba ilegal es: Aquella que se produce o incorpora al proceso sin seguir las normas y formalidades establecidas en el Código Nacional de Procedimientos Penales, su origen de la ilicitud surge por el incumplimiento de disposiciones legales ordinarias, no necesariamente constitucionales, así como sus consecuencias por ser prueba ilegal y por ello puede ser excluida por el juez o tribunal, o incluso, en algunos casos, puede ser saneada o convalidada en el supuesto de no haber una violación a derechos fundamentales.

Un claro ejemplo de cómo una prueba ilícita es desvirtuada a partir de un vicio en la obtención de esta por medios ilícitos en la Cadena de Custodia considerada como un elemento fundamental en el sistema acusatorio mexicano, ya que regula el manejo de los indicios y medios de prueba para garantizar su autenticidad e integridad. De tal manera que un vicio en la cadena de custodia puede convertir una prueba en ilegal o ilícita, si durante su recolección o manejo se afectan o violentan derechos fundamentales o no se cumplen con las formalidades establecidas.

Varios ejemplos se pueden citar acerca de los vicios en la obtención y recolección de una prueba cuando se realizar por parte del policía ministerial, de investigación o procesal al actuar sin la orden judicial correspondiente denotando con un esto un vicio, así mismo al no seguir el procedimiento o protocolo de actuación para incorporar la prueba al proceso, como la omisión de su registro, también constituye un vicio por lo cual se puede solicitar el ***Saneamiento y Exclusión*** de la prueba.

A lo anterior en los mecanismos de saneamiento y exclusión de la prueba penal se refieren a los procedimientos para corregir y/o eliminar pruebas obtenidas de manera defectuosa. El saneamiento busca enmendar errores formales menores en el proceso, mientras que la exclusión se aplica a pruebas ilícitas (obtenidas con violación de derechos fundamentales) o ilegales (obtenidas con inobservancia de la ley), las cuales deben ser retiradas del juicio.

Saneamiento de la prueba entonces tiene como propósito corregir errores formales para que el proceso continúe, siempre que el defecto no sea sustancial mismo que proceden cuando un vicio o defecto en la realización de una prueba puede ser subsanado, dando la oportunidad a las partes de enmendar el error antes de que se declare la nulidad de la prueba.

Por otra parte el propósito de la ***Exclusión de la prueba*** es la de salvaguardar los derechos fundamentales y el debido proceso, eliminando pruebas que no debieron obtenerse, la cual procede como prueba ilícita a parir de la violación de los derechos fundamentales como la dignidad, intimidad o debido proceso; por otra parte la Prueba ilegal se obtiene con la inobservancia de los derechos humanos o las formalidades de la ley, por su parte la prueba inadmisible es aquella cuando la ley establece de manera absoluta o relativa que un tipo de prueba no puede ser considerado, con lo cual se puede solicitar se declare su nulidad por parte del juez o tribunal por ser prueba ilícita, por ello se busca la exclusión para rechazar o eliminar la prueba para que no sea considerada en la decisión final.

Al respecto el Código Nacional de Procedimientos Penales en su artículo 346. Contiene la ***exclusión*** de medios de prueba para la audiencia del debate.

"Una vez examinados los medios de prueba ofrecidos y de haber escuchado a las partes, el Juez de control ordenará fundadamente que se excluyan de ser rendidos en la audiencia de juicio, aquellos medios de prueba que no se refieran directa o indirectamente al objeto de la investigación y sean útiles para el esclarecimiento de los hechos, así como aquellos en los que se actualice alguno de los siguientes supuestos:

I. Cuando el medio de prueba se ofrezca para generar efectos dilatorios, en virtud de ser:

a) Sobreabundante: por referirse a diversos medios de prueba del mismo tipo, testimonial o documental, que acrediten lo mismo, ya superado, en reiteradas ocasiones;

b) Impertinentes: por no referirse a los hechos controvertidos, o

c) Innecesarias: por referirse a hechos públicos, notorios o incontrovertidos;

II. Por haberse obtenido con violación a derechos fundamentales; **III.** Por haber sido declaradas nulas, o IV. Por ser aquellas que contravengan las disposiciones señaladas en este Código para su desahogo.

En el caso de que el Juez estime que el medio de prueba sea sobreabundante, dispondrá que la parte que la ofrezca reduzca el número de testigos o de documentos, cuando mediante ellos desee acreditar los mismos hechos o circunstancias con la materia que se someterá a juicio.

Asimismo, en los casos de delitos contra la libertad y seguridad sexuales y el normal desarrollo psicosexual, el Juez excluirá la prueba que pretenda rendirse sobre la conducta sexual anterior o posterior de la víctima, La decisión del Juez de control de exclusión de medios de prueba es apelable". (CNPP, 2026).

En nuestro país, se puede interponer un recurso de apelación contra la resolución que **excluye o rechaza** un medio de prueba en el proceso penal, de acuerdo con el artículo 467, fracción XI del Código Nacional de Procedimientos Penales esta apelación se presenta ante el Juez de Control, quien debe resolver el recurso tal como a continuación se menciona en dicho artículo.

"Artículo 467 Resoluciones del Juez de control apelables. Serán apelables las siguientes resoluciones emitidas por el Juez de control: **I.** Las que nieguen el anticipo de prueba; **II.** Las que nieguen la posibilidad de celebrar acuerdos reparatorios o no los ratifiquen; **III.** La negativa o cancelación de orden de aprehensión; **IV.** La negativa a autorizar actos y técnicas de investigación que requieran control judicial previo; *(FRACCIÓN REFORMADA D.O.F. 26 DE ENERO DE 2024)* **V.** Las que se pronuncien sobre las providencias precautorias o medidas cautelares; **VI.** Las que pongan término al procedimiento o lo suspendan; **VII.** El auto que resuelve la vinculación y la no vinculación del imputado a proceso; *(FRACCIÓN REFORMADA D.O.F. 26 DE ENERO DE 2024)* **VIII.** Las que concedan, nieguen o revoquen la suspensión condicional del proceso;

En el numeral **IX.** La negativa de abrir el procedimiento abreviado; **X.** La sentencia definitiva dictada en el procedimiento abreviado; *(FRACCIÓN REFORMADA D.O.F. 26 DE ENERO DE 2024)* **XI.** Las que excluyan algún medio de prueba o lo admitan cuando no cumpla con los requisitos legales, o sean ofrecidas fuera del término procesal correspondiente y no tengan el carácter de supervenientes y estén debidamente justificadas; *(FRACCIÓN EFORMADA D.O.F. 26 DE ENERO DE 2024)* **XII.** Las que determinen la ilicitud o ilegalidad de algún dato o medio de prueba, o la prueba, cuando ésta sea anticipada; *(FRACCIÓN ADICIONADA D.O.F. 26 DE ENERO DE 2024)* **XIII.** La que determine la legalidad o ilegalidad de la detención; *(FRACCIÓN ADICIONADA D.O.F. 26 DE ENERO DE 2024).*

En el inciso **XIV.** Las que determinen la incompetencia del órgano jurisdiccional; *(FRACCIÓN ADICIONADA D.O.F. 26 DE ENERO DE 2024)* **XV.** La negativa a autorizar la prórroga del plazo en la investigación complementaria; *(FRACCIÓN ADICIONADA D.O.F. 26 DE ENERO DE 2024)* **XVI.** La que resuelva la solicitud de la orden de comparecencia; *(FRACCIÓN ADICIONADA D.O.F. 26 DE ENERO DE 2024)* **XVII.** Las que se pronuncien sobre la restitución de bienes, objetos, instrumentos o productos del delito, o *(FRACCIÓN ADICIONADA D.O.F. 26 DE ENERO DE 2024)* **XVIII.** La que se pronuncie sobre el no ejercicio de la acción penal. *(FRACCIÓN ADICIONADA D.O.F. 26 DE ENERO DE 2024),* (CNPP, 2025).

De tal manera que nos podemos preguntar **¿Qué se puede** apelar? y la respuesta más lógica es: "La resolución del Juez de Control que excluya, que rechaza, desestima, desecha o no admita un medio de prueba, dicha apelación se presenta ante el Juez de Control que emitió la resolución, siendo este recurso de apelación en materia penal una garantía procesal fundamental para asegurar un juicio justo y correctos sin errores que pudieran llevar a una condena injusta.

Ahora bien ¿qué sucede al apelar?, la interposición del recurso de apelación **suspende** el plazo para remitir el auto de apertura a juicio al Tribunal de enjuiciamiento, hasta que el tribunal de alzada resuelva el recurso, si la apelación se resuelve a favor de la parte que la interpuso, se admite el medio de prueba, dicho recurso se interpone contra resoluciones que excluyen o rechazan pruebas, como la exclusión de pruebas, no se puede apelar la admisión de pruebas, para lo cual la ley contempla el recurso de reposición, cuando se solicita la apelación contra la exclusión de medios de prueba, se suspende el plazo del auto de apertura a juicio hasta que se resuelva.

Incluso con relación a este recurso la tesis 2023341 **de la Undécima Época en Materia(s):** Penal da la razón a los dos citados artículos del CNPP.

Tesis

Registro digital: 2023341

Instancia: Tribunales Colegiados de Circuito

Undécima Época

Materia(s): Penal

Tesis: I.10o.P.1 P (11a.)

Fuente: Gaceta del Semanario Judicial de la Federación.

Libro 3, Julio de 2021, Tomo II, página 2438

Tipo: Aislada

RECURSO DE APELACIÓN PREVISTO EN EL ARTÍCULO 467, FRACCIÓN XI, DEL CÓDIGO NACIONAL DE PROCEDIMIENTOS PENALES. PROCEDE CONTRA LA RESOLUCIÓN DEL JUEZ DE CONTROL QUE EXCLUYA ALGÚN MEDIO DE PRUEBA, CON ALGUNA EXPRESIÓN O VOCABLO QUE SE IDENTIFIQUE CON DESCARTAR, RECHAZAR, DESECHAR, NEGAR O INADMITIR.

Hechos: En la audiencia intermedia el Juez de Control declaró “inadmisible” el medio de prueba ofrecido por la defensa del imputado; siendo ésta la determinación reclamada en el juicio de amparo indirecto del que derivó el recurso de queja.

Criterio jurídico: Para establecer contra qué resoluciones del Juez de Control procede el recurso de apelación, en la hipótesis relativa a la exclusión de medios de prueba, este Tribunal Colegiado de Circuito determina que expresiones como "no ha tener lugar", "no procede la admisión" o el empleo de cualquier vocablo de naturaleza restrictiva que se identifique con descartar, rechazar, desechar, negar, denegar o inadmitir algún medio de prueba y que, por ello, resulte análogo, semejante o sinónimo de la acepción "excluyan", quedan comprendidos dentro del supuesto de procedencia del recurso indicado, previsto en la Fracción XI artículo 467 del CNPP.

Justificación: Tomando en consideración que el objeto del precepto mencionado consiste en resguardar el derecho de aportar medios de prueba en el proceso penal acusatorio, lo que se relaciona con los diversos al debido proceso y de acceso a una justicia total, previstos en los artículos 14,17, Y 20 de la Constitución Política de los Estados Unidos Mexicanos, es clara la necesidad de que las partes cuenten con un recurso ordinario (en el caso el de apelación) que les permita inconformarse contra la resolución del Juez de Control que afecte aquel derecho. Luego, si por el verbo rector consistente en "excluir" se entiende quitar a alguien o algo del lugar que ocupaba o prescindir de él o de ello; descartar, rechazar o negar la posibilidad de algo, debe entenderse que en dicha hipótesis se incluye cualquier expresión o vocablo cuyo significado implique la denegación, restricción o negativa de aportar pruebas, por lo que debe incluirse dentro del supuesto de procedencia del recurso de apelación referido.

DÉCIMO TRIBUNAL COLEGIADO EN MATERIA PENAL DEL PRIMER CIRCUITO.

Queja 41/2021. 13 de mayo de 2021. Unanimidad de votos. Ponente: Reynaldo Manuel Reyes Rosas. Secretaria: María Imelda Ayala Miranda publicada el viernes 02 de julio de 2021 a las 10:09 horas en el Semanario Judicial de la Federación.

Por **último,** para quede más claro la diferencia entre estos dos términos de saneamiento y exclusión es que: el ***saneamiento*** es un mecanismo correctivo para vicios menores, buscando salvar la prueba y la ***exclusión*** es un mecanismo sancionador para pruebas ilícitas o ilegales, que resultan en la eliminación definitiva de la prueba del proceso.

Elementos a considerar en la *Fase Intermedia:* Las partes pueden solicitar la exclusión de pruebas que consideren ilícitas o ilegales en esta etapa, antes de la audiencia de juicio, mientas que el ***juez de control*** tiene la facultad de resolver sobre la ilegalidad o ilicitud de los medios de prueba y ***el juez de juicio oral***, también puede plantearse la ilicitud o ilegalidad frente al juez de juicio, quien debe pronunciarse al respecto

4.6. Prueba Anticipada

La prueba anticipada en el sistema penal acusatorio mexicano es un mecanismo excepcional para desahogar un medio de prueba antes del juicio oral, únicamente cuando existe un motivo fundado y de extrema necesidad, como el riesgo de pérdida o alteración del medio probatorio, o la imposibilidad de que un testigo o víctima comparezca en la audiencia de juicio. Se realiza a solicitud de las partes, ante el Juez de Control, y debe garantizarse el derecho de la defensa a participar en ella para preservar el principio de contradicción.

La prueba anticipada se puede solicitar desde la denuncia o querella hasta antes del inicio de la audiencia de juicio oral a partir de los requisitos de procedencia como: la de un motivo fundado y de extrema necesidad, así como la existencia del riesgo de que el medio probatorio no pueda ser desahogado en la audiencia de juicio oral sin un riesgo grave de pérdida por la demora prueba que ´podrá ser solicitada por: cualquiera de las partes (Ministerio Público, víctima o imputado) puede solicitarla ante el juez de Control.

Dicha prueba anticipada la podemos encontrar en los siguientes artículos del Código Nacional de Procedimientos Penales. 304, 305 y 306 respectivamente.

Al respecto el artículo 304 menciona que la prueba anticipada que "Hasta antes de la celebración de la audiencia de juicio se podrá desahogar anticipadamente cualquier medio de prueba pertinente, siempre que se satisfagan los siguientes requisitos:

- **I.** Que sea practicada ante el Juez de control;

- **II.** Que sea solicitada por alguna de las partes, quienes deberán expresar las razones por las cuales el acto se debe realizar con anticipación a la audiencia de juicio a la que se pretende desahogar y se torna indispensable en virtud de que se estime probable que algún testigo no podrá concurrir a la audiencia de juicio, por vivir en el extranjero, por existir motivo que hiciere temer su muerte, o por su estado de salud o incapacidad física o mental que le impidiese declarar;

- **III.** Que sea por motivos fundados y de extrema necesidad y para evitar la pérdida o alteración del medio probatorio, y

- **IV.** Que se practique en audiencia y en cumplimiento de las reglas previstas para la práctica de pruebas en el juicio." (CNPP, 2026).

Por su parte el artículo 305 considere el procedimiento para prueba anticipada a partir de presentar la solicitud de desahogo de prueba anticipada podrá plantearse desde que se presenta la denuncia, querella o equivalente y hasta antes de que dé inicio la audiencia de juicio oral.

Cuando se solicite el desahogo de una prueba en forma anticipada, el Órgano jurisdiccional citará a audiencia a todos aquellos que tuvieren derecho a asistir a la audiencia de juicio oral y luego de escucharlos valorará la posibilidad de que la prueba por anticipar no pueda ser desahogada en la audiencia de juicio oral, sin grave riesgo de pérdida por la demora y, en su caso, admitirá y desahogará la prueba en el mismo acto otorgando a las partes todas las facultades previstas para su participación en la audiencia de juicio oral.

El imputado que estuviere detenido será trasladado a la sala de audiencias para que se imponga en forma personal, por teleconferencia o cualquier otro medio de comunicación, de la práctica de la diligencia, en caso de que todavía no exista imputado identificado se designará un Defensor público para que intervenga en la audiencia, (CNPP, 2026).

Asimismo, el artículo 306 hace mención del registro y conservación de la prueba anticipada. La audiencia en la que se desahogue la prueba anticipada deberá registrarse en su totalidad. Concluido el desahogo de la prueba anticipada, se entregará el registro correspondiente a las partes.

Si el obstáculo que dio lugar a la práctica del anticipo de prueba no existiera para la fecha de la audiencia de juicio, se desahogará de nueva cuenta el medio de prueba correspondiente en la misma. Toda prueba anticipada deberá conservarse de acuerdo con las medidas dispuestas por el Juez de control, (CNPP, 2026).

4.7. Prueba Indiciaria

La prueba indiciaria, o prueba circunstancial, no se conceptualiza directamente en el Código Nacional de Procedimientos Penales (CNPP) como un tipo de prueba, sino como un método de valoración de la prueba. Se basa en el análisis de circunstancias y hechos acreditados (indicios) que, de manera conjunta y lógica, permiten al juzgador inferir la existencia de otro hecho.

Dicha prueba no está regulada como una figura jurídica específica, sino que se construye a partir de la **valoración de indicios**, que son datos o elementos de prueba que indican la existencia de un hecho delictivo y la probable participación del imputado. Para la vinculación a proceso, el artículo 13 del CNPP establece que debe existir la probabilidad de que el imputado cometió el delito, sustentada en datos de prueba que establezcan la existencia del hecho, para lo cual se requieren **indicios razonables**. La prueba indiciaria se diferencia de los medios de prueba directos, y es un conjunto de indicios que, en su conjunto, deben ser suficientes para generar convicción en el juez.

Si bien este tipo de prueba lo encontramos en el Código Nacional de Procedimientos Panales, ya contamos con tesis sobre dicha prueba como la siguiente:

Tesis

Registro digital: 2026663

Instancia: Plenos Regionales

Undécima Época

Materia(s): Penal

Tesis: PR.P.CN. J/3 P (11a.)

Fuente: Gaceta del Semanario Judicial de la Federación.

Libro 26, Junio de 2023, Tomo VI, página 5712

Tipo: Jurisprudencia

PRUEBA INDICIARIA O CIRCUNSTANCIAL. ES COMPATIBLE CON EL SISTEMA PENAL ACUSATORIO Y ORAL, CONFORME A LA VALORACIÓN LIBRE Y LÓGICA DE LAS PRUEBAS.

Hechos: Los Tribunales Colegiados de Circuito contendientes conocieron de diversos juicios de amparo directo, en los que se dilucidó si la prueba indiciaria o circunstancial es o no compatible con el sistema penal acusatorio y oral, pues mientras uno de ellos consideró que en dicho sistema sí es factible realizar un ejercicio valorativo inferencial lógico de la prueba, pero su resultado debe satisfacer el umbral probatorio de culpabilidad más allá de toda duda razonable, el otro sostuvo que la técnica del relato que estriba en una mera relatoría abstracta de los hechos probados, es una circunstancia que se traducirá en que, en realidad, no se motivó la determinación de los hechos.

Criterio jurídico: El Pleno Regional en Materia Penal de la Región Centro-Norte, con residencia en la Ciudad de México determina que es compatible la prueba indiciaria o circunstancial con el sistema penal acusatorio, siempre que el juzgador exprese el razonamiento jurídico por medio del cual construyó sus inferencias, haciendo mención de las pruebas específicas para tener por acreditados los hechos base y de los criterios racionales que guiaron su valoración.

Justificación: La prueba indiciaria o circunstancial está dirigida a demostrar la probabilidad de unos hechos denominados indicios, mismos que no son constitutivos del delito, pero de los que, por medio de la lógica y de las reglas de la experiencia, se pueden inferir hechos delictivos y la participación de un acusado. En ese sentido, el artículo 20, apartado A, fracción ll, de la

Constitución Política de los Estados Unidos Mexicanas, en concordancia con los artículos 259, párrafo segundo, 265,359 y 402 del Código Nacional de Procedimientos Penales, establecen de forma clara la valoración de la prueba de manera libre y lógica, sin que ello signifique la valoración de indicios carentes de razonamiento alguno.

Así, el sistema de libre valoración de la prueba establecido en el sistema penal acusatorio y oral implica la posibilidad legal de acreditar la veracidad o falsedad de los hechos objeto del proceso por medio de cualquier clase de fuente de prueba, sin más limitaciones que la legalidad de dichos medios, por lo que en este sistema a la prueba se le otorga un determinado valor bajo un proceso racional y apoyándose en la lógica, las máximas de la experiencia y los conocimientos científicos, cuya característica principal consiste en que las conclusiones a las que lleguen deriven de un ejercicio de deducción.

En ese contexto, la prueba circunstancial es compatible con el sistema libre de valoración de las pruebas del proceso penal acusatorio y oral, dado que no transgrede, por sí misma, ningún derecho fundamental de los acusados, pues puede generar convicción en el juzgador para inferir, más allá de toda duda razonable, la existencia de un hecho fáctico; asimismo, la Corte Interamericana de Derechos Humanos ha considerado legítimo el uso de la prueba circunstancial siempre que de ella pueda inferirse alguna conclusión considerativa sobre los hechos.

PLENO REGIONAL EN MATERIA PENAL DE LA REGIÓN CENTRO-NORTE, CON RESIDENCIA EN LA CIUDAD DE MÉXICO.

Contradicción de criterios 25/2023. Entre los sustentados por el Tribunal Colegiado en Materias Penal y Administrativa del Vigésimo Segundo Circuito y el Primer Tribunal Colegiado del Centro Auxiliar de la Segunda Región, con residencia en San Andrés Cholula, Puebla, en auxilio del Primer Tribunal Colegiado del Vigésimo Cuarto Circuito. 23 de marzo de 2023. Tres votos de la Magistrada Emma Meza Fonseca y de los Magistrados Samuel Meraz Lares (presidente) y Héctor Lara González, quien formuló voto concurrente. Ponente: Magistrada Emma Meza Fonseca. Secretario: Rodrigo Facundo Salvador.

Tesis y/o criterios contendientes:

El Primer Tribunal Colegiado del Centro Auxiliar de la Segunda Región, con residencia en San Andrés Cholula, Puebla, al resolver el amparo directo 25/2021 (cuaderno auxiliar 697/2021), el cual dio origen a la tesis aislada (II Región) 1o.7 P (11a.), de rubro: " PRUEBA CIRCUNSTANCIAL, AL HABERSE CONCEBIDO EN ELE SISTEMA PENAL INQUISISTITVO, COMO UN ELEMENTO DE CARACER SUBSIDIARIO O XCEPECIONAL,ES OPOUESTO A LA LÓGICA DEL ACTUAL SISTEMA ACUSATORIO Y ORAL, Y POR ENDE, NO PUEDE SUSTENTAR LA DETERNMIINACION DE OS HECHOS DEL TRIBUNAL DE ENJUICIAMIENTO", publicada en el Semanario Judicial de la Federación del viernes 4 de febrero de 2022 a las 10:06 horas y en la Gaceta del Semanario Judicial de la Federación, Undécima Época, Libro 10, Tomo III, febrero de 2022, página 2611, con número de registro digital: 2024139; y El sustentado por el Tribunal Colegiado en Materias Penal y Administrativa del Vigésimo Segundo Circuito, al resolver el amparo directo penal 146/2022.

Esta tesis se publicó el viernes 09 de junio de 2023 a las 10:15 horas en el Semanario Judicial de la Federación y, por ende, se considera de aplicación obligatoria a partir del lunes 12 de junio de 2023, para los efectos previstos en el punto noveno del Acuerdo General Plenario 1/2021.

Entonces para considera efectiva esta prueba valdría la pena pregúntanos ¿cómo funciona dicha prueba en la práctica? Punto número uno ante que nada se hace una **Valoración racional** por parte del juzgador valora los indicios de manera libre y lógica, aplicando la sana crítica, la lógica y los conocimientos científicos.

Así miso se debe **justificar en la sentencia** el alcance y el valor que se le da a cada indicio y cómo estos conducen a la conclusión sobre los hechos, en cuanto a los requisitos, **los indicios** deben ser varios, estar debidamente acreditados y unidos entre sí por un vínculo lógico y legal además de lo anterior debe de hacer una distinción en relación con **la prueba directa,** ahora bien a diferencia de la prueba directa, la prueba indiciaria se basa en inferencias a partir de hechos conocidos para probar un hecho desconocido.

Para el principio de valoración por r**egla general,** el Código Nacional de Procedimientos Penales establece que cualquier hecho puede probarse por medios lícitos y que las pruebas se valoran de manera libre y lógica, si bien no es un tipo de prueba, el CNPP permite su aplicación como método de valoración para sustentar una sentencia, siempre y cuando se cumplan los requisitos legales y se realice una justificación objetiva en la sentencia, algunos ejemplos en este código menciona los "indicios" en otros contextos, como en la orden de cateo, donde se mencionan los indicios que demuestran la posibilidad de encontrar personas u objetos. En su artículo 380 indica que los indicios podrán ser mostrados al acusado, testigos o peritos para que los reconozcan o informen sobre ellos.

4.8. Nulidad de la Prueba Pericial

La nulidad de la prueba pericial en el Código Nacional de Procedimientos Penales de México puede solicitarse cuando existan vicios en la cadena de custodia, falta de notificación a la defensa, o cuando se viola la inmediatez y contradicción de la prueba. La nulidad se solicita mediante un incidente por la parte perjudicada, argumentando violaciones a derechos humanos y demostrando la afectación. Los motivos para impugnarla incluyen la falta de idoneidad del perito, la realización del peritaje sin la presencia de la defensa, o la imposibilidad de controvertir el dictamen pericial.

Causas para la nulidad entre las causas de nulidad encontramos, la f**alta de idoneidad del perito, esto quiere decir que:** el perito no cuenta con el título oficial en la materia o no posee la idoneidad manifiesta si la ciencia no está reglamentada, otra de estas nulidades, es la v**iolación a derechos de la defensa por ello se** puede solicitar la nulidad si la defensa no fue notificada adecuadamente para participar en el desahogo o revisión de la prueba pericial, ya que esto vulnera su derecho a la contradicción.

Otra de las causas por las cuales se pude solicitar esta nulidad es también por la elaboración de **Peritajes irrefutables o no reproducibles,** si el objeto de estudio no permite una nueva peritación independiente para la defensa y no se siguió el procedimiento correcto (notificación, etc.), la prueba puede ser nula, a la anterior nulidad también se le suma la de los **Vicios en la cadena de custodia,** en la cual se debe asegurar que la cadena de custodia de los objetos de análisis se mantenga intacta para que la prueba sea válida. Si no es así, la prueba podría ser declarada nula.

También puede operar nulidad por **Incumplimiento de las formalidades,** si el dictamen pericial no cumple con los requisitos legales para su formulación y presentación, podría ser impugnado, una más de las nulidades son las ambigüedades **en el interrogatorio,** Las preguntas al perito no deben ser ambiguas, impertinentes o irrelevantes. Si las preguntas están mal formuladas, el peritaje podría ser afectado.

Una vez ya analizadas las nulidades se puede considerar solicitarla a partir de Por el **interviniente perjudicado:** Solo la parte que ha sido perjudicada por el vicio en el procedimiento puede solicitar la nulidad, siempre y cuando no haya contribuido a causarlo, m**ediante incidente,** con una solicitud la cual se debe de presentar como un incidente dentro del proceso penal. **Alegando violación a derechos humanos,** la parte que solicita la nulidad debe argumentar la violación de derechos humanos, como el de audiencia, defensa o contradicción.

La nulidad de la prueba pericial se deriva de su obtención con violación de derechos fundamentales (Articulo 264) Se considera prueba ilícita cualquier dato o prueba obtenidos con violación de los derechos fundamentales, lo que será motivo de exclusión o nulidad. Las partes harán valer la nulidad del medio de prueba en cualquier etapa del proceso y el juez o Tribunal deberá pronunciarse al respecto. O de la falta de su incorporación al proceso según las reglas del Código Nacional de Procedimientos Penales (CNPP) (263), Los datos y las pruebas deberán ser obtenidos, producidos y reproducidos lícitamente y deberán ser admitidos y desahogados en el proceso en los términos que establece este Código.

En su artículo (356) menciona la libertad probatoria en Todos los hechos y circunstancias aportados para la adecuada solución del caso sometido a juicio, podrán ser probados por cualquier medio pertinente producido e incorporado de conformidad con este Código, de tal manera que los artículos del Código Nacional de Procedimientos Penales que regulan la prueba pericial incluyendo la posibilidad de ofrecerla cuando se requieran conocimientos especiales ya en su artículo 368 "Podrá ofrecerse la prueba pericial cuando, para el examen de personas, hechos, objetos o circunstancias relevantes para el proceso, fuere necesario o conveniente poseer conocimientos especiales en alguna ciencia, arte, técnica u oficio".

Por otra parte en cuanto a los requisitos de los peritos deberán de "contar con Título oficial en la materia relativa al punto sobre el cual dictaminarán y no tener impedimentos para el ejercicio profesional, siempre que la ciencia, el arte, la técnica o el oficio sobre la que verse la pericia en cuestión esté reglamentada; en caso contrario, deberá designarse a una, persona de idoneidad manifiesta y que preferentemente pertenezca a un gremio o agrupación relativa a la actividad sobre la que verse la pericia. No se exigirán estos requisitos para quien declare como testigo sobre hechos o circunstancias que conoció espontáneamente, aunque para informar sobre ellos utilice las aptitudes especiales que posee en una ciencia, arte, técnica u oficio". (Artículo 369 CNPP, 2026).

Es importante también llevar a cabo la posibilidad de protección a los peritos como lo marca el presente código, en caso necesario, los peritos y otros terceros que deban intervenir en el procedimiento para efectos probatorios, podrán pedir a la autoridad correspondiente que adopte medidas tendentes a que se les brinde la protección prevista para los testigos, en los términos de la legislación aplicable. (Artículo 370, CNPP, 2026). Y las reglas para el interrogatorio, en la sección III Disposiciones generales del interrogatorio y contrainterrogatorio Artículo 371, CNPP. Declarantes en la audiencia de juicio. Antes de declarar, los testigos no podrán comunicarse entre sí, ni ver, oír o ser informados de lo que ocurra en la audiencia, por lo que permanecerán en una sala distinta a aquella en donde se desarrolle, advertidos de lo anterior por el juzgador que preside la audiencia. Serán llamados en el orden establecido. Esta disposición no aplica al acusado ni a la víctima, salvo cuando ésta deba declarar en juicio como testigo. El juzgador que presida la audiencia de juicio identificará al perito o testigo, le tomará protesta de conducirse con verdad y le advertirá de las penas que se imponen si se incurre en falsedad de declaraciones. Durante la audiencia, los peritos y testigos deberán ser interrogados personalmente.

Su declaración personal no podrá ser sustituida por la lectura de los registros en que consten anteriores declaraciones, o de otros documentos que las contengan, y sólo deberá referirse a ésta y a las preguntas realizadas por las partes. Artículo 372. Desarrollo de interrogatorio Otorgada la protesta y realizada su identificación, el juzgador que presida la audiencia de juicio concederá la palabra a la parte que propuso el testigo, perito o al acusado para que lo interrogue, y con posterioridad a los demás sujetos que intervienen en el proceso, respetándose siempre el orden asignado.

La parte contraria podrá inmediatamente después contrainterrogar al testigo, perito o al acusado. Los testigos, peritos o el acusado responderán directamente a las preguntas que les formulen el Ministerio Público, el Defensor o el Asesor jurídico de la víctima, en su caso. El Órgano jurisdiccional deberá abstenerse de interrumpir dicho interrogatorio salvo que medie objeción fundada de parte, o bien, resulte necesario para mantener el orden y decoro necesarios para la debida diligenciación de la audiencia. Sin perjuicio de lo anterior, el Órgano Jurisdiccional podrá formular preguntas para aclarar lo manifestado por quien deponga, en los términos previstos en este Código, (CNPP, 2026).

A solicitud de algunas de las partes, el Tribunal podrá autorizar un nuevo interrogatorio a los testigos que ya hayan declarado en la audiencia, siempre y cuando no hayan sido liberados; al perito se le podrán formular preguntas con el fin de proponerle hipótesis sobre la materia del dictamen pericial, a las que el perito deberá responder atendiéndose a la ciencia, la profesión y los hechos hipotéticos propuestos.

Después del contrainterrogatorio el oferente podrá repreguntar al testigo en relación a lo manifestado. En la materia del contrainterrogatorio la parte contraria podrá recontrainterrogar al testigo respecto de la materia de las preguntas. Artículo 373. Reglas para formular preguntas en juicio Toda pregunta deberá formularse de manera oral y versará sobre un hecho específico. En ningún caso se permitirán preguntas ambiguas o poco claras, conclusivas, impertinentes o irrelevantes o argumentativas, que tiendan a ofender al testigo o peritos o que pretendan coaccionarlos. Las preguntas sugestivas sólo se permitirán a la contraparte de quien ofreció al testigo, en contrainterrogatorio. Reforma DOF 17-06-2016: Derogó del artículo el entonces párrafo tercero Artículo 374.

Objeciones La objeción de preguntas deberá realizarse antes de que el testigo emita respuesta. El Juez analizará la pregunta y su objeción y en caso de considerar obvia la procedencia de la pregunta resolverá de plano. Contra esta determinación no se admite recurso alguno. Artículo 375. Testigo hostil El Tribunal de enjuiciamiento permitirá al oferente de la prueba realizar preguntas sugestivas cuando advierta que el testigo se está conduciendo de manera hostil. Artículo 376. Lectura para apoyo de memoria o para demostrar o superar contradicciones en audiencia

Durante el interrogatorio y contrainterrogatorio del acusado, del testigo o del perito, podrán leer parte de sus entrevistas, manifestaciones anteriores, documentos por ellos elaborados o cualquier otro registro de actos en los que hubiera participado, realizando cualquier tipo de manifestación, cuando fuera necesario para apoyar la memoria del respectivo declarante, superar o evidenciar contradicciones, o solicitar las aclaraciones pertinentes. Con el mismo propósito se podrá leer durante la declaración de un perito parte del informe que él hubiere elaborado.

Por otra parte, sobre las generalidades de la prueba contempladas en los (Artículos del 259 al 265 y del 356 al 359) del Código Nacional de Procedimientos Penales. A ello el TULO IV DE LOS DATOS DE PRUEBA, MEDIOS DE PRUEBA Y PRUEBAS CAPÍTULO ÚNICO DISPOSICIONES COMUNES y en su Artículo 259. Comenta sobre las Generalidades en donde Cualquier hecho puede ser probado por cualquier medio, siempre y cuando sea lícito. Las pruebas serán valoradas por el Órgano jurisdiccional de manera libre y lógica. Los antecedentes de la investigación recabados con anterioridad al juicio carecen de valor probatorio para fundar la sentencia definitiva, salvo las excepciones expresas previstas por este Código y en la legislación aplicable.

Para efectos del dictado de la sentencia definitiva, sólo serán valoradas aquellas pruebas que hayan sido desahogadas en la audiencia de juicio, salvo las excepciones previstas en este Código. Artículo 260. Antecedente de investigación El antecedente de investigación es todo registro incorporado en la carpeta de investigación que sirve de sustento para aportar datos de prueba. Artículo 261. Datos de prueba, medios de prueba y pruebas El dato de prueba es la referencia al contenido de un determinado medio de convicción aún no desahogado ante el Órgano jurisdiccional, que se advierta idóneo y pertinente para establecer razonablemente la existencia de un hecho delictivo y la probable participación del imputado.

Los medios o elementos de prueba son toda fuente de información que permite reconstruir los hechos, respetando las formalidades procedimentales previstas para cada uno de ellos. Se denomina prueba a todo conocimiento cierto o probable sobre un hecho, que ingresando al proceso como medio de prueba en una audiencia y desahogada bajo los principios de inmediación y contradicción, sirve al Tribunal de enjuiciamiento como elemento de juicio para llegar a una conclusión cierta sobre los hechos materia de la acusación.

En el Artículo 262. Se tiene el derecho a ofrecer medios de prueba, por ello las partes tendrán el derecho de ofrecer medios de prueba para sostener sus planteamientos en los términos previstos en este Código. Artículo 263. Licitud probatoria Los datos y las pruebas deberán ser obtenidos, producidos y reproducidos lícitamente y deberán ser admitidos y desahogados en el proceso en los términos que establece este Código. Artículo 264. Nulidad de la prueba Se considera prueba ilícita cualquier dato o prueba obtenidos con violación de los derechos fundamentales, lo que será motivo de exclusión o nulidad. Las partes harán valer la nulidad del medio de prueba en cualquier etapa del proceso y el juez o Tribunal deberá pronunciarse al respecto. Artículo 265. Valoración de los datos y prueba El Órgano jurisdiccional asignará libremente el valor correspondiente a cada uno de los datos y pruebas, de manera libre y lógica, debiendo justificar adecuadamente el valor otorgado a las pruebas y explicará y justificará su valoración con base en la apreciación conjunta, integral y armónica de todos los elementos probatorios.

Así también en el CAPÍTULO IV DISPOSICIONES GENERALES SOBRE LA PRUEBA (CNPP) Artículo 356. Libertad probatoria Todos los hechos y circunstancias aportados para la adecuada solución del caso sometido a juicio, podrán ser probados por cualquier medio pertinente producido e incorporado de conformidad con este Código. Artículo 357. Legalidad de la prueba La prueba no tendrá valor si ha sido obtenida por medio de actos violatorios de derechos fundamentales, o si no fue incorporada al proceso conforme a las disposiciones de este Código. Artículo 358. Oportunidad para la recepción de la prueba La prueba que hubiere de servir de base a la sentencia deberá desahogarse durante la audiencia de debate de juicio, salvo las excepciones expresamente previstas en este Código.

En el artículo 359. Nos habla de la Valoración de la prueba El Tribunal de enjuiciamiento valorará la prueba de manera libre y lógica, deberá hacer referencia en la motivación que realice, de todas las pruebas desahogadas, incluso de aquellas que se hayan desestimado, indicando las razones que se tuvieron para hacerlo. La motivación permitirá la expresión del razonamiento utilizado para alcanzar las conclusiones contenidas en la resolución jurisdiccional. Sólo se podrá condenar al acusado si se llega a la convicción de su culpabilidad más allá de toda duda razonable. En caso de duda razonable, el Tribunal de enjuiciamiento absolverá al imputado.

Por otra parte, la Nulidad de la prueba pericial es considerado bajo varios criterios como, por ejemplo: la Prueba ilícita: misma que es considerada como nula cualquier prueba obtenida violando derechos fundamentales en su artículo 264 del CNPP, 2026 menciona que la prueba se considera prueba ilícita cualquier dato o prueba obtenidos con violación de los derechos fundamentales, lo que será motivo de ***exclusión o nulidad***. Las partes harán valer la nulidad del medio de prueba en cualquier etapa del proceso y el juez o Tribunal deberá pronunciarse al respecto. Esto puede aplicarse a un peritaje si se obtiene ilegalmente.

Ahora bien, la prueba pericial también será nula si no se incorpora al proceso conforme a las disposiciones del Código Nacional de Procedimientos Penales, como se establece en los Artículos 263 y 356, que indican que la prueba debe ser lícita y desahogada en los términos previstos en el Código Nacional de Procedimientos Penales" Artículo 263. Licitud probatoria Los datos y las pruebas deberán ser obtenidos, producidos y reproducidos lícitamente y deberán ser admitidos y desahogados en el proceso en los términos que establece este Código"; en el **Artículo 353. Motivación** Las decisiones del Tribunal de enjuiciamiento, así como las de su presidente serán verbales, con expresión de sus fundamentos y motivos cuando el caso lo requiera o las partes así lo soliciten, quedando todos notificados por su emisión.

En cuanto a las violaciones al proceso que pueden llevar a la nulidad, son aquellas que afectan al derecho de las partes a ser notificadas correctamente o a participar en el desahogo de la prueba, conforme lo establece el artículo 11 del (CNPP, 2026). En función del Principio de igualdad entre las partes Se garantiza a las partes, en condiciones de igualdad, el pleno e irrestricto ejercicio de los derechos previstos en la Constitución, los Tratados y las leyes que de ellos emanen.

Bajo este criterio seria importe preguntase ¿quiénes son los sujetos legitimados? a lo que la el artículo 102 del del CNPP, comenta que son solo la parte que resulte perjudicada por un vicio en el procedimiento podrá solicitar la declaración de nulidad." Artículo 102. Sujetos legitimados, Sólo podrá solicitar la declaración de nulidad el interviniente perjudicado por un vicio en el procedimiento, siempre que no hubiere contribuido a causarlo ", así como los artículos del mismo código 264, que establece que las pruebas obtenidas con violación a los derechos fundamentales serán excluidas o anulada, "Artículo 264. Nulidad de la prueba, se considera prueba ilícita cualquier dato o prueba obtenidos con violación de los derechos fundamentales, lo que será motivo de exclusión o nulidad.

Las partes harán valer la nulidad del medio de prueba en cualquier etapa del proceso y el juez o Tribunal deberá pronunciarse al respecto". (CNPP, 2026).

El artículo 259, Señala que cualquier hecho puede ser probado por cualquier medio lícito; el artículo 368, que permite la prueba pericial cuando se requieran conocimientos especiales en alguna ciencia, arte, técnica u oficio para examinar personas, hechos, objetos o circunstancias; artículo 369, establece los requisitos que deben cumplir los peritos (título oficial, etc.). por su parte el artículo 370, Permite que los peritos y otros terceros soliciten medidas de protección por seguridad de estos mismos; o de los artículos 371 a 376 que regulan el interrogatorio y contrainterrogatorio de los peritos en el juicio. Así también el artículo 356 que Indica que la prueba debe ser incorporada al proceso conforme a las disposiciones del Código.

O el artículo 274 que regula el peritaje sobre objetos que se consumen al ser analizados, estableciendo que no se consumirá más de la cantidad estrictamente necesaria para el análisis, salvo que su existencia sea escasa y no se pueda opinar sin consumirlos por completo, incluso sobre la conservación de la prueba pericial, Establece que, en el caso de objetos que se consumen al ser analizados, solo se podrá usar la cantidad estrictamente necesaria. Esta norma busca evitar la consumación innecesaria de elementos probatorios, y su incumplimiento lo cual podría ser una de las causas de exclusión de la prueba.

4.9. Exclusión de la Prueba Pericial

La exclusión de la prueba pericial en el Código Nacional de Procedimientos Penales de México se basa principalmente en la ilicitud (violación a derechos fundamentales) y la ilicitud formal (violación a las formas procesales). Los artículos en los cuales se encuentra el fundamento legan son: clave son el 264, que establece que cualquier dato o prueba obtenido con violación a derechos fundamentales es ilícito y será excluido; el 346, que permite la exclusión de medios de prueba si se obtuvo ilícitamente; y el 97, que establece la nulidad de cualquier acto realizado con violación a derechos humanos.

Aunando a lo anterior es relvarte conocer bajo qué principio o fundamentos legales se basa la idoneidad del perito para emitir medios de prueba desde los artículos del Código Nacional de Procedimientos Penales con el articulo 370 acerca de esta idoneidad del perito establece requisitos para los peritos. Si no se cumplen, puede ser una razón para impugnar la prueba pericial. (El perito debe tener título oficial, salvo que la disciplina no esté reglamentada. En ese caso, debe ser una persona de idoneidad manifiesta).

4.10. Metáfora del Fruto del Árbol Envenenado

La metáfora del "fruto del árbol envenenado" en materia penal mexicana significa que toda prueba derivada de una prueba ilegalmente obtenida también es inadmisible en juicio. Si el "árbol" (la prueba original) está "envenenado" (es ilegal), su "fruto" (la prueba secundaria o derivada) también lo está y no puede ser utilizado en contra del acusado. Esta doctrina extiende la regla de exclusión para evitar que se condene a alguien basándose en pruebas obtenidas mediante violaciones a los derechos fundamentales.

Aplicación de esta teoría en nuestro país (México) su origen no es de propia del sistema jurídico mexicano la doctrina tiene su origen en la jurisprudencia estadounidense, adoptada en México a través de la interpretación de los principios constitucionales que garantizan el derecho a un proceso penal justo y a la no vulneración de derechos fundamentales. De hecho, su alcance se aplica a toda evidencia (directa o indirecta) que esté viciada por la obtención ilegal de la prueba original, busca desincentivar a las autoridades a cometer ilícitos en la investigación, bajo el principio de que "el fin no justifica los medios".

Ejemplos que van desde el **Registro ilegal** Si la policía realiza un registro ilegal de un domicilio y encuentra una pistola (la prueba original), esa pistola no puede ser utilizada en el juicio. O de la **Evidencia derivada.** Si la policía, basándose en esa pistola incautada ilegalmente, interroga a una persona y esta confiesa (la evidencia derivada), la confesión podría no ser válida porque fue obtenida a través de la prueba ilícita. Y claro que existen excepciones a la regla o se excepciones a la doctrina con la existencia de circunstancias en las que la evidencia contaminada podría ser admisible, incluyendo:

El **Descubrimiento inevitable, c**uando se demuestra que la evidencia habría sido descubierta legalmente de todos modos. O una F**uente independiente,** cuando la evidencia ilegal se descubre por otra vía legal y totalmente independiente. O bien el **Vínculo atenuado;** Si el vínculo entre la prueba ilegal y la evidencia derivada es tan débil que la contaminación no es significativa. Hasta la **Buena fe,** Cuando la policía actuó con la creencia de que estaba actuando de forma legal y con una orden judicial válida, aunque resulte que no lo estaba.

CAPÍTULO V. LA PRUEBA PERICIAL EN LAS LEYES MEXICANAS

5.1. Los Principios que Rigen el Sistema Penal Acusatorio

Son los derechos que todo ciudadano tiene para conocer acerca de los procesos penales desde sus distintos principios como el de publicidad, contradicción, concentración, continuidad e inmediación, según el artículo 20 de la Constitución. Estos principios buscan garantizar un proceso penal justo y transparente, donde las partes puedan presentar sus argumentos y pruebas de manera equitativa, y donde el juez pueda tener un contacto directo con los elementos del caso

5.2. La Prueba desde la Constitución Política de los Estados Unidos Mexicanos

Artículo 20. El proceso penal será acusatorio y oral. Se regirá por los principios de publicidad, contradicción, concentración, continuidad e inmediación.

A. De los principios generales:

II. Toda audiencia se desarrollará en presencia del juez, sin que pueda delegar en ninguna persona el desahogo y la valoración de las pruebas, la cual deberá realizarse de manera libre y lógica;

IV. Se le recibirán los testigos y demás pruebas pertinentes que ofrezca, concediéndosele el tiempo que la ley estime necesario al efecto y auxiliándosele para obtener la comparecencia de las personas cuyo testimonio solicite, en los términos que señale la ley;

V. Será juzgado en audiencia pública por un juez o tribunal. La publicidad sólo podrá restringirse en los casos de excepción que determine la ley, por razones de seguridad nacional, seguridad pública, protección de las víctimas, testigos y menores, cuando se ponga en riesgo la revelación de datos legalmente protegidos, o cuando el tribunal estime que existen razones fundadas para justificarlo.

En delincuencia organizada, las actuaciones realizadas en la fase de investigación podrán tener valor probatorio, cuando no puedan ser reproducidas en juicio o exista riesgo para testigos o víctimas. Lo anterior sin perjuicio del derecho del inculpado de objetarlas o impugnarlas y aportar pruebas en contra;

VI. Las ausencias del Fiscal General serán suplidas en los términos que determine la ley. Corresponde al Ministerio Público de la Federación la persecución, ante los tribunales, de todos los delitos del orden federal; y, por lo mismo, solicitará las medidas cautelares contra los imputados; buscará y presentará las pruebas que acrediten la participación de éstos en hechos que las leyes señalen como delito; procurará que los juicios federales en materia penal se sigan con toda regularidad para que la impartición de justicia sea pronta y expedita; pedirá la aplicación de las penas, e intervendrá en todos los asuntos que la ley determine.

Artículo 107. Las controversias de que habla el artículo 103 de esta Constitución, con excepción de aquellas en materia electoral, se sujetarán a los procedimientos que determine la ley reglamentaria, de acuerdo con las bases siguientes:

Cuando se reclamen actos que tengan o puedan tener como consecuencia privar de la propiedad o de la posesión y disfrute de sus tierras, aguas, pastos y montes a los ejidos o a los núcleos de población que de hecho o por derecho guarden el estado comunal, o a los ejidatarios o comuneros, deberán recabarse de oficio todas aquellas pruebas que puedan beneficiar a las entidades o individuos mencionados y acordarse las diligencias que se estimen necesarias para precisar sus derechos agrarios, así como la naturaleza y efectos de los actos reclamados.

VII. El amparo contra actos u omisiones en juicio, fuera de juicio o después de concluido, o que afecten a personas extrañas al juicio, contra normas generales o contra actos u omisiones de autoridad administrativa, se interpondrá ante el Juez de Distrito bajo cuya jurisdicción se encuentre el lugar en que el acto reclamado se ejecute o trate de ejecutarse, y su tramitación se limitará al informe de la autoridad, a una audiencia para la que se citará en el mismo auto en el que se mande pedir el informe y se recibirán las pruebas que las partes interesadas ofrezcan y oirán los alegatos, pronunciándose en la misma audiencia la sentencia

VII. Una vez iniciado el proceso penal, siempre y cuando no exista oposición del inculpado, se podrá decretar su terminación anticipada en los supuestos y bajo las modalidades que determine la ley. Si el imputado reconoce ante la autoridad judicial, voluntariamente y con conocimiento de las consecuencias, su participación en el delito y existen medios de convicción suficientes para corroborar la imputación, el juez citará a audiencia de sentencia. La ley establecerá los beneficios que se podrán otorgar al inculpado cuando acepte su responsabilidad; VIII. El juez sólo condenará cuando exista convicción de la culpabilidad del procesado; **IX.** Cualquier prueba obtenida con violación de derechos fundamentales será nula;

X. Tratándose de delincuencia organizada, el órgano de administración judicial podrá disponer las medidas necesarias para preservar la seguridad y resguardar la identidad de las personas juzgadoras, conforme al procedimiento que establezca la ley, y Fracción adicionada

XI. Los principios previstos en este artículo, se observarán también en las audiencias preliminares al juicio.

B. De los derechos de toda persona imputada:

I. A que se presuma su inocencia mientras no se declare su responsabilidad mediante sentencia emitida por el juez de la causa; **II**. A declarar o a guardar silencio. Desde el momento de su detención se le harán saber los motivos de la misma y su derecho a guardar silencio, el cual no podrá ser utilizado en su perjuicio. Queda prohibida y será sancionada por la ley penal, toda incomunicación, intimidación o tortura. La confesión rendida sin la asistencia del defensor carecerá de todo valor probatorio; **III**. A que se le informe, tanto en el momento de su detención como en su comparecencia ante el Ministerio Público o el juez, los hechos que se le imputan y los derechos que le asisten. Tratándose de delincuencia organizada, la autoridad judicial podrá autorizar que se mantenga en reserva el nombre y datos del acusador. La ley establecerá beneficios a favor del inculpado, procesado o sentenciado que preste ayuda eficaz para la investigación y persecución de delitos en materia de delincuencia organizada;

IV. Se le recibirán los testigos y demás pruebas pertinentes que ofrezca, concediéndosele el tiempo que la ley estime necesario al efecto y auxiliándosele para obtener la comparecencia de las personas cuyo testimonio solicite, en los términos que señale la ley;

V. Será juzgado en audiencia pública por un juez o tribunal. La publicidad sólo podrá restringirse en los casos de excepción que determine la ley, por razones de seguridad nacional, seguridad pública, protección de las víctimas, testigos y menores, cuando se ponga en riesgo la revelación de datos legalmente protegidos, o cuando el tribunal estime que existen razones fundadas para justificarlo. En delincuencia organizada, las actuaciones realizadas en la fase de investigación podrán tener valor probatorio, cuando no puedan ser reproducidas en juicio o exista riesgo para testigos o víctimas. Lo anterior sin perjuicio del derecho del inculpado de objetarlas o impugnarlas y aportar pruebas en contra;

VI. Le serán facilitados todos los datos que solicite para su defensa y que consten en el proceso.

El imputado y su defensor tendrán acceso a los registros de la investigación cuando el primero se encuentre detenido y cuando pretenda recibírsele declaración o entrevistarlo. Asimismo, antes de su primera comparecencia ante juez podrán consultar dichos registros, con la oportunidad debida para preparar la defensa. A partir de este momento no podrán mantenerse en reserva las actuaciones de la investigación, salvo los casos excepcionales expresamente señalados en la ley cuando ello sea imprescindible para salvaguardar el éxito de la investigación y siempre que sean oportunamente revelados para no afectar el derecho de defensa;

VII. Será juzgado antes de cuatro meses si se tratare de delitos cuya pena máxima no exceda de dos años de prisión, y antes de un año si la pena excediere de ese tiempo, salvo que solicite mayor plazo para su defensa; En caso de cumplirse con el plazo señalado en el párrafo que antecede y que no se haya dictado sentencia, el órgano jurisdiccional que conozca del asunto deberá dar aviso inmediato al Tribunal de Disciplina Judicial y justificar las razones de dicha demora, en los términos que establezca la ley;

VIII. Tendrá derecho a una defensa adecuada por abogado, al cual elegirá libremente incluso desde el momento de su detención. Si no quiere o no puede nombrar un abogado, después de haber sido requerido para hacerlo, el juez le designará un defensor público. También tendrá derecho a que su defensor comparezca en todos los actos del proceso y éste tendrá obligación de hacerlo cuantas veces se le requiera, y IX. En ningún caso podrá prolongarse la prisión o detención, por falta de pago de honorarios de defensores o por cualquiera otra prestación de dinero, por causa de responsabilidad civil o algún otro motivo análogo. La prisión preventiva no podrá exceder del tiempo que como máximo de pena fije la ley al delito que motivare el proceso y en ningún caso será superior a dos años, salvo que su prolongación se deba al ejercicio del derecho de defensa del imputado. Si cumplido este término no se ha pronunciado sentencia, el imputado será puesto en libertad de inmediato mientras se sigue el proceso, sin que ello obste para imponer otras medidas cautelares.

En toda pena de prisión que imponga una sentencia, se computará el tiempo de la detención.

C. De los derechos de la víctima o del ofendido:

I. Recibir asesoría jurídica; ser informado de los derechos que en su favor establece la Constitución y, cuando lo solicite, ser informado del desarrollo del procedimiento penal; **II.** Coadyuvar con el Ministerio Público; a que se le reciban todos los datos o elementos de prueba con los que cuente, tanto en la investigación como en el proceso, a que se desahoguen las diligencias correspondientes, y a intervenir en el juicio e interponer los recursos en los términos que prevea la ley. Cuando el Ministerio Público considere que no es necesario el desahogo de la diligencia, deberá fundar y motivar su negativa; **III**. Recibir, desde la comisión del delito, atención médica y psicológica de urgencia; **IV.** Que se le repare el daño. En los casos en que sea procedente, el Ministerio Público estará obligado a solicitar la reparación del daño, sin menoscabo de que la víctima u ofendido lo pueda solicitar directamente, y el juzgador no podrá absolver al sentenciado de dicha reparación si ha emitido una sentencia condenatoria. La ley fijará procedimientos ágiles para ejecutar las sentencias en materia de reparación del daño; **V.** Al resguardo de su identidad y otros datos personales en los siguientes casos: cuando sean menores de edad; cuando se trate de delitos de violación, trata de personas, secuestro o delincuencia organizada; y cuando a juicio del juzgador sea necesario para su protección, salvaguardando en todo caso los derechos de la defensa.

El Ministerio Público deberá garantizar la protección de víctimas, ofendidos, testigos y en general todos los sujetos que intervengan en el proceso. Los jueces deberán vigilar el buen cumplimiento de esta obligación; **VI.** Solicitar las medidas cautelares y providencias necesarias para la protección y restitución de sus derechos, y **VII**. Impugnar ante autoridad judicial las omisiones del Ministerio Público en la investigación de los delitos, así como las resoluciones de reserva, no ejercicio, desistimiento de la acción penal o suspensión del procedimiento cuando no esté satisfecha la reparación del daño.

5.3. La Prueba Pericial desde el Condigo Nacional de Procedimientos Penales

Artículo 259. Generalidades

Cualquier hecho puede ser probado por cualquier medio, siempre y cuando sea lícito. Las pruebas serán valoradas por el Órgano jurisdiccional de manera libre y lógica. Los antecedentes de la investigación recabados con anterioridad al juicio carecen de valor probatorio para fundar la sentencia definitiva, salvo las excepciones expresas previstas por este Código y en la legislación aplicable.

Para efectos del dictado de la sentencia definitiva, sólo serán valoradas aquellas pruebas que hayan sido desahogadas en la audiencia de juicio, salvo las excepciones previstas en este Código.

Artículo 356. Libertad probatoria

Todos los hechos y circunstancias aportados para la adecuada solución del caso sometido a juicio, podrán ser probados por cualquier medio pertinente producido e incorporado de conformidad con este Código.

Artículo 357. Legalidad de la prueba

La prueba no tendrá valor si ha sido obtenida por medio de actos violatorios de derechos fundamentales, o si no fue incorporada al proceso conforme a las disposiciones de este Código.

Artículo 358. Oportunidad para la recepción de la prueba

La prueba que hubiere de servir de base a la sentencia deberá desahogarse durante la audiencia de debate de juicio, salvo las excepciones expresamente previstas en este Código.

Artículo 359. Valoración de la prueba

El Tribunal de enjuiciamiento deberá hacer referencia en la motivación que realice, de todas las pruebas desahogadas, incluso de aquellas que se hayan desestimado, indicando las razones que se tuvieron para hacerlo. La motivación permitirá la expresión del razonamiento utilizado para alcanzar las conclusiones contenidas en la resolución jurisdiccional. Sólo se podrá condenar al acusado si se llega a la convicción de su culpabilidad más allá de toda duda razonable. En caso de duda razonable, el Tribunal de enjuiciamiento absolverá al imputado.

Artículo 356. Libertad probatoria

Todos los hechos y circunstancias aportados para la adecuada solución del caso sometido a juicio, podrán ser probados por cualquier medio pertinente producido e incorporado de conformidad con este Código.

Artículo 357. Legalidad de la prueba

La prueba no tendrá valor si ha sido obtenida por medio de actos violatorios de derechos fundamentales, o si no fue incorporada al proceso conforme a las disposiciones de este Código.

Artículo 358. Oportunidad para la recepción de la prueba

La prueba que hubiere de servir de base a la sentencia deberá desahogarse durante la audiencia de debate de juicio, salvo las excepciones expresamente previstas en este Código.

Artículo 359. Valoración de la Prueba

El Tribunal de enjuiciamiento deberá hacer referencia en la motivación que realice, de todas las pruebas desahogadas, incluso de aquellas que se hayan desestimado, indicando las razones que se tuvieron para hacerlo. La motivación permitirá la expresión del razonamiento utilizado para alcanzar las conclusiones contenidas en la resolución jurisdiccional. Sólo se podrá condenar al acusado si se llega a la convicción de su culpabilidad más allá de toda duda razonable. En caso de duda razonable, el Tribunal de enjuiciamiento absolverá al imputado.

5.4. Indicio

Artículo 213. Objeto de la investigación

La investigación tiene por objeto que el Ministerio Público reúna indicios para el esclarecimiento de los hechos y, en su caso, los datos de prueba para sustentar el ejercicio de la acción penal, la acusación contra el imputado y la reparación del daño.

Artículo 273. Acceso a los indicios

Los peritos que elaboren los dictámenes tendrán en todo momento acceso a los indicios sobre los que versarán los mismos, o a los que se hará referencia en el interrogatorio.

5.5. Dato de Prueba

Artículo 260. Antecedente de investigación

El antecedente de investigación es todo registro incorporado en la carpeta de investigación que sirve de sustento para aportar datos de prueba.

Artículo 261. Datos de prueba, medios de prueba y pruebas

El dato de prueba es la referencia al contenido de un determinado medio de convicción aún no desahogado ante el Órgano jurisdiccional, que se advierta idóneo y pertinente para establecer razonablemente la existencia de un hecho delictivo y la probable participación del imputado.

Artículo 163. Medios de prueba para la imposición y revisión de la medida

Las partes pueden invocar datos u ofrecer medios de prueba para que se imponga, confirme, modifique o revoque, según el caso, la medida cautelar.

Artículo 171. Pruebas para la imposición, revisión, sustitución, modificación o cese de la prisión preventiva

Las partes podrán invocar datos u ofrecer medios de prueba con el fin de solicitar la imposición, revisión, sustitución, modificación o cese de la prisión preventiva.

En todos los casos se estará a lo dispuesto por este Código en lo relativo a la admisión y desahogo de medios de prueba.

Los medios de convicción allegados tendrán eficacia únicamente para la resolución de las cuestiones que se hubieren planteado.

Artículo 212. Deber de investigación penal

Cuando el Ministerio Público tenga conocimiento de la existencia de un hecho que la ley señale como delito, dirigirá la investigación penal, sin que pueda suspender, interrumpir o hacer cesar su curso, salvo en los casos autorizados en la misma.

La investigación deberá realizarse de manera inmediata, eficiente, exhaustiva, profesional e imparcial, libre de estereotipos y discriminación, orientada a explorar todas las líneas de investigación posibles que permitan allegarse de datos para el esclarecimiento del hecho que la ley señala como delito, así como la identificación de quien lo cometió o participó en su comisión.

Artículo 213. Objeto de la investigación

La investigación tiene por objeto que el Ministerio Público reúna indicios para el esclarecimiento de los hechos y, en su caso, los datos de prueba para sustentar el ejercicio de la acción penal, la acusación contra el imputado y la reparación del daño

Artículo 222. Deber de denunciar

Toda persona a quien le conste que se ha cometido un hecho probablemente constitutivo de un delito está obligada a denunciarlo ante el Ministerio Público y en caso de urgencia ante cualquier agente de la Policía.

Quien en ejercicio de funciones públicas tenga conocimiento de la probable existencia de un hecho que la ley señale como delito, está obligado a denunciarlo inmediatamente al Ministerio Público, proporcionándole todos los datos que tuviere, poniendo a su disposición a los imputados, si hubieren sido detenidos en flagrancia. Quien tenga el deber jurídico de denunciar y no lo haga, será acreedor a las sanciones correspondientes.

No estarán obligados a denunciar quienes al momento de la comisión del delito detenten el carácter de tutor, curador, pupilo, cónyuge, concubina o concubinario, conviviente del imputado, los parientes por consanguinidad o por afinidad en la línea recta ascendente o descendente hasta el cuarto grado y en la colateral por consanguinidad o afinidad, hasta el segundo grado inclusive.

5.6. Prueba

Se denomina prueba a todo conocimiento cierto o probable sobre un hecho, que ingresando al proceso como medio de prueba en una audiencia y desahogada bajo los principios de inmediación y contradicción, sirve al Tribunal de enjuiciamiento como elemento de juicio para llegar a una conclusión cierta sobre los hechos materia de la acusación.

Artículo 262. Derecho a ofrecer medios de prueba

Las partes tendrán el derecho de ofrecer medios de prueba para sostener sus planteamientos en los términos previstos en este Código.

Artículo 263. Licitud probatoria

Los datos y las pruebas deberán ser obtenidos, producidos y reproducidos lícitamente y deberán ser admitidos y desahogados en el proceso en los términos que establece este Código.

Artículo 264. Nulidad de la prueba

Se considera prueba ilícita cualquier dato o prueba obtenidos con violación de los derechos fundamentales, lo que será motivo de exclusión o nulidad.

Las partes harán valer la nulidad del medio de prueba en cualquier etapa del proceso y el juez o Tribunal deberá pronunciarse al respecto.

5.7. Medio de prueba

Artículo 261. Datos de prueba, medios de prueba y pruebas

Los medios o elementos de prueba son toda fuente de información que permite reconstruir los hechos, respetando las formalidades procedimentales previstas para cada uno de ellos.

Artículo 264. Nulidad de la prueba

Se considera prueba ilícita cualquier dato o prueba obtenidos con violación de los derechos fundamentales, lo que será motivo de exclusión o nulidad.

Las partes harán valer la nulidad del medio de prueba en cualquier etapa del proceso y el juez o Tribunal deberá pronunciarse al respecto.

Artículo 274. Peritaje irreproducible

Cuando se realice un peritaje sobre objetos que se consuman al ser analizados, no se permitirá que se verifique el primer análisis sino sobre la cantidad estrictamente necesaria para ello, a no ser que su existencia sea escasa y los peritos no puedan emitir su opinión sin consumirla por completo. Éste último supuesto o cualquier otro semejante que impida que con posterioridad se practique un peritaje independiente, deberá ser notificado por el Ministerio Público al Defensor del imputado, si éste ya se hubiere designado o al Defensor público, para que, si lo estima necesario, los peritos de ambas partes, y de manera conjunta practiquen el examen, o bien, para que el perito de la defensa acuda a presenciar la realización de peritaje.

La pericial deberá ser admitida como medio de prueba, no obstante que el perito designado por el Defensor del imputado no compareciere a la realización del peritaje, o éste omita designar uno para tal efecto.

El Contexto de la Prueba Pericial de Trabajo Social podemos decir entonces que como medio de prueba:

En principio, se puede indicar que la Prueba Pericial, representa la opinión que emite un perito o experto respecto a un hecho concreto, qué ha de evaluarse en el marco de un proceso judicial. En tal sentido, existe un amplio abanico de pruebas posibles y dependerá del ámbito de conocimiento o escenario científico en el que se enmarque el hecho. Las Pruebas Periciales se pueden realizar sobre las personas u objetos.[7] Es por ello, que la Prueba Pericial, representa el Medio Probatorio por el cual, la parte puede solicitar al juzgador que sea admitida como prueba. Donde la declaración de un perito en una materia puede ofrecer los conocimientos necesarios: científicos, artísticos, técnicos o prácticos para explicar y valorar hechos relevantes al objeto de la *litis*

La Prueba, entendida de igual forma como, el medio de prueba, consistente en la manifestación del conocimiento que tiene un tercero, llamado Perito, acerca de un dato procesal sobre el que el tribunal le encarga dictaminar. De ahí el nombre de Pericia con que es también conocida esta Prueba. Dicho medio de prueba personal, se caracteriza por representar la declaración del Perito, que versa sobre datos que tienen ya categoría de procesales, además el declarante, es una persona especializada en la materia sobre la que debe dictaminar

Medio de Prueba

Los Medios de Prueba, representan aquellas fuentes de información, que se toman en consideración, por las implicaciones o relación con el hecho, además de que es el término correcto que, se utiliza durante la etapa intermedia para hacer referencia al ofrecimiento de medios de convicción, los cuales serán analizados por el juez de control quien decidirá cuáles de ellos son pertinentes, idóneos y apegados a derecho para su admisión correspondiente.

Es por ello, que el Medio de Prueba es entendido de igual forma, como aquellas cosas, hechos o abstenciones que puedan conducir en el ánimo del Juez certeza, sobre los puntos litigiosos; es decir, representan todo aquel instrumento, procedimiento o mecanismo que puede originar motivos de prueba y generar los razonamientos, argumentos o las instituciones que

7. Código Nacional de Procedimientos Peales, 2026

permitan al juez llegar a la certeza, o al conocimiento de determinado hecho invocado por las partes, como fundamento de sus pretensiones o de sus defensas.

Puntualizándose en el caso del Código Nacional de Procedimientos Penales en México, en su Artículo 45, que "los medios de prueba cuyo contenido se encuentra en un idioma distinto al español deberán ser traducidos y, a fin de dar certeza jurídica sobre las manifestaciones del declarante, se dejará registro de su declaración en el idioma de origen.

O bien el artículo 261. Comenta que un medio de medios de prueba son toda fuente de información que permite reconstruir los hechos, respetando las formalidades procedimentales previstas para cada uno de ellos.

Se denomina prueba a todo conocimiento cierto o probable sobre un hecho, que ingresando al proceso como medio de prueba en una audiencia y desahogada bajo los principios de inmediación y contradicción, sirve al Tribunal de enjuiciamiento como elemento de juicio para llegar a una conclusión cierta sobre los hechos materia de la acusación. Incluso desde el Artículo 264. Con relación a la Nulidad de la prueba Se considera prueba ilícita cualquier dato o prueba obtenidos con violación de los derechos fundamentales, lo que será motivo de exclusión o nulidad.

Las partes harán valer la nulidad del medio de prueba en cualquier etapa del proceso y el juez o Tribunal deberá pronunciarse al respecto.

Por tal motivo en el Artículo 297. Se hace hincapié al registro de las intervenciones "Las intervenciones de comunicación deberán ser registradas por cualquier medio que no altere la fidelidad, autenticidad y contenido de las mismas, por la Policía o por el perito que intervenga, a efecto de que aquélla pueda ser ofrecida como medio de prueba en los términos que señala este Código (CNPP, 2026)

CAPÍTULO VI. PERITOS Y PRUEBA PERICIAL EN TRABAJO SOCIAL

6.1. ¿Quién es un Perito?

Conceptos de Perito: Es un profesional que interviene transitoriamente en los procesos judiciales en los que es convocado a fin de realizar un peritaje por encargo judicial, en cualquier instancia y en todos los fueros. Dicha opinión considera hechos y circunstancias de personas, grupos, lugares, habiendo sido verificadas, interpretadas y valoradas sobre la base de conocimientos científicos y esquemas metodológicos (SCJN, 2006)[8].

¿En qué situaciones se requiere un Peritaje Social y quién lo solicita?

En el ámbito penal y civil, a través del peritaje, como medio de diagnóstico y prueba para evaluar la condición individual, familiar, económica y sociocultural de una persona en una situación determinada ante un proceso judicial.

Peritus peritorum

El Diccionario Panhispánico del Español Jurídico entiende por el aforismo "***iudex peritus peritorum***" como al "el juez es perito de peritos"[9]

Sin temor a equivocarnos todos los textos jurídicos en México dicen « el juez es el *peritus peritorum*, es decir, el perito de peritos. ¿y qué significa esto? ¿Significa que el conocimiento del juez está por encima del conocimiento del experto? La respuesta más evidente parece la negativa: no, el conocimiento del juez no está por encima del conocimiento del experto. Y se podría argumentar que tan no es así, que se llama a este último precisamente porque el juez no tiene los conocimientos necesarios para resolver cabalmente el caso, un ejemplo claro lo tenemos en el manual del justiciable Materia Civil de la Suprema Corte de Justicia de la Nación página 93 Numeral (4) Audiencia de pruebas y alegatos.

En los procedimientos especiales sobre controversias del orden familiar, se admiten las pruebas que hubieran ofrecido a las partes y resulten procedentes, siempre y cuando no sean contrarias al derecho o a la moral. Además, el

8. Suprema Corte de Justicia de la Nación, 2026
9. https://dpej.rae.es/lema/iudex-peritus-peritorum, 2026

propio juez que concejo del asunto puede ordenar de oficio la realización de inspecciones que se pueden llevar a cabo por él mismo, de tal manera que puede contar con mayores elementos para resolver el asunto de que se trate. Además, es posible que ordene la práctica de diversas actuaciones por parte de trabajadores sociales y expertos en distintas ciencias, tales como la psiquiatría psicología, la sociología y otras que pueden contribuir a solucionar este tipo de asuntos. La audacia se lleva a cabo con o sin la participación de una o ambas partes y en caso de que no pueda llevarse a cabo por alguna razón, se señalara nueva fecha para que pueda realizarse dentro de los siguientes ocho días.[10]

Por lo anterior se puede comentar que no se puede ser juez y parte, en este sentido el juez no lo sabe todo como ha quedado demostrado por ello necesita de un perito para hacerse de elementos y con ello dictar una sentencia apegada a la legalidad y a la justicia a partir de los conocimientos científicos, técnicos, artísticos o de experiencia calificada del experto en la pericial y con ello no vulnerar los principios procesales, por ello, el concepto de que el perito concurre ante el desconocimiento del juez, ya no es válido.

Así mismo, debemos recoger la reflexión en cuanto a que el conocimiento del juez no está por encima del conocimiento experto, ya que son cuestiones distintas en cuanto a su naturaleza, función y finalidad, ya que no podemos realizar comparaciones entre ellos, sino más bien saber diferenciar que el conocimiento experto no es necesariamente el que juzga y que el juez no puede y no debe hacer apreciaciones desde el punto de vista experto ya que lo que realiza son valoraciones del trabajo pericial y tomar como base su expertis.

Sobre la valoración pericial, es decir de la labor del perito, la Suprema Corte de justicia de la en México ha mencionado:

El juez no valora la prueba pericial por encima de las demás pruebas y de forma aislada, ni la prueba pericial es la que juzga, de lo contrario estaría vulnerando el principio de comunidad de la prueba, sino que el juez de forma individual y luego colectiva valora la prueba pericial bajo la sana crítica, actividad que no conduce necesariamente a inferir que el juez se

10. Manual de Justiciable de la Suprema Corte de Justicia de la Nació, 2023

encuentra por encima del conocimiento del perito experto, sino que adecua dichos conocimientos haciéndolos aterrizar a la finalidad en el proceso y el procedimiento.

Otra evidencia de que el conocimiento judicial no se encuentra por encima del conocimiento pericial o experto, que por más que el juez cuente con conocimientos personales (pericial o experto) no puede fundar su decisión en ellos, ello en virtud de que vulneraría diversos principios procesales y legales, como, por ejemplo, la imparcialidad, la veracidad entre otros.

Artículo 136. Consultores técnicos CNPP

Si por las circunstancias del caso, las partes que intervienen en el procedimiento consideran necesaria la asistencia de un consultor en una ciencia, arte o técnica, así lo plantearán al Órgano jurisdiccional. El consultor técnico podrá acompañar en las audiencias a la parte con quien colabora, para apoyarla técnicamente

6.2. Tipo de Peritos

Perito y tipos de peritos (Oficial o Público, en Listas, y Privado)

Los peritos pueden clasificarse de diferentes formas atendiendo por ejemplo aquellos que son designados por la autoridad que pertenecen al sistema judicial o aquellos que se encuentran en listas del poder judicial, juzgados o tribunales, así como los peritos privados:

a) **Púbicos (Oficiales)** Aquellos que pertenecen al sistema judicial (Estado), empleados contratados en juzgados, tribunales, los cuales corren el riesgo de ser apercibidos bajo arresto, multa, inhabilitación, hasta destitución si no lo hiciere y a que se le imponga el pago de las costas provocadas por su inasistencia o rebeldía.
b) **En listas por convocatoria** o propuestos por el sistema judicial Peritos designados judicialmente: es decir, los especialistas que están listas de juzgados en los estados de la República mexicana y del poder judicial de la federación (pero que no son o están contratados como parte del personal adscrito), fungen de manera temporal mientras

no salga convocatoria para participar y por ende renovar o actualizar la lista oficial.

c) **Particulares o también llamados privados:** Es todo aquel perito que posee conocimientos especializados en alguna ciencia, arte u oficio y que prestan sus servicios como tales en forma particular y muchas veces es contratado por abogados o cualquiera de las partes del proceso para que se le realice un peritaje social, para ser presentado como prueba.

Honorarios o Remuneración del Perito

La regla general en materia de remuneración de peritos privados es la contenida cada una de las legislaciones de los estados de la República mexicana o a nivel federal por el mismo poder judicial de la Federación o si fuere el caso.

Cuando la parte que promueve lo haga a través del defensor de oficio, por alguna circunstancia no le sea posible contar con un perito o no tenga los medios económicos para cubrir los gastos que esto implique, el juez –previa comprobación de dicha circunstancia, de oficio o a petición de parte- nombrará un perito oficial de alguna institución pública a fin de no dejar en estado de indefensión al inculpado Artículo 162 del CPPDF.[11]

Ya en capítulo VIII sobre gastos de producción de prueba en su artículo 103. Menciona sobre Gastos de producción de prueba Tratándose de la prueba pericial, el Órgano jurisdiccional ordenará, a petición de parte, la designación de peritos de instituciones públicas, las que estarán obligadas a practicar el peritaje correspondiente, siempre que no exista impedimento material para ello.[12]

Siempre que los peritos nombrados discuerden entre sí, el juez los citará a una junta en la que se decidirán los puntos de diferencia. En el acta de la diligencia se asentará el resultado de la discusión (Artículo 170 del Código de Procedimientos Penales del Distrito Federal, 2026); si las discrepancias persisten el juez nombrará un tercero en discordia (Artículo 178 del Código de Procedimientos Penales del Distrito Federal, 2026).

11. (Artículo 162 del Código de Procedimientos Penales del Distrito Federal, 2026).
12. Código Nacional de Procedimientos Penales, 2026

Los honorarios de cada perito serán pagados por la parte que los nombró, en cuyo defecto lo hubiere nombrado el juez, y el del tercero, por ambas partes, sin perjuicio de lo que disponga la resolución definitiva sobre condenación en costas (Artículo 353 del Código de Procedimientos Penales del Distrito Federal, 2026).

Cuando los peritos que gocen sueldo del erario emitan su dictamen sobre puntos decretados de oficio o a petición del ministerio público, no podrán cobrar honorarios (Artículo 181 del Código de Procedimientos Penales del Distrito Federal, 2026).

6.3. ¿Qué es un Peritaje?

El peritaje es una investigación técnica y científica realizada por un experto llamado perito, para investigar, analizar, valorar y explicar hechos complejos en un proceso judicial, resultando en un informe pericial si fuese el caso de la materia penal o dictamen pericial en materia civil que ayuda a Ministerios Públicos, Jueces y/o al abogado que defiende al presunto acusado o al asesor jurídico que defiende a la víctima con el objetivo de brindar elementos a los ya mencionados y con ello a entender temas que exceden el conocimiento legal ordinario, aportando claridad y base para tomar decisiones justas.

Dicho peritaje consiste en Investigación y análisis. El perito examina pruebas materiales, hechos o situaciones utilizando métodos científicos y experiencia propia en un área específica (medicina, contabilidad, ingeniería, etc.). la pericial como medio de prueba es un documento claro y accesible, explicando sus hallazgos, razonamientos y conclusiones para que personas no expertas lo entiendan. Con el objetivo de apoyo en litigios cuyo objetivo principal es ilustrar a los jueces y partes sobre aspectos técnicos del caso, siendo una prueba fundamental que puede influir en una sentencia.

Este documento pericial o medio de prueba sirve para aclarar dudas y responder preguntas técnicas en juicios.

- Determinar la veracidad de un hecho.
- Analizar estados financieros, evaluar condiciones socioeconómicas, relaciones familiares, relaciones comunitarias de hechos, entre otros.

Características de la pericial:

Objetividad e imparcialidad: El perito debe ser un especialista independiente que solo expone hechos y conclusiones técnicas. **Claridad:** Debe explicar las cosas de forma sencilla para que un no experto (como un juez) pueda comprenderlas. **Base para la decisión:** Aunque el juez no está obligado a seguirlo, es una prueba crucial para una resolución justa.

Por otra parte, el peritaje se puede entender como el informe, en el que un experto contesta a una o más preguntas, o emite su opinión profesional, sobre cuestiones planteadas por el juez o las partes. Dicho dictamen pretende ayudar a una persona que, por no tener los conocimientos técnicos necesarios, no puede responder a dichas preguntas por sí misma, o desea presentar el informe como prueba.[13]

Según el diccionario el término Perito[14] viene del latín *peritus*, y se refiere a una persona experimentada, hábil o entendida en una ciencia o arte. Que, gracias a sus conocimientos en un tema, ciencia o arte determinados, actúa como fuente de consulta para la resolución de conflictos. Para que dicho profesional pueda emitir su valoración, es necesario que cuente con estudios especializados, que le permitan ser versado en el tema a tratar dentro del proceso para el cual sea llamado.[15]

Reconociendo al Perito, como toda aquella persona a quien se le atribuye capacidad técnica, científica o práctica en una ciencia o arte, y cuenta con la Pericia, es decir, la capacidad técnica, científica o práctica que posee el perito acerca de una ciencia o arte; quien ejerce la Peritación, reconocido como aquel procedimiento empleado por el perito, para realizar sus fines.[16]

Es por lo anterior, que el perito realiza un informe en el que da una mejor definición de lo ocurrido, ayudando al establecimiento de conclusiones, así como permitiendo que el juez entienda todo de manera clara; contribuyendo

13. Ayala, Jaime. Pericia perito y peritaje curso (2022), https://es.slideshare.net/linkandres/pericia-perito-y-peritaje-curso-uce-dr-jaime-ayala
14. RAE. Peritaje Social (España, 2026), https://www.rae.es/
15. Sanzr, Liliana. Psicólogo forense, principales funciones (España, 2026), https://www.lilianasanzr.com/
16. Medse. Antecedentes históricos de la prueba pericial (Derecho, 2016), https://med.se-todo.com/pravo/23609/index.html#:~:text=La%20prueba%20pericial%20comenz%C3%B3%20a%20ser%20regulada%20y,y%20extenso%2C%20en%20el%20a%C3%B1o%201579%20en%20Francia.

con ello, para la resolución de dudas, e incluso la contestación de preguntas; en caso de que no queden claras, el juez, el Tribunal o las partes pueden pedir al perito que les ayude a entender. Un elemento fundamental del peritaje es que, como informe que busca aclarar cualquier hecho o situación, este debe estar escrito de la manera más clara y sencilla posible. Es decir, el perito necesita ser lo más conciso, con el fin de que se entienda por cualquier persona, incluso si no guarda relación con el proceso, respetando en todo momento una estructura formal para la exposición de sus respuestas (cuadro 10).[17]

Cuadro 10. Estructura formal del peritaje

ESTRUCTURA DE UN PERITAJE
Como informe que aspira a aclarar cualquier hecho, el peritaje debe ser lo más lógico y claro posible. Para ello cuenta con la siguiente estructura: a) Introducción: se explica el objeto del informe, además de los resultados a alcanzar. b) Metodología: son los recursos metodológicos empleados para realizar la investigación. c) Información de identificación: se tratan de los datos que ayudan a identificar más rápidamente los conceptos utilizados. d) Normativa: las normas que rigen la investigación. e) Análisis de cuestiones suscitadas f) Descripción de los hechos g) Historia familiar, historia personal, evaluación mental: en caso de que el peritaje sea referente a una conducta o involucre a una persona en particular. h) Instrumentos de diagnósticos: herramientas utilizadas para la investigación. i) Resultados j) Análisis de resultados k) Conclusiones l) Recomendaciones

Indicando el Código Nacional de Procedimientos Penales, en México, en su Artículo 272, que los Peritajes, durante la investigación, el Ministerio

17. ConsultoriayPeritaciones C&P. ¿Qué es el peritaje? (España, 2019), https://consultoriayperitaciones.com/peritaje/

Público o la Policía con conocimiento de éste, podrá disponer la práctica de los peritajes que sean necesarios para la investigación del hecho; el dictamen escrito no exime al perito del deber de concurrir a declarar en la audiencia de juicio.[18]

Aclarando Carpizo[19] en cuando al peritaje de los trabajadores sociales, estos deberán formularse por aquellos que cuenten con las credenciales y conocimientos especializados de acuerdo a su campo o área de práctica profesional, ante lo cual destaca los múltiples campos de ejercicio de dicho profesional.

Finalmente dentro del peritaje se puede distinguir: a) el sujeto que realiza la investigación: el cual es un especialista competente; b) el objeto que es investigado: son las huellas, objetos, sujetos o eventos obtenidos en las acciones procesales y por el experto; c) la investigación como proceso donde se utilizan los conocimientos científico-técnicos, artísticos o empíricos con el objetivo de obtener pruebas para la causa penal; d) la forma procesal que debe ser respetada durante la realización de la investigación.[20]

Diferenciándose el peritaje y peritaje judicial, en el caso primero, este es para asuntos judiciales como pueden ser juicios, o reclamaciones o gestiones extrajudiciales. Mientras que el peritaje judicial, también llamado dictamen pericial debe contener el juramento o promesa de decir la verdad.[21]

6.4. ¿Qué es un Peritaje en Trabajo Social?

Cabe destacar que el Perito Social en su valoración aporta una visión completa, ya que, tiene en cuenta todo lo que acontece en situación de ruptura familiar, todos los aspectos y criterios que estará agrupando, responderán a la realidad de la persona en su medio, que pueden ir desde los aspectos culturales, económicos, familiares, sociales, así como los recursos

18. Código Nacional de Procedimientos Penales (México: Cámara de Diputados LXV legislatura, 2022).
19. Herrero Hinojosa, Mónica Amalia. Peritaje en Trabajo Social (Facultad de Trabajo Social y Desarrollo Humano, 2020), http://cedhurs.ftsydh.uanl.mx/peritaje-en-trabajo-social/
20. Peña, José Antonio. "La prueba pericial en el nuevo sistema de justicia penal en México". Gac. Int. Cienc. Forense, n. 20 (2016).
21. Consultoría y Peritaciones C&P. ¿Qué es el peritaje? (España, 2019), https://consultoriayperitaciones.com/peritaje/

que las personas presentan en el plano individual, familiar y comunitario, son determinantes a la hora de poner en práctica la guarda y custodia compartida.[22]

Es por ello, que el Perito Social, haciendo uso del método científico propio del Trabajo Social, contribuye a ofrecer no sólo una valoración técnica sino también un modelo de intervención práctico que pueda ser evaluado y contrastado. Particularmente en el caso de los Jueces de Familia como expertos en leyes, no en conflictos familiares, intentan ayudarse de personas expertas que le asesoren sobre las causas y consecuencias del conflicto y cómo afecta este a los distintos miembros del sistema familiar. Aquí, lo trabajadores sociales intervienen en esta fase de enfrentamiento, tratando de ver cuál es la verdadera motivación que presenta cada uno de los cónyuges para desear la separación, cuáles son las necesidades de cada uno de los miembros de la familia y cómo sería la organización familiar futura más viable para todos. [23]

Particularmente los objetivos del Trabajo Social en los Juzgados de Familia se podrían resumir en: 1) Facilitar asesoramiento a la Justicia en los temas que nos plantean; 2) Informar y valorar sobre las cuestiones planteadas; 3) Emitir dictamen técnico sobre procedimientos de familia que se someten a consulta. Agrupándose una serie de principio de actuación como lo son, en defensa de: Interés superior del menor; Imparcialidad; Objetividad; todo ello, mediante el uso del Método científico de investigación (modelos teóricos, hipótesis de investigación, diseño de técnicas de investigación, contrastación de hipótesis, validación/rechazo de hipótesis, ampliación/ finalización de la investigación, informe con expresión de las conclusiones y seguimiento de sentencias).[24]

Según Nevado[25] en los Juzgados de Primera Instancia/Familia, el equipo de trabajo está formado por trabajador social y psicólogo, cada uno tiene su campo de conocimiento y su área específica de investigación sobre una misma realidad, la familia. Así, los pronunciamientos de los agentes

22. Álvaro Nevado Mateos. Diplomado en Trabajo Social Perito Social (España, 2022), http://peritosocialextre.weebly.com
23. Álvaro Nevado Mateos. Diplomado en Trabajo Social Perito Social (España, 2022), http://peritosocialextre.weebly.com
24. Álvaro Nevado Mateos. Diplomado en Trabajo Social Perito Social (España, 2022), http://peritosocialextre.weebly.com
25. Álvaro Nevado Mateos. Diplomado en Trabajo Social Perito Social (España, 2022), http://peritosocialextre.weebly.com

implicados en los procesos de separación y divorcio tienen un creciente eco social.[26] Narrando el mismo autor, que desde colectivos de mujeres, por ejemplo:

Se alega la mayor sobrecarga de la mujer en el cuidado y atención de los hijos y el papel o rol otorgado a la misma por el hecho de ser mujer, que resulta históricamente en su discriminación en el mundo laboral, económico y social. Se considera que los hombres no solicitan la guarda y custodia de los hijos, en la medida en que sus intereses tras la ruptura siguen siendo los de perpetuar un modelo machista en el que la división de roles en función del sexo permanece y se legitima cuando la guarda y custodia la obtiene la mujer y se le asigna en particular la crianza de los hijos. En este sentido, los hombres no necesitarían sufrir grandes variaciones en su vida cotidiana, ya que gozarían de la posibilidad de mejorar en el ámbito laboral.[27]

Por lo anterior, se destaca que la acción del Trabajador Social, abarca un amplio espectro de escenarios; uno de los ámbitos de actuación para el cual está capacitado es el campo de la Administración de Justicia, donde recibe el nombre de trabajador social forense o trabajador social en el campo socio jurídico.[28]

Su labor en esta esfera se ha ido perfeccionando a lo largo del tiempo, especializándose en la materia de la justicia, donde funciona como ordenador de situaciones de crisis y favorecedor de la comunicación y colabora con la administración de justicia en la correcta aplicación de sentencias y resoluciones. Entre las acciones básicas empleadas por el trabajador social forense para resolver los conflictos relativos a los procesos judiciales está la figura del peritaje (social y judicial), que se convierte en un modelo de intervención descriptivo e investigativo que se utiliza para mediar y resolver los litigios.[29]

---

26. Álvaro Nevado Mateos. Diplomado en Trabajo Social Perito Social (España, 2022), http://peritosocialextre.weebly.com
27. Álvaro Nevado Mateos. Diplomado en Trabajo Social Perito Social (España, 2022), http://peritosocialextre.weebly.com
28. Menéndez, M. F., Rodríguez, A. L., Escobar, G. M. y García, P. N. "Modos de actuación del trabajador social forense: una experiencia en la ciudad de Portoviejo". RECUS. Revista Electrónica Cooperación Universitaria Sociedad (2017), http://oaji.net/articles/2017/6747-1543939998.pdf
29. Honores Ortega, B. A., y Quizhpe Oviedo, J. M. "El peritaje desde la perspectiva del trabajo social". Revista Conrado, 15 (2019): 267-274, http://conrado.ucf.edu.cu/index.php/conrado

Finalmente, es conveniente destacar que en los peritajes sociales convergen y se complementan dos ámbitos profesionales: el jurídico y el del trabajo social. Las ventajas de acercar el trabajo social a los profesionales del derecho son múltiples y variadas. En el caso concreto de la práctica forense resultan evidentes, pues, para jueces/tribunales y abogados supone el descubrimiento de nuevas fuentes de información para fundamentar sus decisiones y pretensiones, respectivamente y para los trabajadores sociales supone una forma de consolidar el trabajo social jurídico, incorporando su perspectiva y principios básicos a una administración de justicia cada vez más conectada con las ciencias sociales y humanas. La aportación del trabajo social a la prueba pericial se concreta en el peritaje social.[30]

6.5. Desahoga de la Prueba Pericial

El desahogo de la prueba pericial es el proceso donde un perito expone sus conocimientos especializados para analizar y concluir sobre un asunto específico en un litigio, y debe cumplir con las formalidades legales. Consiste en que el perito, después de aceptar el cargo, se identifique y acredite sus conocimientos, rinda su dictamen y responda a las preguntas de las partes y del juez, quienes también pueden formular observaciones al dictamen.

Pasos clave en el desahogo de la prueba pericial:

El desahogo de la prueba pericial en el juicio oral es la fase donde el perito expone verbalmente su dictamen ante el juez, respondiendo preguntas del tribunal y las partes (interrogatorio y contrainterrogatorio), acreditando su calidad, y se controvierte el dictamen, todo bajo los principios de oralidad, inmediación y contradicción para que el juez valore directamente la información técnica especializada.

- **Aceptación del cargo:**

El perito debe aceptar y protestar el cargo legalmente, manifestando las penas por falso testimonio.

- **Identificación y acreditación:**

30. Martín Muñoz, Ana. "El dictamen pericial social". Miramar (2007), https://www.icamalaga.es/portalMalaga/archivos/ficheros/1239091932046.pdf

El perito debe proporcionar su nombre, edad, ocupación y lugar de trabajo. Además, debe demostrar sus conocimientos en la materia con documentos que lo acrediten.

- **Presentación del dictamen:**

El perito debe rendir su dictamen, el cual debe versar sobre los puntos específicos que se establecieron para su análisis.

- **Interrogatorio y preguntas:**

Las partes y el juez tienen el derecho de hacer preguntas al perito para aclarar, complementar o cuestionar su dictamen. También pueden señalar deficiencias u observaciones sobre él.

- **Observaciones y aclaraciones:**

Las partes pueden formular observaciones sobre las deficiencias, inconsistencias o aspectos que sustenten la idoneidad del peritaje.

- **Valoración:**

El juez es el encargado de evaluar la fuerza probatoria del dictamen, considerando el análisis del perito, las preguntas y observaciones de las partes

Característica del desahogo

- **Oralidad e Inmediación:** El perito debe asistir a la audiencia para explicar su dictamen y responder preguntas directamente frente al juez, no solo presentar un documento.
- **Interrogatorio y Contrainterrogatorio:** Las partes interrogan a su perito para reforzar el dictamen y contra-interrogan al perito de la contraparte para desacreditarlo, atacando su credibilidad o metodología.
- **Acreditación:** El perito debe probar su calidad científica o técnica (con cédula profesional, etc.) en la misma audiencia.

- **Finalidad:** Busca acreditar hechos que requieren conocimientos especializados, complementando el dictamen escrito con la declaración testimonial del perito.

- **Contradicción:** Permite a las partes cuestionar la metodología, conclusiones y experiencia del perito, fortaleciendo el debate probatorio.

Por lo general en materia penal se lleva una estructura casi similar por versar en el Código Nacional de Procedimientos Penales que rige dicho sistema en nuestro País

1. **Presentación:** El perito se presenta y acredita su calidad.

2. **Exposición del dictamen:** Explica verbalmente el contenido y la metodología de su dictamen.

3. **Interrogatorio:** La parte que lo propuso le hace preguntas para aclarar puntos.

4. **Contrainterrogatorio:** La contraparte lo interroga para buscar debilidades en su dictamen o credibilidad.

5. **Preguntas del tribunal:** El juez puede hacer preguntas para aclarar dudas.

6. **Conclusiones:** Se incorporan las conclusiones al material probatorio para su valoración final por el juez.

6.6. La Protesta Aceptación de Cargo como Perito

Particularmente en el caso de México, según el Código Federal de Procedimientos Civiles,[31] citado en su Artículo 144; "los peritos deben tener título en la ciencia o arte a que pertenezca la cuestión sobre que ha de oírse su parecer, si la profesión o el arte estuviere legalmente reglamentado. Si la profesión o el arte no estuviere legalmente reglamentado, o, estándolo, no hubiere peritos en el lugar, podrán ser nombradas cualesquiera personas entendidas, a juicio del tribunal, aun cuando no tengan título". Indicándose

31. Código Federal de Procedimientos Civiles (México: Cámara de Diputados LXV legislatura, 2026).

en el Artículo 145, que "Cada parte nombrará un perito, a no ser que se pusieren de acuerdo en el nombramiento de uno solo. Si fueren más de dos los litigantes, nombrarán un perito los que sostuvieren unas mismas pretensiones, y otro los que las contradigan. Si los que deben nombrar un perito no pudieren ponerse de acuerdo, el tribunal designará uno de entre los que propongan los interesados".[32]

De igual forma, se precisa las funciones, y alcances de su actuación en los Artículos 146 y 147,[33]

ARTICULO 146.- La parte que desee rendir prueba pericial, deberá promoverla dentro de los diez primeros días del término ordinario o del extraordinario, o en su caso, por medio de un escrito en que formulará las preguntas o precisará los puntos sobre que debe versar; hará la designación del perito de su parte, y propondrá un tercero para el caso de desacuerdo.

El tribunal concederá, a las demás partes, el término de cinco días para que adicionen el cuestionario con lo que les interese, previniéndolas, que, en el mismo término, nombren el perito que les corresponda, y manifiesten si están o no conformes con que se tenga como perito tercero al propuesto por el promovente. Si, pasados los cinco días, no hicieren las demás partes el nombramiento que les corresponde, ni manifestaren estar conformes con la proposición del perito tercero, el tribunal, de oficio, hará el o los nombramientos pertinentes, observándose lo dispuesto en la parte final del artículo 145, en su caso.

ARTÍCULO 147.- Los peritos nombrados por las partes serán presentados por éstas al tribunal, dentro de los tres días siguientes de habérseles tenido como tales, a manifestar la aceptación y protesta de desempeñar su encargo con arreglo a la ley. Si no lo hicieren o no aceptaren, el tribunal hará, de oficio, desde luego, los nombramientos que a aquéllas correspondía. Los peritos nombrados por el tribunal serán notificados personalmente de su designación, para que manifiesten si aceptan y protestan desempeñar el cargo.

---

32. Código Federal de Procedimientos Civiles (México: Cámara de Diputados LXV legislatura, 2026).
33. Código Federal de Procedimientos Civiles (México: Cámara de Diputados LXV legislatura, 2026).

Particularmente dentro de la profesión de Trabajo Social, se pueden reconocer dos tipos de peritos: Los profesionistas que laboran en diversas instituciones de la administración pública y cuya labor es elaborar los dictámenes periciales dentro de sus funciones y por encargo de esas mismas instituciones, y los peritos oficiales que son profesionistas que se desempeñan en forma privada y que son autorizados por los Tribunales Superiores de Justicia para ejercer como tal; así como los profesionistas que son admitidos por la autoridad judicial para participar en los procesos, después de haber cumplido con ciertos requisitos.[34]

El artículo 293 (del Código de Procedimientos Civiles del Distrito Federal, 2026), agrega que "se ofrecerá expresando los puntos sobre los que versará, sin lo cual no será admitida, y si se quiere, las cuestiones que deban resolver los peritos. Por regla general deberán ser dos o más los peritos que se examinen, pero bastará uno cuando solo éste pueda ser ávido, cuando haya peligro en el retardo o cuando el caso sea de poca importancia (Artículo 163 del Código de Procedimientos Penales del Distrito Federal, 2026).

Cada una de las partes tendrá derecho a nombrar hasta dos peritos, a los que se les hará saber su nombramiento por el juez y a quienes se les ministrarán todos los datos que fueran necesarios para que emitan su opinión. Ésta no se atenderá para ninguna diligencia o providencia que se dictase durante la instrucción, en la que el juez normará sus procedimientos por la opinión de los peritos nombrados por él (Artículo 164 del Código de Procedimientos Penales del Distrito Federal, 2026).

Los peritos que acepten el cargo, con excepción de los oficiales, tienen obligación de presentarse al juez para que se les tome protesta legal en casos urgentes, la protesta la harán al producir o ratificar el dictamen (Artículo 168 del Código de Procedimientos Penales del Distrito Federal, 2026). Los peritos estimarán su dictamen por escrito y lo ratificarán en diligencia especial en caso de que sean objetados de falsedad, o el ministerio público o el juez lo estimen necesario (Artículo 177 del Código de Procedimientos Penales del Distrito Federal, 2026).

Pese a que, como se mencionó con anterioridad, los litigantes deben proponer a sus peritos, corresponderá al juez sugerirlos en los siguientes casos:

34. Herrero Hinojosa, Mónica Amalia. Peritaje en Trabajo Social (Facultad de Trabajo Social y Desarrollo Humano, 2020), http://cedhurs.ftsydh.uanl.mx/peritaje-en-trabajo-social/

1. Si algunos de los litigantes dejaran de hacer el nombramiento en el término señalado en el artículo anterior;
2. Cuando el designado por las partes no se presente a aceptar el cargo dentro de las 48 horas que sigan a la notificación a las partes del auto que tenga por admitida la prueba;
3. Cuando habiendo aceptado no rindiera su dictamen en la audiencia: y
4. Cuando el que fue nombrado y acepto el cargo renunciara después (Artículo 348 del Código de Procedimientos Civiles del Distrito Federal, 2026).

Es el juez quien fija a los peritos el tiempo en que deben desempeñar su cometido; transcurrido éste, si no rinden su dictamen serán apremiados por el juez, de mismo modo que los testigos y con sanciones iguales (Artículo 169 del Código de Procedimientos Penales del distrito federal, 2026).

Los peritos deberán ser citados en la misma forma que los testigos; reunirán, además, las propias condiciones de éstos y estarán sujetos a iguales causas de impedimento (Artículo 173 del Código de Procedimientos Penales del Distrito Federal, 2023). El juez y las partes harán a los peritos todas las preguntas que consideren oportunas; les darán por escrito o de palabra, pero sin sugestión alguna, los datos que consten en expediente y se asentarán estos hechos en el acta de la diligencia respectiva (Artículo 174 del Código de Procedimientos Penales y 350 del Código de Procedimientos Civiles del Distrito Federal, 2026).

Artículo 347 del Código de Procedimientos civiles de la Ciudad de México nos habla De la rebeldía del perito considerando que las partes propondrán la prueba pericial dentro del término de ofrecimiento de pruebas, en los siguientes términos:

I. Señalarán con toda precisión la ciencia, arte, técnica, oficio o industria sobre la cual deba practicarse la prueba; los puntos sobre los que versará y las cuestiones que se deben resolver en la pericial, así como la cédula profesional, calidad técnica, artística o industrial del perito que se proponga, nombre, apellidos y domicilio de éste, con la correspondiente relación de tal prueba con los hechos controvertidos; II. Si falta cualquiera de los requisitos anteriores, el juez desechará de plano la prueba en cuestión.

III. En caso de estar debidamente ofrecida, el juez la admitirá, quedando obligadas las partes a que sus peritos, dentro del plazo de tres días, presenten escrito en el que acepten el cargo conferido y protesten su fiel y legal desempeño, debiendo anexar el original o copia certificada de su cédula profesional o documentos que acrediten su calidad de perito en el arte, técnica o industria para el que se les designa.

Manifestando, bajo protesta de decir verdad, que conocen los puntos cuestionados y pormenores relativos a la pericial, así como que tienen la capacidad suficiente para emitir dictamen sobre el particular, quedando obligados a rendir su dictamen dentro de los diez días siguientes a la fecha en que hayan presentado los escritos de aceptación y protesta del cargo de perito, salvo que existiera causa bastante por la que tuviera que modificarse la fecha de inicio del plazo originalmente concedido.

Sin la exhibición de dichos documentos justificativos de su calidad, no se tendrá por presentado al perito aceptando el cargo, con la correspondiente sanción para las partes; IV. Cuando se trate de juicios sumarios, especiales, o cualquier otro tipo de controversia de trámite específicamente singular, las partes quedan obligadas a presentar a sus peritos dentro de los tres días siguientes al proveído en que se les tenga por designados para que se cumpla con lo ordenado en el párrafo anterior, los cuales quedan obligados, en estos casos, a rendir su dictamen dentro de los cinco días siguientes a la fecha en que hayan aceptado y protestado el cargo; con la misma salvedad que la que se establece en la fracción anterior;

V. Cuando los peritos de las partes rindan sus dictámenes, y éstos resulten substancialmente contradictorios, se designará al perito tercero en discordia tomando en cuenta lo ordenado por el artículo 349 de este código; VI**. La falta** de presentación del escrito del perito designado por la oferente de la prueba, donde acepte y proteste el cargo, dará lugar a que se tenga por desierta dicha pericial.

6.7 Apercibimiento

Si la contraria no designare perito, o el perito por ésta designado, no presentare el escrito de aceptación y protesta del cargo, dará como consecuencia que se tenga a ésta por conforme con el dictamen pericial que rinda el perito del oferente. En el supuesto de que el perito designado por alguna de las partes, que haya aceptado y protestado el cargo conferido, no presente su dictamen pericial en el término concedido, se entenderá que dicha parte acepta aquél que se rinda por el perito de la contraria, y la pericial se desahogará con ese dictamen. **Si los peritos de ambas partes, no rinden su dictamen dentro del término concedido, el juez designará en rebeldía de ambas un perito único,** el que rendirá su dictamen dentro del plazo señalado en las fracciones III o IV, según corresponda.

En los casos a que se refiere el párrafo anterior, el juez sancionará a los peritos omisos con multa equivalente a sesenta días de salario mínimo general vigente en el Distrito Federal. En caso de que el perito designado por alguna de las partes que haya aceptado y protestado el cargo conferido no presente su dictamen pericial en el término concedido y previamente se haya establecido que se tuvo a la contraria por conforme con el dictamen que aquél debiese rendir, se declarará desierta la prueba.

En los casos a que se refieren los párrafos anteriores, el juez sancionará a los peritos omisos con multa que no será inferior de quinientos pesos ni superior de tres mil pesos; dicho monto se actualizará en los términos que establece el artículo 62; VII. Las partes quedan obligadas a pagar los honorarios de los peritos que hayan nombrado, a excepción de lo que establece el último párrafo del artículo 353 del mismo Código de Procedimientos civiles de la Ciudad de México, así como a presentarlos cuantas veces sea necesario al juzgado.

También quedarán obligadas a presentar el dictamen pericial dentro del plazo señalado; VIII. Las partes en cualquier momento podrán convenir en la designación de un solo perito para que rinda su dictamen al cual se sujetarán, y IX. También las partes en cualquier momento podrán manifestar su conformidad con el dictamen del perito de la contraria y hacer observaciones al mismo, que serán consideradas en la valoración que realice el juez en su sentencia.

Por otra parte, Ya en el código federal de procedimientos penales en su Artículo 228. - El funcionario que practique las diligencias fijará a los peritos el tiempo en que deban cumplir su cometido. Si transcurrido ese tiempo no rinden su dictamen o sí legalmente citados y aceptado el cargo, no concurren a desempeñarlo, se hará uso de alguno de los medios de apremio.

Los peritos que acepten el cargo, con excepción de los oficiales, tienen obligación de presentarse al juez para que se les tome protesta legal en casos urgentes, la protesta la harán al producir o ratificar el dictamen (Artículo 168-176 del Código de Procedimientos Penales del Distrito Federal, 2026). Artículo 168.- Los peritos que acepten el cargo, con excepción de los oficiales, tienen obligación de presentarse al juez para que les tome protesta legal. En casos urgentes, la protesta la harán al producir o ratificar el dictamen.

Artículo 169.- El juez fijará a los peritos el tiempo en que deban desempeñar su cometido. Transcurrido éste, si no rinden su dictamen, serán apremiados por el juez, del mismo modo que los testigos y con iguales sanciones. Si a pesar del primer apremio, el perito no presentare su dictamen, será procesado por los delitos previstos en el Nuevo Código Penal para el Distrito Federal para estos casos.

Artículo 170.- Siempre que los peritos nombrados discordaren entre sí, el juez los citará a una junta, en la que se decidirán los puntos de diferencia. En el acta de la diligencia se asentará el resultado de la discusión. Artículo 171.- Los peritos deberán tener título oficial en la ciencia o arte a que se refiere el punto sobre el cual deben dictaminar, si la profesión o arte están legalmente reglamentados; en caso contrario, el juez nombrará a personas prácticas. Cuando el inculpado pertenezca a un grupo étnico indígena, podrán ser peritos prácticos, personas que pertenezcan a dicho grupo étnico indígena.

Artículo 172.- También podrán ser nombrados peritos prácticos, cuando no hubiere titulados en el lugar en que se siga la instrucción; pero en este caso se librará exhorto o requisitoria al juez del lugar en que los haya, para que, en vista de la declaración de los prácticos, emitan su opinión. Artículo 173.- Los peritos deberán ser citados en la misma forma que los testigos; reunirán, además, las propias condiciones de éstos y estarán sujetos a iguales causas de impedimento. Artículo 174.- El juez y las partes harán a los peritos todas las preguntas que consideren oportunas; les darán por escrito o de palabra, pero sin sugestión alguna, los datos que consten en el expediente y se asentarán estos hechos en el acta de la diligencia respectiva.

Artículo 175.- Los peritos practicarán todas las operaciones y experimentos que su ciencia o arte les sugiera y expresarán los hechos y circunstancias que sirvan de fundamento a su dictamen. Artículo 176.- El Ministerio Público o el juez cuando lo juzguen conveniente, asistirán a reconocimiento que los peritos hagan de las personas o de los objetos.

6.8. Renuncia a Realizar Peritaje Antes de Aceptar Cargo Por el Perito

Un perito puede renunciar a un peritaje por causas justificadas como incompatibilidad personal (parentesco, amistad íntima, enemistad manifiesta), interés particular en el caso, error en la asignación o porque no posee los conocimientos técnicos necesarios. La renuncia debe comunicarla formalmente para evitar sanciones, ya que estar en el listado de peritos implica un compromiso serio y puede retrasar el proceso judicial.

Por otra parte, puede haber causas justificadas para renunciar como: **Incompatibilidad personal,** Si tiene algún grado de parentesco, amistad íntima o enemistad manifiesta con alguna de las partes, sus abogados o procuradores, o es su empleado. O el **Interés particular,** Si tiene algún interés directo o indirecto en el asunto que se juzga, o el **Error en la asignación:** Si el peritaje no corresponde a su perfil profesional o no posee los conocimientos necesarios para realizarlo.

También pueden hacer otra circunstancia que desmerezca su objetividad: cualquier otra situación que pueda hacerle perder la imparcialidad profesional, la cual debe ser debidamente acreditada.

Procedimiento y consecuencias de la negativa a realizar el peritaje por parte del Trabajador Social.

Comunicar formalmente: Debe informar de su renuncia al juez o tribunal, y a las partes si es necesario, de manera formal y dentro del plazo establecido.

Rechazar el peritaje: Aunque debe ser un acto excepcional, el perito no debe aceptar o debe renunciar si concurre alguna de estas causas.

Consecuencias de no comparecer: Si es citado y no comparece, puede ser sancionado con una multa e incluso con una sanción por desobediencia a la autoridad judicial si persiste en su actitud.

Otros de los motivos del porqué se renuencia a realizar los peritajes pudiendo ser:

La renuncia de un perito puede darse por diversas razones, como un conflicto de intereses o falta de idoneidad, pero la posibilidad de hacerlo y las consecuencias varían según el momento del proceso. A menudo, los peritos no pueden renunciar una vez que han aceptado el cargo y se les considera parte de un compromiso serio. Por otro lado, las partes pueden desistirse de la prueba pericial antes de que sea practicada, o el perito puede ser recusado por una de las partes si no cumple con los requisitos de objetividad.

Renuncia del perito

Motivos para la renuncia: Un perito puede renunciar si tiene parentesco, amistad, enemistad o interés directo en el caso, si el peritaje no corresponde a su perfil profesional, o si su experiencia no es suficiente para la materia en cuestión.

Implicaciones de la renuncia: Un perito judicial está obligado a cumplir con su deber y no debería negarse sin motivo justificado, ya que esto puede causar trastornos al proceso.

Desistimiento de la prueba pericial por parte de las partes,

¿Qué es entonces renunciar a realizar un peritaje? Es la acción de las partes de abandonar o renunciar a la prueba pericial que habían solicitado. Es el proceso mediante el cual una de las partes solicita un cambio de perito por estimar que no cumple con los requisitos necesarios de objetividad.

¿Cuándo se puede hacer? Se puede desistir de las pruebas que no se han practicado. **¿Qué pasa si no se consignan los honorarios?** Si las partes no consignan los honorarios de un perito en el plazo establecido, se puede entender que el medio de prueba ha sido desistido tácitamente.

Otra pregunta que también cabe aclarar es **¿Qué es la Recusación de un Perito? En el Código Nacional de Procedimientos Penales CAPÍTULO IV EXCUSAS, RECUSACIONES E IMPEDIMENTOS contempla las recusaciones tanto para jueces como para ministerios públicos y Peritos**

Artículo 36. Excusa o recusación

Los jueces y magistrados deberán excusarse o podrán ser recusados para conocer de los asuntos en que intervengan por cualquiera de las causas de impedimento que se establecen en este Código, mismas que no podrán dispensarse por voluntad de las partes.

Artículo 37. Causas de impedimento

Son causas de impedimento de los jueces y magistrados:

I. Haber intervenido en el mismo procedimiento como Ministerio Público, Defensor, Asesor jurídico, denunciante o querellante, o haber ejercido la acción penal particular; haber actuado como perito, consultor técnico, testigo o tener interés directo en el procedimiento;

II. Ser cónyuge, concubina o concubinario, conviviente, tener parentesco en línea recta sin limitación de grado, en línea colateral por consanguinidad y por afinidad hasta el segundo grado con alguno de los interesados, o que éste cohabite o haya cohabitado con alguno de ellos;

III. Ser o haber sido tutor, curador, haber estado bajo tutela o curatela de alguna de las partes, ser o haber sido administrador de sus bienes por cualquier título;

IV. Cuando él, su cónyuge, concubina, concubinario, conviviente, o cualquiera de sus parientes en los grados que expresa la fracción II de este artículo, tenga un juicio pendiente iniciado con anterioridad con alguna de las partes;

V. Cuando él, su cónyuge, concubina, concubinario, conviviente, o cualquiera de sus parientes en los grados que expresa la fracción II de este artículo, sea acreedor, deudor, arrendador, arrendatario o fiador de alguna de las partes, o tengan alguna sociedad con éstos;

VI. Cuando antes de comenzar el procedimiento o durante éste, haya presentado él, su cónyuge, concubina, concubinario, conviviente o cualquiera de sus parientes en los grados que expresa la fracción II de este artículo, querella, denuncia, demanda o haya entablado cualquier acción legal en contra de alguna de las partes, o cuando antes de comenzar el procedimiento hubiera sido denunciado o acusado por alguna de ellas;

VII. Haber dado consejos o manifestado extrajudicialmente su opinión sobre el procedimiento o haber hecho promesas que impliquen parcialidad a favor o en contra de alguna de las partes;

VIII. Cuando él, su cónyuge, concubina, concubinario, conviviente o cualquiera de sus parientes en los grados que expresa la fracción II de este artículo, hubiera recibido o reciba beneficios de alguna de las partes o si, después de iniciado el procedimiento, hubiera recibido presentes o dádivas independientemente de cuál haya sido su valor,

IX. Para el caso de los jueces del Tribunal de enjuiciamiento, haber fungido como Juez de control en el mismo procedimiento.

Artículo 38. Excusa

Cuando un Juez o Magistrado advierta que se actualiza alguna de las causas de impedimento, se declarará separado del asunto sin audiencia de las partes y remitirá los registros al Órgano jurisdiccional competente, de conformidad con lo que establezca la Ley Orgánica, para que resuelva quién debe seguir conociendo del mismo.

Artículo 39. Recusación

Cuando el Juez o Magistrado no se excuse a pesar de tener algún impedimento, procederá la recusación.

Artículo 40. Tiempo y forma de recusar

La recusación debe interponerse ante el propio Juez o Magistrado recusado, por escrito y dentro de las cuarenta y ocho horas siguientes a que se tuvo conocimiento del impedimento. Se interpondrá oralmente si se conoce en el curso de una audiencia y en ella se indicará, bajo pena de inadmisibilidad, la causa en que se justifica y los medios de prueba pertinentes.

Toda recusación que sea notoriamente improcedente o sea promovida de forma extemporánea será desechada de plano.

Artículo 41. Trámite de recusación

Interpuesta la recusación, el recusado remitirá el registro de lo actuado y los medios de prueba ofrecidos al Órgano jurisdiccional competente, de conformidad con lo que establezca la Ley Orgánica para que la califique.

Recibido el escrito, se pedirá informe al juzgador recusado, quien lo rendirá dentro del plazo de veinticuatro horas, señalándosele fecha y hora para realizar la audiencia dentro de los tres días siguientes a que se recibió el informe, misma que se celebrará con las partes que comparezcan, las que podrán hacer uso de la palabra sin que se admitan réplicas.

Concluido el debate, el Órgano jurisdiccional competente resolverá de inmediato sobre la legalidad de la causa de recusación que se hubiere señalado y, contra la misma, no habrá recurso alguno.

Artículo 42. Efectos de la recusación y excusa

El Juez o Magistrado recusado se abstendrá de seguir conociendo de la audiencia correspondiente, ordenará la suspensión de la misma y sólo podrá realizar aquellos actos de mero trámite o urgentes que no admitan dilación.

La sustitución del Juez o Magistrado se determinará en los términos que señale la Ley Orgánica.

Artículo 43. Impedimentos del Ministerio Público y de peritos

El Ministerio Público y los ***peritos deberán excusarse o podrán ser recusados*** por las mismas causas previstas para los jueces o magistrados.

La excusa o la recusación será resuelta por la autoridad que resulte competente de acuerdo con las disposiciones aplicables, previa realización de la investigación que se estime conveniente.

¿Cuándo se puede recusar? Generalmente, hay un plazo establecido para recusar a un perito, por ejemplo, cinco días después de que se haya notificado su nombramiento

CAPÍTULO VII. PERITAJE DE TRABAJO SOCIAL COMO PRUEBA Y MEDIO DE PRUEBA

7.1. Investigación y Medios de Prueba

La investigación y los medios de prueba son fases complementarias en un proceso judicial: la investigación busca recabar información y evidencias (datos de prueba), mientras que los medios de prueba son las fuentes de esa información (como testimonios, documentos o peritajes) que se presentan ante un juez en una audiencia para demostrar hechos. Los datos de prueba se convierten en pruebas en la etapa de juicio, después de ser desahogados formalmente, con el Propósito de Averiguar la veracidad de un hecho delictivo y la participación de los implicados.

Actores: El Ministerio Público, la policía, los peritos, las víctimas y los acusados pueden realizar actos de investigación. En el artículo 211 del Código Nacional de Procedimientos Penales se señalan las etapas del procedimiento penal comprendiendo las siguientes etapas:

I. La de investigación, que comprende las siguientes fases:

a) Investigación inicial, que comienza con la presentación de la denuncia, querella u otro requisito equivalente y concluye cuando el imputado queda a disposición del Juez de control para que se le formule imputación, e

b) Investigación complementaria, que comprende desde la formulación de la imputación y se agota una vez que se haya cerrado la investigación;

II. La intermedia o de preparación del juicio, que comprende desde la formulación de la acusación hasta el auto de apertura del juicio, y

III. La de juicio, que comprende desde que se recibe el auto de apertura a juicio hasta la sentencia emitida por el Tribunal de enjuiciamiento.

La investigación no se interrumpe ni se suspende durante el tiempo en que se lleve a cabo la audiencia inicial hasta su conclusión o durante la víspera de la ejecución de una orden de aprehensión. El ejercicio de la acción inicia con la solicitud de citatorio a audiencia inicial, puesta a disposición del detenido ante la autoridad judicial o cuando se solicita la orden de aprehensión o comparecencia, con lo cual el Ministerio Público no perderá la dirección de la investigación.

El proceso dará inicio con la audiencia inicial, y terminará con la sentencia firme.

Por otra parte, dentro de las investigaciones se obtienen datos de prueba, que son referencias a la información que, sin ser prueba directa en el juicio, sirve como fundamento para la acusación y puede solicitar la vinculación a proceso, todas las actuaciones deben ser registradas detalladamente con fecha, hora, lugar y personas que intervinieron.

Los Medios de Prueba, son entonces los elementos que se presentan en el juicio para reconstruir los hechos y convencer al juez, como por ejemplo Testimonios, documentos, peritajes, inspecciones, etc.

Proceso: Para que un dato de prueba se convierta en un medio de prueba, debe ser introducido y desahogado formalmente en la audiencia de juicio oral, garantizando el principio de contradicción.

Función: Sirven para que el tribunal pueda tomar una decisión sobre los hechos materia de la acusación, más allá de toda duda razonable, relación entre investigación y medios de prueba, La investigación es la etapa previa donde se recogen los elementos. Los medios de prueba son los elementos recolectados en la investigación, presentados y aceptados formalmente en juicio. Los datos obtenidos en la investigación no tienen el mismo valor que las pruebas desahogadas en el juicio. Para una condena, es necesaria la producción de prueba en el juicio oral

7.1.1. ¿Qué investiga el Perito en Trabajo Social?

Hechos y Actos Jurídicos y sus Diferencias

Cuando hablamos de derecho, es importante distinguir entre hechos y actos jurídicos. Ambos términos son fundamentales para entender el funcionamiento del sistema jurídico. En apartado, vamos a explicar en qué consisten cada uno de ellos, qué ejemplos podemos encontrar y cuáles son las principales diferencias entre ambos y en ello ver que es realmente lo que investiga el Perito en Trabajo Social.

Los hechos jurídicos son eventos que producen consecuencias legales, mientras que los actos jurídicos son manifestaciones de la voluntad.

¿Qué son los hechos jurídicos?

Los **hechos jurídicos** son cualquier evento, fenómeno o acción, ya sea de origen natural o humano, que tiene efectos o consecuencias legales. Estos pueden ser clasificados en:

- **Hechos naturales**: como un terremoto o una inundación, que generan consecuencias legales sin intervención humana.
- **Hechos humanos**: como el nacimiento o la muerte de una persona, que también tiene efectos jurídicos.

Los hechos jurídicos son sucesos que no dependen de la voluntad de las personas y que tienen consecuencias jurídicas. Pueden ser naturales o humanos. Algunos ejemplos de hechos jurídicos son:

- El nacimiento de una persona
- La muerte de una persona
- Un accidente de tráfico
- Un terremoto
- Una inundación
- Un incendio

En todos estos casos, los hechos tienen consecuencias jurídicas. Por ejemplo, el nacimiento de una persona da lugar a la adquisición de derechos y obligaciones, como el derecho a la nacionalidad y la obligación de respetar las leyes del país en el que se ha nacido.

¿Qué son los actos jurídicos?

Los **actos jurídicos**, por otro lado, son un tipo específico de hecho jurídicoque se caracteriza por ser **voluntario**. Estos actos son realizados con la intención de producir efectos jurídicos, como la creación, modificación o extinción de derechos y obligaciones. Para que acto jurídico sea válido debe de contar con:

- **Sujeto**: las personas que participan en el acto.
- **Manifestación de voluntad**: el consentimiento expreso de las partes involucradas.
- **Objeto**: el hecho o bien sobre el cual recae el acto

Los actos jurídicos, por su parte, son sucesos que dependen de la voluntad de las personas y que tienen consecuencias jurídicas. Es decir, son acciones que realizamos con el propósito de crear, modificar o extinguir una relación jurídica. Algunos ejemplos de actos jurídicos son:

- La compra de una casa
- La firma de un contrato
- La aceptación de una herencia
- El matrimonio
- El divorcio
- La renuncia a un derecho

En todos estos casos, los actos tienen consecuencias jurídicas. Por ejemplo, la compra de una casa da lugar a la adquisición de la propiedad sobre la misma, mientras que la firma de un contrato crea una obligación entre las partes contratantes.

Diferencias entre Hechos y Actos Jurídicos

Aunque los hechos y los actos jurídicos tienen en común que tienen consecuencias jurídicas, existen algunas diferencias fundamentales entre ambos. Las principales son:

- Los hechos jurídicos no dependen de la voluntad de las personas, mientras que los actos jurídicos sí.

- Los hechos jurídicos son siempre verdaderos, mientras que los actos jurídicos pueden ser válidos o inválidos.

- Los hechos jurídicos no requieren de ningún acto jurídico para producir sus efectos, mientras que los actos jurídicos sí.

- Los hechos jurídicos tienen consecuencias jurídicas necesarias, mientras que los actos jurídicos tienen consecuencias jurídicas voluntarias.

Otras de las Diferencias entre Hechos y Actos Jurídicos también son:

Intención: La principal diferencia radica en la intención detrás de cada uno. Los hechos jurídicos ocurren independientemente de la voluntad humana, mientras que los actos jurídicos son el resultado de una decisión consciente.

Naturaleza: Todos los actos jurídicos son hechos jurídicos, pero no todos los hechos jurídicos son actos jurídicos. Por ejemplo, el nacimiento de una persona es un hecho jurídico, mientras que la firma de un contrato es un acto jurídico.

Consecuencias: Los hechos jurídicos pueden tener consecuencias legales sin que haya una intención de parte de los involucrados, mientras que los actos jurídicos siempre buscan generar un efecto legal favorable para quien los realiza.

Ejemplos

- **Hecho Jurídico**: Un accidente de tráfico que causa daños a la propiedad es un hecho jurídico, ya que tiene consecuencias legales sin que haya una intención de causar daño.

- **Acto Jurídico**: La firma de un contrato de arrendamiento es un acto jurídico, ya que implica la voluntad de las partes de establecer una relación legal.

En resumen, la diferencia entre hechos y actos jurídicos se centra en la intención y la naturaleza de los eventos, siendo los actos jurídicos una manifestación consciente de voluntad que busca producir efectos legales.

Por último y para que queden claras las diferencia entre estos dos conceptos se hacen las siguientes frecuentes:

1. ¿Todos los hechos tienen consecuencias jurídicas?

No, solo los hechos que están contemplados en la ley o que tienen una relación directa con una norma jurídica tienen consecuencias jurídicas.

2. ¿Un acto jurídico inválido tiene consecuencias jurídicas?

Sí, pero las consecuencias pueden ser diferentes a las que se esperaban. Por ejemplo, un contrato inválido no crea una obligación entre las partes contratantes, pero puede dar lugar a la devolución de las cantidades pagadas.

3. ¿Todos los actos jurídicos son válidos?

No, para que un acto jurídico sea válido deben cumplirse una serie de requisitos, como la capacidad de las partes, el objeto y la causa.

4. ¿Qué es la causa en un acto jurídico?

La causa es el motivo por el cual se realiza un acto jurídico. Debe ser lícita y verdadera. Por ejemplo, la causa de una compraventa puede ser la adquisición de una propiedad.

5. ¿Pueden los hechos jurídicos ser creados por las personas?

No, los hechos jurídicos son sucesos que no dependen de la voluntad de las personas.

6. ¿Qué son los hechos jurídicos humanos?

Los hechos jurídicos humanos son aquellos que son producidos por las personas, pero que no dependen de su voluntad. Por ejemplo, un accidente de tráfico.

7. ¿Los hechos jurídicos siempre tienen consecuencias negativas?

No, los hechos jurídicos pueden tener consecuencias positivas o negativas, dependiendo de su naturaleza y de las normas que los regulen.

De lo anterior estoces es que el perito en trabajo social investiga para su elaboración de peritaje ya sea dictamen o sea informe tanto hechos como actos jurídicos, dependiendo de la materia del derechos le este solicitado y dependiendo de la situación sociojurídica del individuo al que se le realizara el peritaje, investigando, analizando el contexto en donde se desarrolla desde las diferentes esferas económicas, familiares, geográficas, religiosas, culturales, medioambientales, comunitarias, grupales, criminógenas entre otras desde diferentes marcos conceptuales y teóricos, que involucraran a los sujetos justiciables con lo que reguerete el Ministerio Público el Juez o el abogado que contrate al perito.

7.2. Investigación y Medio de Prueba

Una propuesta científica para un medio de prueba es un documento que describe y justifica el uso de evidencia científica (como experimentos, análisis o reproducciones) para probar un hecho en un proceso legal. Se basa en el método científico, que incluye la observación del fenómeno, la formulación de una pregunta, la creación de una hipótesis falsable, la realización de experimentos controlados, el análisis de los datos y la obtención de conclusiones que puedan ser reproducibles.

A partir de los siguientes postulados

Antes que nada, se realiza la Observación: Descripción del fenómeno o situación a investigar. Posteriormente se plantea el **Problema/Pregunta:** Formulación clara de la pregunta específica que se pretende responder con la prueba. Seguido de la Hipótesis: Proposición tentativa y verificable que busca explicar el fenómeno observado. Debe ser falseable (susceptible de ser refutada). Con una clara **Metodología:** Diseño detallado del experimento o análisis que se llevará a cabo, incluyendo los materiales, procedimientos y controles a seguir.

Así como el **Análisis de datos:** Descripción de cómo se analizarán los resultados obtenidos para determinar la validez de la hipótesis. Culminando con las **Conclusiones:** Cómo los resultados del análisis respaldarán o refutarán la hipótesis. Consideraciones importantes, por ello debe de contra un aspecto de **Reproducibilidad:** Los resultados de la prueba deben ser obtenibles por otros científicos siguiendo los mismos pasos. Conllevando una clara **Objetividad:** La evidencia científica debe ser objetiva, empírica y verificable. Y r**elevancia legal:** La propuesta debe demostrar que la prueba científica es conducente y puede aportar conocimiento objetivo sobre los hechos en cuestión para ayudar al juzgador a determinar la verdad.

7.3. Estándar probatorio

El estándar probatorio de la SCJN se refiere al grado de convicción requerido para acreditar un hecho, variando según el contexto y la etapa procesal, pero generalmente implicando que la prueba debe ser suficiente para desvirtuar la hipótesis de inocencia del acusado o probar la materialidad de una operación fiscal, todo ello dentro del marco de la presunción de inocencia y el principio de legalidad.

Es entonces que el Estándar Probatorio se define como el nivel de certeza que un juzgador debe alcanzar para considerar que un hecho está debidamente probado en un momento determinado del proceso. Implica que la prueba de cargo debe ser lo suficientemente sólida como para romper la presunción de inocencia y justificar una decisión judicial, ya sea una condena penal o la confirmación de una deuda fiscal.

Para fincar el a**uto de vinculación a proceso, El** estándar es de probabilidad. La fiscalía debe presentar datos de prueba que establezcan que la hipótesis de culpabilidad es probable, sin necesidad de pruebas formalizadas. En **sentencia definitiva (en materia penal),** Se exige un estándar de certeza o plena convicción para enervar la presunción de inocencia, es decir, que las pruebas desvirtúen la hipótesis de inocencia y descarten la duda razonable sobre la hipótesis de culpabilidad. en **Materia fiscal:** Se debe alcanzar un nivel racional y objetivo de prueba para evidenciar la materialidad de una operación, incluso si se trata de pruebas indirectas que, correlacionadas, generen la evidencia suficiente.

Como parte del actual sistema penal en México el principio de **Presunción de inocencia,** Es el derecho que opera como estándar de prueba, exigiendo que la acusación desvirtúe la hipótesis de inocencia. Así como el **Principios de la sana crítica, que es l**a valoración de las pruebas se rige por la lógica, la ciencia y las máximas de la experiencia, buscando que la prueba sea razonable y objetiva, hasta el **principio de publicidad y contradicción, que considera** las pruebas deben ser conocidas por las partes y desahogadas en audiencia para tener valor probatorio

7.4. Definición de Prueba

Antecedentes históricos de las Pruebas Periciales

Los antecedentes de la Prueba Pericial se registran en el año 1579 en Francia, donde comenzó a ser regulada y difundida por los avatares propios del comercio, y por el masivo empleo de medios de pago que, se fueron creando al amparo de un tráfico cada vez más fluido y extenso. Desde entonces la Prueba Pericial, fue gradualmente incorporada a la mayoría de los ordenamientos procesales de fines del siglo XVIII, de donde la tomaron las Legislaciones Latinoamericanas, obteniendo un papel importante en los Procedimientos Judiciales. Aunado a los avances científicos y tecnológicos que contribuyeron en su estatus y relevancia. Para inicios del siglo XIX, el peritaje se consagró formalmente en los Códigos Adjetivos, en el penal austriaco y penales europeos a excepción del código italiano (actualmente no incluye los peritajes entre los medios de prueba).[35]

De tal forma, que la experticia o peritación, se consolida como aquella actividad de carácter procesal, propuesta por las partes o el Juez, y cumplida por personas distintas de los sujetos procesales; donde se poseen conocimientos e información técnica, artística y científica que el Juez ignora, y que necesita integrar, para el conocimiento total de los hechos y cumplir así la función de juzgar. Dicha actividad procesal es desarrollada a instancia de las partes, donde una o varias personas expertas en materia no jurídicas, elaboran y transmiten al juez, información especializada, para su conocimiento y apreciación de hechos y circunstancias relevantes en el proceso. Es por ello, que el peritaje sirve para verificar hechos y establecer sus características y modalidades, sus calidades, sus relaciones con otros hechos, las causas que los produjeron y sus efectos.[36]

35. Medsc. Antecedentes históricos de la prueba pericial (Derecho, 2016), https://med.se-todo.com/pravo/23609/index.html#:~:text=La%20prueba%20pericial%20comenz%C3%B3%20a%20ser%20regulada%20y,y%20extenso%2C%20en%20el%20a%C3%B1o%201579%20en%20Francia.
36. Medsc. Antecedentes históricos de la prueba pericial (Derecho, 2016), https://med.se-todo.com/pravo/23609/index.html#:~:text=La%20prueba%20pericial%20comenz%C3%B3%20a%20ser%20regulada%20y,y%20extenso%2C%20en%20el%20a%C3%B1o%201579%20en%20Francia.

De igual forma, a la Prueba Pericial se le puede entender por el nombre de "Prueba por peritos o el Dictamen de Peritos", términos relacionados con la práctica de peritaje, la cual es reconocido en la propia Constitución Política de los Estados Unidos Mexicanos y en los diferentes códigos, tanto federales, como estatales y en materia civil y penal.[37] Precisado en su Artículo 123, inciso XIII, al igual que en el transitorio Octavo de la Constitución Política:[38]

> Las autoridades federales, de las entidades federativas y municipales, a fin de propiciar el fortalecimiento del sistema de seguridad social del personal del Ministerio Público, de las corporaciones policiales y **de los servicios periciales**, de sus familias y dependientes, instrumentarán sistemas complementarios de seguridad social.
>
> El Congreso de la Unión, las Legislaturas de los estados y el órgano legislativo del Distrito Federal, deberán destinar los recursos necesarios para la reforma del sistema de justicia penal. Las partidas presupuestales deberán señalarse en el presupuesto inmediato siguiente a la entrada en vigor del presente decreto y en los presupuestos sucesivos. Este presupuesto deberá destinarse al diseño de las reformas legales, los cambios organizacionales, la construcción y operación de la infraestructura, y la capacitación necesaria para jueces, agentes del Ministerio Público, policías, defensores, **peritos** y abogados.

Contexto de la Prueba Pericial

En principio, se puede indicar que la Prueba Pericial, representa la opinión que emite un perito o experto respecto a un hecho concreto, qué ha de evaluarse en el marco de un proceso judicial. En tal sentido, existe un amplio abanico de pruebas posibles y dependerá del ámbito de conocimiento o escenario científico en el que se enmarque el hecho. Las Pruebas Periciales se pueden realizar sobre las personas u objetos.[39] Es por ello, que la

37. Herrero Hinojosa, Mónica Amalia. Peritaje en Trabajo Social (Facultad de Trabajo Social y Desarrollo Humano, 2020), http://cedhurs.ftsydh.uanl.mx/peritaje-en-trabajo-social/
38. Constitución Política De los Estados Unidos Mexicanos (Cámara de Diputados del H. Congreso de la Unión, 2026), https://www.diputados.gob.mx/LeyesBiblio/pdf/CPEUM.pdf
39. UNIR. ¿Qué son las pruebas periciales? (La Universidad en Internet, 2022), https://mexico.unir.net/derecho/noticias/pruebas-periciales/

Prueba Pericial, representa el Medio Probatorio por el cual, la parte puede solicitar al juzgador que sea admitida como prueba. Donde la declaración de un perito en una materia puede ofrecer los conocimientos necesarios: científicos, artísticos, técnicos o prácticos para explicar y valorar hechos relevantes al objeto de la *litis*.[40]

La Prueba, entendida de igual forma como, el medio de prueba, consistente en la manifestación del conocimiento que tiene un tercero, llamado Perito, acerca de un dato procesal sobre el que el tribunal le encarga dictaminar. De ahí el nombre de Pericia con que es también conocida esta Prueba. Dicho medio de prueba personal, se caracteriza por representar la declaración del Perito, que versa sobre datos que tienen ya categoría de procesales, además el declarante, es una persona especializada en la materia sobre la que debe dictaminar.[41]

De igual forma, el Medio de Prueba, debe estar fundado en la técnica y la ciencia, que se concreta a través de la actuación de peritos. Distinguiéndose en algunos contextos, como en España entre peritos percipientes y deducentes. Los primeros son aquellos que se limitan a comprobar, o constatar, el hecho cuya existencia se controvierte; en cambio los segundos emiten opinión sobre las causas o efectos que lo rodean; generalmente cumplen ambas funciones.[42]

Particularmente en el caso de México, se reconoce en el Código General de Procedimientos Civiles, en su Capítulo IV, artículo 143, que "La prueba pericial tendrá lugar en las cuestiones de un negocio relativas a alguna ciencia o arte, y en los casos en que expresamente lo prevenga la ley".[43] Precisándose en el Capítulo IX, Artículo 197, que "El tribunal goza de la más amplia libertad para hacer el análisis de las pruebas, rendidas; para determinar el valor de las mismas, unas enfrente de las otras, y para fijar el resultado final de dicha valuación contradictoria; a no ser que la ley fije las reglas para hacer esta valuación, observando, sin embargo, respecto de cada

40. Enciclopedia jurídica. Ley de Enjuiciamiento civil, (Madrid, España, 2022), artículos 610 a 632. http://www.enciclopedia-juridica.com/d/prueba-pericial/prueba-pericial.htm
41. Enciclopedia jurídica. Código civil, (Madrid España, 2022), artículos 1.242 y 1.243. http://www.enciclopedia-juridica.com/d/prueba-pericial/prueba-pericial.htm
42. Enciclopedia jurídica. Ley de Enjuiciamiento civil, (Madrid, España, 2022), artículos 610 a 632. http://www.enciclopedia-juridica.com/d/prueba-pericial/prueba-pericial.htm
43. Código Federal de Procedimientos Civiles (México: Cámara de Diputados LXV legislatura, 2021).

especie de prueba, lo dispuesto en este capítulo".[44] Aclarando en el mismo marco normativo, Artículo 211 que "El valor de la prueba pericial quedará a la prudente apreciación del tribunal".[45]

Marco Normativo

Conforme a la Reforma Constitucional en materia de Justicia Penal y Seguridad Pública en México, acontecida en el Diario Oficial de la Federación el 18 de junio del 2008,[46] donde se hace la propuesta de un nuevo Proceso Penal, que permita transformar las instituciones existentes, y con ello, transparentar de mejor manera dichos procesos. Precisando en su Artículo 20, que "El proceso penal será acusatorio y oral. Se regirá por los principios de publicidad, contradicción, concentración, continuidad e inmediación". Donde se permite que los abogados y peritos que sepan hacer frente a las exigencias de los propios procesos, desarrollen su práctica en un nuevo entorno que premia la capacidad, el conocimiento jurídico, el compromiso ético en el desempeño de su profesión; garantizando que toda audiencia se desarrollará en presencia del juez, sin que pueda delegar en ninguna persona el desahogo y la valoración de las pruebas, la cual deberá realizarse de manera libre y lógica.

Es por ello, que en dicha reforma se busca comprender las particularidades y diferencias en la lógica de articulación de un tipo de sistema, donde se refleje la práctica forense, como una exigencia ineludible para quienes desean formarse, como parte integrante de este nuevo sistema; en donde se ven obligados a perfeccionar sus habilidades y destrezas a fin de interactuar con éxito durante las audiencias orales del nuevo sistema de proceso penal acusatorio.[47] De tal forma, y como es precisado en su Capítulo I, Artículo 44, del Código Nacional de Procedimientos Penales:

---

44. Código Federal de Procedimientos Civiles (México: Cámara de Diputados LXV legislatura, 2021).
45. Código Federal de Procedimientos Civiles (México: Cámara de Diputados LXV legislatura, 2021).
46. Decreto de reforma y adición de disposiciones de la Constitución Política de los Estados Unidos Mexicanos (México: Secretaria de Gobernación, 2008) https://dof.gob.mx/nota_detalle.php?codigo=5046978&fecha=18/06/2008#gsc.tab=0
47. Peña, José Antonio. "La prueba pericial en el nuevo sistema de justicia penal en México". Gac. Int. Cienc. Forense, n. 20 (2016).

"Oralidad de las actuaciones procesales. Las audiencias se desarrollarán de forma oral, pudiendo auxiliarse las partes con documentos o con cualquier otro medio. En la práctica de las actuaciones procesales se utilizarán los medios técnicos disponibles que permitan darle mayor agilidad, exactitud y autenticidad a las mismas, sin perjuicio de conservar registro de lo acontecido. El Órgano jurisdiccional propiciará que las partes se abstengan de leer documentos completos o apuntes de sus actuaciones que demuestren falta de argumentación y desconocimiento del asunto. Sólo se podrán leer registros de la investigación para apoyo de memoria, así como para demostrar o superar contradicciones; la parte interesada en dar lectura a algún documento o registro, solicitará al juzgador que presida la audiencia, autorización para proceder a ello indicando específicamente el motivo de su solicitud conforme lo establece este artículo, sin que ello sea motivo de que se reemplace la argumentación oral".[48]

Dato de Prueba

Ahora bien, se entenderá como Dato de Prueba, a aquella referencia al contenido de un determinado Medio de Prueba, que aún no se desahoga ante el juez, que se advierta idóneo y pertinente, para establecer razonablemente la existencia de un hecho delictivo y la probable participación del imputado. Es por ello, que el Dato de Prueba ya se toma de esta manera por parte del Ministerio Público en la carpeta de investigación, cuando se tiene una relación de este elemento probatorio para con el hecho delictuoso; estos Datos de Prueba, se toman por el Ministerio Público para fundamentar su Formulación de imputación y para fundamentar la relación del imputado para con el hecho delictuoso.[49] En tal sentido, y conforme al Código Nacional de Procedimientos Penales en México, de acuerdo a su Artículo 259:[50]

48. Código Nacional de Procedimientos Penales (México: Cámara de Diputados LXV legislatura, 2022).
49. Martínez Lara, Esmeralda. La importancia del dato de prueba en la carpeta de investigación (México, 2015), http://revistajurista.com/la-importancia-del-dato-de-prueba-en-la-carpeta-de-investigacion/#:~:text=DATO%20DE%20PRUEBA%20Es%20la%20referencia%20al%20contenido,hecho%20delictivo%20y%20la%20probable%20participaci%C3%B3n%20del%20imputado.
50. Código Nacional de Procedimientos Penales (México: Cámara de Diputados LXV legislatura, 2022).

> "Cualquier hecho puede ser probado por cualquier medio, siempre y cuando sea lícito. Las pruebas serán valoradas por el Órgano jurisdiccional de manera libre y lógica. Los antecedentes de la investigación recabados con anterioridad al juicio carecen de valor probatorio para fundar la sentencia definitiva, salvo las excepciones expresas previstas por este Código y en la legislación aplicable. Para efectos del dictado de la sentencia definitiva, sólo serán valoradas aquellas pruebas que hayan sido desahogadas en la audiencia de juicio, salvo las excepciones previstas en este Código".

Es por ello, y conforme al Artículo 261, del mismo Código Penal, [51] los Datos de prueba, medios de prueba y pruebas, se entenderán como aquellas referencias al contenido de un determinado medio de convicción aún no desahogado ante el Órgano jurisdiccional, que se advierta idóneo y pertinente para establecer razonablemente la existencia de un hecho delictivo y la probable participación del imputado. Por lo cual, los medios o elementos de prueba son: toda fuente de información que permite reconstruir los hechos, respetando las formalidades procedimentales previstas para cada uno de ellos.

Medio de Prueba

Los Medios de Prueba, representan aquellas fuentes de información, que se toman en consideración, por las implicaciones o relación con el hecho, además de que es el término correcto que, se utiliza durante la etapa intermedia para hacer referencia al ofrecimiento de medios de convicción, los cuales serán analizados por el juez de control quien decidirá cuáles de ellos son pertinentes, idóneos y apegados a derecho para su admisión correspondiente.[52]

Es por ello, que el Medio de Prueba es entendido de igual forma, como aquellas cosas, hechos o abstenciones que puedan conducir en el ánimo del Juez certeza, sobre los puntos litigiosos; es decir, representan todo aquel

51. Código Nacional de Procedimientos Penales (México: Cámara de Diputados LXV legislatura, 2022).
52. Martínez Lara, Esmeralda. La importancia del dato de prueba en la carpeta de investigación (México, 2015), http://revistajurista.com/la-importancia-del-dato-de-prueba-en-la-carpeta-de-investigacion/#:~:text=DATO%20DE%20PRUEBA%20Es%20la%20referencia%20al%20contenido,hecho%20delictivo%20y%20la%20probable%20participaci%C3%B3n%20del%20imputado.

instrumento, procedimiento o mecanismo que puede originar motivos de prueba y generar los razonamientos, argumentos o las instituciones que permitan al juez llegar a la certeza, o al conocimiento de determinado hecho invocado por las partes, como fundamento de sus pretensiones o de sus defensas.[53] Puntualizándose en el caso del Código Nacional de Procedimientos Penales en México, en su Artículo 45, que "los medios de prueba cuyo contenido se encuentra en un idioma distinto al español deberán ser traducidos y, a fin de dar certeza jurídica sobre las manifestaciones del declarante, se dejará registro de su declaración en el idioma de origen".[54]

Prueba

El sentido etimológico de la palabra Prueba, deriva del latín *probatio* o *probationis*, que a su vez procede del vocablo *probus* que significa: bueno, por tanto, lo que resulta probado es bueno y se ajusta a la realidad. La Prueba en materia jurídica es aquella, en la cual, los procedimientos, mecanismos y medios a través de los cuales se desarrolla la actividad probatoria; se presenta como la necesidad de comprobar, de verificar todo objeto de conocimiento. [55]

Se puede indicar que la Prueba es algo distinto a la averiguación o investigación, para probar es necesario previamente investigar, averiguar o indagar. La averiguación es siempre anterior en el tiempo a la Prueba, así se tiene que investigar y averiguar unos hechos para poder realizar afirmaciones en torno a los mismos, y una vez hechas tales afirmaciones, es cuando tiene lugar la Prueba de las mismas; es decir la verificación de su exactitud.

---

53. Martínez Lara, Esmeralda. La importancia del dato de prueba en la carpeta de investigación (México, 2015), http://revistajurista.com/la-importancia-del-dato-de-prueba-en-la-carpeta-de-investigacion/#:~:text=DATO%20DE%20PRUEBA%20Es%20la%20referencia%20al%20contenido,hecho%20delictivo%20y%20la%20probable%20participaci%C3%B3n%20del%20imputado.
54. Código Nacional de Procedimientos Penales (México: Cámara de Diputados LXV legislatura, 2022).
55. Martínez Lara, Esmeralda. La importancia del dato de prueba en la carpeta de investigación (México, 2015), http://revistajurista.com/la-importancia-del-dato-de-prueba-en-la-carpeta-de-investigacion/#:~:text=DATO%20DE%20PRUEBA%20Es%20la%20referencia%20al%20contenido,hecho%20delictivo%20y%20la%20probable%20participaci%C3%B3n%20del%20imputado.

Por ende, la Prueba representa aquellos medios a través de los cuales, las partes en un proceso, demuestran su hipótesis (teoría del caso) con la finalidad de esclarecer la comisión de un hecho delictuoso; el único momento en que se puede hacer mención de Prueba durante el proceso acusatorio será en la etapa de juicio oral, en ningún otro momento se puede hacer mención del término Prueba. Ahora bien, para que la Prueba Pericial se admita en un proceso judicial se deben cumplir varios requisitos:[56]

- El primero, que el peritaje se realice de forma lícita y sin vulnerar las garantías fundamentales;
- En segundo lugar, que sea una prueba objetiva e imparcial, y que el períto no tenga ningún tipo de interés en una resolución concreta del litigio;
- En tercer lugar, la prueba pericial debe ser relevante o necesaria para acreditar el hecho correspondiente;
- Por último, el experto que lo realice debe ser el idóneo para analizar el hecho o situación de acuerdo con su formación experta y sus metodologías.

Además, la Prueba Pericial también ha de cumplir una serie de requisitos formales y contener: la descripción de la persona, objeto o cosa que se ha estudiado y la forma y estado en que estaba; la relación de todas las operaciones que se han practicado y su resultado; los medios científicos y técnicos que se han validado para emitir el dictamen; la conclusión a la que llega el perito.[57]

Es por ello, que una Prueba es todo soporte material que contenga información sobre algún hecho, para la debida valoración de la Prueba Pericial[58] los miembros del tribunal precisan de igual forma conocer el método, elementos y términos utilizados en el dictamen. Además de permitir, si el perito está capacitado en su ejercicio y a través de la palabra pretendiera convencer al juzgador, al no existir la Prueba Pericial colegiada,

56. Martínez Lara, Esmeralda. La importancia del dato de prueba en la carpeta de investigación (México, 2015), http://revistajurista.com/la-importancia-del-dato-de-prueba-en-la-carpeta-de-investigacion/#:~:text=DATO%20DE%20PRUEBA%20Es%20la%20referencia%20al%20contenido,hecho%20delictivo%20y%20la%20probable%20participaci%C3%B3n%20del%20imputado.

57. UNIR. ¿Qué son las pruebas periciales? (La Universidad en Internet, 2022), https://mexico.unir.net/derecho/noticias/pruebas-periciales/

58. Considerando que ya no es una prueba colegiada y que se ha eliminado la figura del perito tercero en discordia.

de que otra forma podría confirmar lo dicho por el sustentante, si no es con fundamento en los conocimientos que sobre la materia en la que versa la pericial.[59]

Por lo que, el objeto fundamental de la prueba es recopilar elementos de convicción para determinar la verdad. Es por ello que, si se toma en consideración el objeto que se le da a la prueba como fin último, es el de convencer al Juez de que la teoría del caso que se le esté exponiendo, ha quedado plenamente comprobada a través de la exposición de los medios de convicción aportados y si se cumple con ello, se estará haciendo la pertinente labor como operadores del Sistema Acusatorio Adversarial.[60] Indicándose en el Artículo 261, del Código Nacional de Procedimientos Penales, en el caso de México, que:

> "se denomina prueba a todo conocimiento cierto o probable sobre un hecho, que ingresando al proceso como medio de prueba en una audiencia y desahogada bajo los principios de inmediación y contradicción, sirve al Tribunal de enjuiciamiento como elemento de juicio para llegar a una conclusión cierta sobre los hechos materia de la acusación"

Aclarándose en la Sección II, Artículo 368 que "Podrá ofrecerse la prueba pericial cuando, para el examen de personas, hechos, objetos o circunstancias relevantes para el proceso, fuere necesario o conveniente poseer conocimientos especiales en alguna ciencia, arte, técnica u oficio". Apuntando en su Artículo 103, en lo respectivo a los Gastos de Producción de Prueba, estos "Tratándose de la prueba pericial, el Órgano jurisdiccional ordenará, a petición de parte, la designación de peritos de instituciones públicas, las que estarán obligadas a practicar el peritaje correspondiente, siempre que no exista impedimento material para ello".[61]

Función de la Prueba

59. Peña, José Antonio. "La prueba pericial en el nuevo sistema de justicia penal en México". Gac. Int. Cienc. Forense, n. 20 (2016).

60. Martínez Lara, Esmeralda. La importancia del dato de prueba en la carpeta de investigación (México, 2015), http://revistajurista.com/la-importancia-del-dato-de-prueba-en-la-carpeta-de-investigacion/#:~:text=DATO%20DE%20PRUEBA%20Es%20la%20referencia%20al%20contenido,hecho%20delictivo%20y%20la%20probable%20participaci%C3%B3n%20del%20imputado.

61. Código Nacional de Procedimientos Penales (México: Cámara de Diputados LXV legislatura, 2022).

Como se ha indicado, la Prueba Pericial consiste en la investigación de las pruebas materiales y otros objetos que se obtienen durante la investigación de una causa penal, la cual, se lleva a cabo en la forma procesal que viene establecida en la Ley, a instancia del instructor, el fiscal o el tribunal, y que es ejecutado por aquellas personas que posean conocimientos especiales en una rama de la ciencia, el arte, la técnica o prácticos, y como resultado final, brinda conclusiones fundamentales a las preguntas que le son formuladas, surgidas durante la fase de instrucción o preparatoria o durante la fase del juicio oral.[62]

En tal sentido, los avances tecnológicos y de conocimiento han hecho que los profesionales con formación específica y capaz de emitir análisis expertos, en diversos temas, sean perfiles demandados tanto en el sector privado, como en el marco de los procesos judiciales. La opinión de un perito puede ser de gran relevancia tanto para aclarar dudas que se escapan del área de conocimiento de un juez, como para esclarecer las circunstancias en que se ha producido un hecho y, por tanto, convencer al magistrado sobre unas circunstancias.[63]

El análisis que realiza el perito queda plasmado en un documento, que se le llama informe o dictamen pericial. El cual, pese a tener un componente personal, la Prueba Pericial se considera una prueba documental que se aporta a un proceso judicial: porque lo solicita alguna de las partes o porque lo pide el juez, cuando cree necesario que alguno de los elementos que se ponderan en el caso requiere del análisis experto. A fin de cuentas, la Prueba Pericial ni introduce hechos nuevos al debate procesal, ni realiza una interpretación jurídica de los mismos; se limita a analizar y dar una interpretación técnica y desde el punto de vista experto de lo que ha ocurrido.[64]

---

62. Peña, José Antonio. "La prueba pericial en el nuevo sistema de justicia penal en México". Gac. Int. Cienc. Forense, n. 20 (2016).
63. UNIR. ¿Qué son las pruebas periciales? (La Universidad en Internet, 2022), https://mexico.unir.net/derecho/noticias/pruebas-periciales/
64. UNIR. ¿Qué son las pruebas periciales? (La Universidad en Internet, 2022), https://mexico.unir.net/derecho/noticias/pruebas-periciales/

7.5. Definición de Medio de Prueba

La importancia del ***Trabajo Social Forense*** como medio de prueba en los juicios legales, radica en que a través del dictamen pericial se analiza desde diferentes perspectivas al sujeto de estudio, el sistema familiar y su entorno social, a fin de conocerlo desde un punto de vista integral, mediante la aplicación de un conjunto de herramientas y estrategias con las cuales identifica causas, desarrollo y consecuencias que le permiten la comprensión de la situación o hecho social y su implicación en lo cultural, político, jurídico, etcétera.

En consecuencia, al iniciar el peritaje deberá determinar la metodología a seguir de acuerdo con las características del asunto en el que va a participar y la información que requiere recabar a fin de lograr un análisis integral de la situación socio-familiar.

Por parte Del Código Nacional de procedimientos penales en su artículo 261.nos define que es la prueba "Se denomina prueba a todo conocimiento cierto o probable sobre un hecho, que ingresando al proceso como medio de prueba en una audiencia y desahogada bajo los principios de inmediación y contradicción, sirve al Tribunal de enjuiciamiento como elemento de juicio para llegar a una conclusión cierta sobre los hechos materia de la acusación."

Artículo 264. Nulidad de la prueba CNPP Se considera prueba ilícita cualquier dato o prueba obtenidos con violación de los derechos fundamentales, lo que será motivo de exclusión o nulidad.

Las partes harán valer la nulidad del medio de prueba en cualquier etapa del proceso y el juez o Tribunal deberá pronunciarse al respecto.

En síntesis, el objeto de prueba es lo que se debe averiguar en el proceso, es decir, la verdad que pretendemos encontrar o demostrar a través del medio de prueba que se haya aportado, entendiéndose que debe estar en relación directa con la verdad buscada en el proceso. Es por ello por lo que la autoridad señala lo que requiere conocer al solicitar el dictamen.

La importancia del Trabajo Social como medio de prueba en los juicios legales, radica en que a través del dictamen pericial se analiza desde diferentes perspectivas al sujeto de estudio, el sistema familiar y su entorno social, a fin de conocerlo desde un punto de vista integral, mediante la aplicación de un conjunto de herramientas y estrategias con las cuales identifica causas, desarrollo y consecuencias que le permiten la comprensión de la situación o hecho social y su implicación en lo cultural, político, jurídico, etcétera.

En consecuencia, al iniciar el peritaje deberá determinar la metodología a seguir de acuerdo con las características del asunto en el que va a participar y la información que requiere recabar a fin de lograr un análisis integral de la situación socio-familiar.

Partimos de que los trabajadores sociales dominamos la metodología de nuestra profesión; es por ello que en el presente apartado sólo se explicitará su aplicación en los peritajes sociales, en cuyo caso recurrimos primordialmente a la investigación, a fin de lograr el análisis de la situación.

7.6. Protesta de cargo

El plazo para la **aceptación del cargo es de tres días hábiles** a partir de la notificación. Si el cargo no va a ser aceptado hay que informarlo al juez por escrito, pidiendo el reemplazo y dando a conocer los motivos de la no aceptación.

Cuando la parte que promueve lo haga a través del defensor de oficio, por alguna circunstancia no le sea posible contar con un perito o no tenga los medios económicos para cubrir los gastos que esto implique, el juez –previa comprobación de dicha circunstancia, de oficio o a petición de parte- nombrará un perito oficial de alguna institución pública a fin de no dejar en estado de indefensión al inculpado (Artículo 162 del Código de Procedimientos Penales del Distrito Federal, 2021).

Los peritos estimarán su dictamen por escrito y lo ratificarán en diligencia especial en caso de que sean objetados de falsedad, o el ministerio público o el juez lo estimen necesario (Artículo 177 del Código de Procedimientos Penales del Distrito Federal, 2021).

Pese a que, como se mencionó con anterioridad, los litigantes deben proponer a sus peritos, corresponderá al juez sugerirlos en los siguientes casos:

1. Si algunos de los litigantes dejaran de hacer el nombramiento en el término señalado en el artículo anterior;
2. Cuando el designado por las partes no se presente a aceptar el cargo dentro de las 48 horas que sigan a la notificación a las partes del auto que tenga por admitida la prueba;
3. Cuando habiendo aceptado no rindiera su dictamen en la audiencia: y
4. Cuando el que fue nombrado y acepto el cargo renunciara después (Artículo 348 del Código de Procedimientos Civiles del Distrito Federal, 2021).

El plazo para la **aceptación del cargo es de tres días hábiles** a partir de la notificación. Si el cargo no va a ser aceptado hay que informarlo al juez por escrito, pidiendo el reemplazo y dando a conocer los motivos de la no aceptación

Cuando la parte que promueve lo haga a través del defensor de oficio, por alguna circunstancia no le sea posible contar con un perito o no tenga los medios económicos para cubrir los gastos que esto implique, el juez –previa comprobación de dicha circunstancia, de oficio o a petición de parte- nombrará un perito oficial de alguna institución pública a fin de no dejar en estado de indefensión al inculpado (Artículo 162 del Código de Procedimientos Penales del Distrito Federal, 2021).

7.7. Plazos y Términos en la entrega de un informe pericial

En materia penal en México, los plazos para la entrega de un informe pericial se establecen principalmente en el Código Nacional de Procedimientos Penales. El perito está obligado a rendir su dictamen en un plazo de quince días contados a partir de la fecha en que aceptó el cargo. Este plazo puede ser modificado por el juez según las circunstancias del caso.

Plazos y términos generales

Plazo de entrega: El perito debe presentar su dictamen dentro de los quince días siguientes a la aceptación del cargo. **Modificación del plazo.** La autoridad judicial puede modificar este plazo considerando las particularidades de cada situación. **Obligación de las partes:** Las partes tienen un plazo de cinco días para adicionar preguntas al peritaje y para nombrar a su propio perito. **Desistimiento de la prueba.** Si una parte no presenta a su perito en el plazo señalado, se le tendrá por desistido de la prueba, a menos que justifique la imposibilidad de la incomparecencia dentro de las 24 horas siguientes a la fecha fijada

Por otra parte, los plazos para la entrega de un informe pericial penal en México se establecen principalmente en la etapa de investigación complementaria y la etapa intermedia, regidos por el Código Nacional de Procedimientos Penales (CNPP). El Ministerio Público puede solicitar peritajes durante la investigación (Art. 272 CNPP), y el descubrimiento de pruebas periciales para la audiencia de juicio debe hacerse a más tardar tres días antes del inicio de la audiencia intermedia, salvo justificación (Art. 338 CNPP).

Investigación inicial, El Ministerio Público o la Policía pueden ordenar la realización de peritajes necesarios durante la investigación, según lo establece el Artículo 272 del CNPP. El perito tiene la obligación de realizar el dictamen y además comparecer a la audiencia de juicio si es citado. En cuanto al **Ofrecimiento de prueba pericial (etapa intermedia),** Las partes deben ofrecer los medios de prueba periciales que deseen presentar en juicio, de acuerdo con los plazos establecidos en el Artículo 334 del CNPP.

En cuanto al Descubrimiento de la prueba pericial, Se debe entregar el informe pericial al momento de descubrir los medios de prueba. Si no se cuenta con él, debe entregarse a más tardar tres días antes del inicio de la audiencia intermedia, según el Artículo 338 del CNPP.

Se puede Solicitar prórroga. Si el acusado o su defensor necesitan más tiempo para preparar el descubrimiento o su caso, pueden solicitar al juez de control un plazo razonable y justificado, antes o durante la audiencia intermedia (Artículo 338 del CNPP).

También se valora el Términos para cuestionario adicional, Si una parte promueve una prueba pericial, debe hacerlo en los primeros 10 días del término ordinario o extraordinario, o mediante escrito. Las demás partes tienen 5 días para adicionar preguntas al cuestionario y nombrar a sus peritos. Desde los Artículos del CNPP, Artículo **272,** que Establece la facultad del Ministerio Público de ordenar peritajes durante la investigación y la obligación del perito de comparecer a juicio; Artículo **334,** Define el objeto de la etapa intermedia y cómo se compone (fase escrita y oral), Artículo **338.** Que regula el descubrimiento de los medios de prueba, incluyendo los peritajes, y establece un plazo de tres días antes de la audiencia intermedia para la entrega del informe si no se cuenta con él aún. Y el Artículo **335** que Indica que las partes deben identificar a los peritos que presentarán, junto con sus datos y los puntos a interrogar

7.8. Peritajes Especiales

Hay peritajes que por su naturaleza son considerados especiales en los que solamente intervienen los profesionistas especializados que trabajan de manera grupal en equipo multidisciplinarios, como pueden ser psicólogos, tajadores sociales, abogados principalmente para preservar las secrecías de las víctimas y de proceso judicial.

Artículo 275. Peritajes especiales

Cuando deban realizarse diferentes peritajes a personas agredidas sexualmente o cuando la naturaleza del hecho delictivo lo amerite, deberá integrarse un equipo interdisciplinario con profesionales capacitados en atención a víctimas, con el fin de concentrar en una misma sesión las entrevistas que ésta requiera, para la elaboración del dictamen respectivo.

Artículo 274. Peritaje irreproducible

Cuando se realice un peritaje sobre objetos que se consuman al ser analizados, no se permitirá que se verifique el primer análisis sino sobre la cantidad estrictamente necesaria para ello, a no ser que su existencia sea escasa y los peritos no puedan emitir su opinión sin consumirla por completo. Éste último supuesto o cualquier otro semejante que impida que con posterioridad se practique un peritaje independiente, deberá ser notificado por el Ministerio Público al Defensor del imputado, si éste ya se hubiere designado o al Defensor público, para que si lo estima necesario, los peritos de ambas partes, y de manera conjunta practiquen el examen, o bien, para que el perito de la defensa acuda a presenciar la realización de peritaje.

La pericial deberá ser admitida como medio de prueba, no obstante que el perito designado por el Defensor del imputado no compareciere a la realización del peritaje, o éste omita designar uno para tal efecto.

Artículo 362. Deber de guardar secreto

Es inadmisible el testimonio de personas que, respecto del objeto de su declaración, tengan el deber de guardar secreto con motivo del conocimiento que tengan de los hechos en razón del oficio o profesión, tales como ministros religiosos, abogados, visitadores de derechos humanos, médicos, psicólogos, farmacéuticos y enfermeros, así como los funcionarios públicos sobre información que no es susceptible de divulgación según las leyes de la materia. No obstante, estas personas no podrán negar su testimonio cuando sean liberadas por el interesado del deber de guardar secreto.

En caso de ser citadas, deberán comparecer y explicar el motivo del cual surge la obligación de guardar secreto y de abstenerse de declarar.

En el caso es el de las y los trabajadores sociales

En la disciplina, el secreto profesional surge como una consecuencia de la existencia de una relación profesional, siendo así un deber, un derecho y por qué no decirlo, también se trata de una obligación entre el trabajador(a) social y sus clientes o pacientes. Al escuchar la consulta de quien puede transformarse en un paciente posteriormente, la o el trabajador social contrae el deber moral, de guardar el secreto profesional revelado y también contrae el compromiso ético de guardar el secreto profesional, así como el compromiso ético de guardar la reserva o prudencia respectiva, por mucho que no se haya establecido en un contrato de común acuerdo.

Entonces la obligación moral de guardar el secreto profesional y el deber moral de no revelarlo, nace de la dependencia profesional, que puede o no convertirse en contrato ético moral a futuro. De lo que se puede inferir que si se proporciona dicha atención no existe vínculo alguno que una al trabajador social con el paciente; sin embargo, como profesionales, se tendrá siempre la obligación y el deber moral de guardar el secreto de aquello que fue objeto de la consulta.

Como se sabe desde siempre, "secreto", es aquello que se tiene reservado u oculto. Mientras que el "secreto profesional" es deber que tienen los miembros de ciertas profesiones, entre ellos Trabajo Social, de no descubrir los hechos que han sido conocidos por él durante el ejercicio de su profesión. Esto hace que, en buena cuenta que se tenga que actuar muchas veces en el papel de confesor o en *el papel de sacerdote*, pues escucha activamente a las partes y a los pacientes o clientes y trata de "aconsejarlos" con las ideas más adecuadas a cada uno, sin tratar de perjudicarlos, tratando de todas las formas posibles, de salir airosos y ganadores.

Sobre todo siempre privilegiando el derecho a decidir que tienen las personas, dejando claro que la consejería y orientación, se hace desde las propuestas de solución emanadas desde el profesional y desde lo que quiere la persona en cuestión, dando lugar a la toma de decisiones basadas en información científica, real y fidedigna, donde la o el sujeto siempre elige que quiere hacer y cómo actuará ante determinada situación. Entonces el principio de confidencialidad, a primar por sobre todas las, tratando de mantener absoluta discreción de todo lo actuado y sobre todo de lo expresado o manifestado por el cliente o paciente, mientras no sea el momento justo o necesario en que las autoridades deban tener conocimiento de aquello.

El secreto profesional, nace pues de una relación en la que existe una persona que confía un hecho o confía también un documento y un confidente que recibe la noticia, con la obligación de guardarla y no comunicarla a ninguna persona ajena a la situación. Por lo que, de este modo el secreto es a todas luces el total resultado de la confianza existente. El trabajo social se caracteriza entonces por ser una profesión en el que la confianza es sin lugar a objeciones la principal base.

El cliente o paciente sabe que ha de depositar sus secretos y acude al Trabajo Social, en quien a ciegas confía, y es él, el que pondrá en práctica todos sus conocimientos y saberes éticos, científicos y prácticos para poder tratar de solucionar un problema económico, de salud, de educación, jurídico, etcétera a favor de su cliente o paciente. El cliente o paciente deposita entonces toda su confianza en el profesional y le revela todo su secreto. Desde ese momento, Trabajo Social debe corresponder la confianza del cliente con lealtad, tiene la obligación de guardar el secreto y trabajar de tal forma en que lo puede ayudar y sacarlo muchas veces de algunas situaciones embarazosas que miles de veces uno se encuentra inmerso sin quererlo y a veces también por el azar y por lo tanto muy injusto.

Se está inmerso en un proceso en que el secreto, es creado por la confianza del cliente y el deber de guardarlo responde a la realdad del experto. El secreto profesional, es pues entonces una relación de confianza e intimidad. Para culminar esta reflexión, guardar el secreto confiado es fundamental, es una actitud de conciencia que tienen todos los y las Trabajadoras Sociales que ponen en práctica, siendo una muestra de su ética profesional, todo cuanto uno conoce sobre las relaciones del cliente, sus actos o su proceder, sea dentro o fuera del ejercicio profesional, tendrán necesariamente que guardarse en reserva, con total prudencia y discreción y no solo por no perjudicar al cliente o paciente, sino como ya se ha establecido, porque el secreto es sinónimo y garantía de respeto, que tanto anhelamos sea de estricto cumplimiento en nuestro medio, teniendo el pleno conocimiento y tratar de ser prudentes es el resultado de un arduo trabajo.

El ***secreto profesional*** desde un punto de vista personal lo consideramos como: la obligación, deber y derecho que tiene todo profesional de guardar silencio sobre las cuestiones de cuya existencia se tenga conocimiento en virtud o en ocasiones, del ejercicio licito de la profesión como lo es el caso de trabajo social y es una obligación acatar el marco jurídico impositivo que lo rige y que excluye la elección de divulgar salvo excepciones legales.

A la vez es un deber por reconocer un marco ético que lo proteja, que considere el privilegio autonómico por encima de otros principios, salvo el dilema planteado que avalen la difusión.

El secreto se puede analizar desde tres ópticas:

- *Legal:* Marcada por las disposiciones que hacen alusión, a sanciones por incumplimiento, excepciones, alcances de las obligaciones de mantener reserva.
- *Ética:* lo determinado por los códigos de ética y por planos orales y conciencia que debe respetar el profesional durante su ejercicio.
- *Trabajo social asistencial:* el problema se vincula a la poca empatía que existe entre trabajos social y paciente o cliente,

es por eso que se puede deducir que el secreto profesional nace de la práctica profesional a raíz de los principios y valores de cada profesionista.

7.9. Ratificación del Informe Pericial

Ratificación del Informe pericial Código Federal de Procedimientos Penales en su artículo 235. .- Los peritos emitirán su dictamen por escrito y lo ratificarán en diligencia especial. Los peritos oficiales no necesitarán ratificar sus dictámenes, sino cuando el funcionario que practique las diligencias lo estime necesario. En esta diligencia el juez y las partes podrán formular preguntas a los peritos, aunque no siempre es necesario, el perito debe proceder a la ratificación posterior del informe o dictamen pericial.

Cuando se entienda que la intervención del perito es necesaria (bien a solicitud del Juez, bien a solicitud de las partes), está obligado a comparecer en el señalado, salvo que le resulte imposible por causa mayor, en cuyo caso deberá manifestarlo así al Juez.

7.10. Ampliación del peritaje social

La ampliación del peritaje en materia penal en México se regula principalmente en los artículos 368 al 372 del Código Nacional de Procedimientos Penales (CNPP), que establecen las bases para su procedencia y desahogo. Estos artículos detallan cuándo se puede ofrecer la prueba pericial y la obligación de los peritos de asistir a declarar en audiencia.

Dichos Art. Del (CNPP) 368: Establece que se puede ofrecer la prueba pericial cuando se necesiten conocimientos especiales de una ciencia, arte, técnica u oficio para examinar personas, hechos, objetos o circunstancias relevantes para el proceso. Art. 370, Indica que el perito propuesto debe rendir un dictamen por escrito y, además, debe concurrir a la audiencia de juicio para declarar sobre el mismo. Art. 272, Señala que el Ministerio Público o la Policía pueden ordenar la práctica de peritajes necesarios durante la investigación. El dictamen escrito no exime al perito de comparecer a declarar en juicio.

Por lo anterior se necesita de conocimientos especiales, para emitir la prueba pericial siendo procedente si se requiere un conocimiento especializado que la ley no presume, incluso si así lo solicita la autoridad el perito tiene la obligación de comparecer. A diferencia del peritaje en otras áreas, en materia penal, el perito debe comparecer a la audiencia de juicio para explicar y defender su dictamen escrito. A partir de un procedimiento el perito debe rendir un dictamen por escrito. Si durante el juicio una de las partes lo solicita, el juez puede ordenar un segundo peritaje con la finalidad de obtener una segunda opinión sobre el mismo objeto de estudio

CAPÍTULO VIII. SANCIONES

8.1. Toma de Protesta (Aceptación de Cargo)

La toma de protesta es un acto solemne y formal donde una persona acepta un cargo y se compromete oficialmente a cumplir con sus deberes, la Constitución y las leyes. Este acto es común para funcionarios públicos, para profesionales que ejercen un cargo, o incluso para estudiantes que se gradúan y se preparan para ejercer su profesión.

Dentro de la aceptación del cargo hay momentos y elementos importantes durante el proceso judicial, incluso antes des la etapa ministerial en donde se tenga un **Compromiso solemne,** Implica la promesa de cumplir con la Constitución y las leyes, a la **Aceptación formal:** Es el momento en que la persona acepta el cargo conferido. Incluyendo el **Acto con validez jurídica:** Es un evento con peso legal y simbólico.

Hay diversos ejemplos de cómo se aceptan los cargos con estos elementos ya mencionados y que van desde los funcionarios públicos hasta los peritos que se comprometen a actuar en beneficio del pueblo, cumpliendo las leyes. O los **Peritos:** que se comprometen a actuar con verdad, ética y profesionalismo en sus dictámenes.

Actuando con responsabilidades derivadas de la toma de protesta: con un amplio **Compromiso de lealtad,** Al tomar protesta, se compromete a cumplir las leyes y la Constitución. De d**eber de ética y profesionalismo, Implica**ndo la obligación de desempeñar el cargo con honradez, imparcialidad y profesionalismo. Para realizar el **Juramento de veracidad, En** roles específicos, como el de perito, jurar decir la verdad es fundamental para garantizar la objetividad del proceso judicial.

Con una alta **Responsabilidad legal.** En caso de incumplimiento, el individuo puede enfrentar responsabilidades legales por no cumplir con sus deberes, lo cual trae consecuencias sino cumple con el encargo y que serán c**onsecuencias del incumplimiento** Si no se toma protesta en el momento de la toma de posesión del cargo, pierde su valor legal. En el caso de los peritos, si no aceptan o no comparecen en el plazo establecido, pueden ser reemplazados por otro.

Responsabilidad penal

Podemos definir la responsabilidad penal del perito como la obligación de responder penalmente al cometer conductas delictivas en el ejercicio de su profesión, que se van a traducir en una sanción penal consistente con los delitos en que se haya incurrido, derivada en una multa, una pena privativa de la libertad y la suspensión o inhabilitación para su ejercicio profesional.

De conformidad con lo anterior, el Artículo 228 del Código Penal Federal establece lo siguiente:[3] "**Artículo 228.** ***Los profesionistas, artistas o técnicos y sus auxiliares serán responsables de los delitos que cometan en el ejercicio de su profesión, en los términos siguientes y sin perjuicio de las prevenciones contenidas en la Ley General de Salud o en otras normas sobre ejercicio profesional, en su caso:***

I. Además de las sanciones fijadas para los delitos que resulten consumados, según sean dolosos o culposos, se les aplicará suspensión de un mes a dos años en el ejercicio de la profesión o definitiva en caso de reincidencia; y

II. Estarán obligados a la reparación del daño por sus actos propios y por los de sus auxiliares, cuando éstos obren de acuerdo con las instrucciones de aquéllos."

En consecuencia, un perito puede cometer conductas delictivas durante el ejercicio de su profesión, por ejemplo, cuando se encuentra designado judicialmente y acepta dinero o cualquier otra dádiva para emitir o dejar de emitir un dictamen o faltar a la verdad, o incluso, desobedeciendo un mandato judicial. Las situaciones anteriores se tipifican dentro del Código Penal Federal en los Artículos 178, 222, 247 y 247 bis como desobediencia y resistencia de particulares, cohecho y falsedad en declaraciones judiciales, respectivamente.

8.2. Ratificación

La ratificación del peritaje en México es un acto de confirmación y certificación del dictamen ante el juez, esencial para que tenga valor probatorio. Las sanciones para los peritos que no cumplen con sus obligaciones pueden incluir la desestimación de su dictamen, o incluso sanciones administrativas si se incumplen formalidades o deberes, aunque no existe un catálogo de sanciones específico en la ley para todos los casos.

Los peritos no oficiales deben ratificar su dictamen, aunque los peritos oficiales pueden estar exentos de aceptarlo formalmente, según el código procesal específico, pero no de la ratificación de su opinión.

Ratificación del peritaje.

¿Pero en si qué es la ratificación del peritaje? Es la confirmación por parte del perito de que el dictamen escrito es veraz y que él es quien lo elaboró. Se realiza para garantizar la autenticidad y validez de la opinión ante el tribunal. Siendo de gran importancia, y que sin la ratificación, el dictamen es considerado una prueba "imperfecta" y no se le puede otorgar valor probatorio pleno.

Dicha ratificación lleva todo un Proceso, en donde el perito debe ratificar su dictamen en presencia judicial, a menos que se trate de casos urgentes donde puede ratificarlo al momento de presentarlo. Si el perito no oficial no comparece a la audiencia de admisión de pruebas, su dictamen se desecha. Si no ratifica habrá Sanciones y consecuencias la No ratificación, La consecuencia principal es que el dictamen no podrá ser utilizado como prueba válida.

En cuanto al Incumplimiento de plazos, Si el perito no rinde su dictamen en el plazo establecido (por ejemplo, 15 días en materia familiar), se puede desechar la prueba. Las Sanciones administrativas, Aunque no hay un catálogo de sanciones específico y amplio para todos los peritos, pueden aplicarse sanciones administrativas si se comprueba que hubo negligencia, falsedad o incumplimiento de sus deberes. Estas sanciones pueden variar dependiendo del código procesal y de la gravedad de la falta.

El perito puede asumir la figura de la Recusación. Las partes pueden recusar a un perito si se comprueba que existe algún impedimento para su participación, como parentesco, amistad o interés en el asunto puede haber una Valoración judicial, El juez tiene la libertad de valorar el dictamen, y en su caso, puede decidir no considerarlo si considera que no es pertinente o convincente. Sin embargo, esto debe estar debidamente fundamentado. Por otro lado, son los peritos quienes pueden ratificar su dictamen. Los Peritos no oficiales, que tienen la obligación de ratificar su dictamen al aceptar el cargo, a menos que el código procesal especifique lo contrario; así como los

Peritos oficiales, a pesar de que en algunos casos pueden estar exentos de la obligación de aceptar formalmente el cargo, deben ratificar su opinión para que el dictamen tenga valor probatorio

8.3. Contumacia

Todo lo anterior lo podemos ligar a las sanciones que se pueden recibir los profesionales como lo es el perito en trabajo social o abogado o cualquier otro profesional que interviene en los procesos judiciales por tener esa enfermedad psicológica, cultual o personal desde los conceptos de la Contumacia [Contumace], deriva del Latín jurídico contumacia, literalmente "obstinación orgullosa"(de tumere, inflarse). Rebeldía en pocas palabras.

La contumacia, llamada también rebeldía, consiste, en la incomparecencia de una de las partes de un litigio judicial, es decir, la inactividad de parte, lo que supone la posibilidad de la contumacia tanto del demandado como del actor, los peritos o defensores.

La doctrina ha establecido varias especies de la rebeldía procesal, así se le divide en total o absoluta, y parcial, vocablos que por su simple enunciación se explican, aunque cabe recalcar que la rebeldía total sólo puede corresponder al demandado en vista de que el demandante al menos puede promover algún acto preliminar y en todo caso, la presentación de la demanda. La inactividad simultánea de ambas partes puede producir la caducidad de la instancia.

En México, por ejemplo, la legislación procedimental del Distrito Federal (hoy Ciudad de México), que ha sido adoptada por varios ordenamientos estatales similares, regulados hipótesis de los juicios en rebeldía:

a) procedimiento estando ausente el rebelde, y

b) procedimiento estando presente el rebelde, si bien este último sería mejor denominarlo comparecencia tardía de la parte que ya ha sido declarada en rebeldía (que en esta clasificación legal parece referirse en especial a la contumacia del reo, de acuerdo con algunos autores), aun cuando las disposiciones legales aluden al »litigante»; y sobre este particular se opina que el actor sólo puede ser contumaz en lo que se refiere a la ejecución de una carga procesal, pero no respecto al ejercicio de la acción en general.

En este supuesto la contumacia es declarada de oficio, después de que el juzgador revise la legalidad del emplazamiento realizado y una vez vencido el plazo otorgado para contestar la demanda.

> La institución o figura procesal estrechamente ligada a la carga procesal es la *rebeldía o contumacia*. Se llama rebeldía o contumacia a la situación producida por no realizar el acto en que consiste la carga procesal. Se ha definido a la rebeldía como el hecho de no desembarazarse de una carga procesal. En otras palabras, la rebeldía o contumacia es la actitud de las partes consistente en no realizar un acto procesal respecto del cual existe la carga. La rebeldía o contumacia se produce tanto por el actor como por el demandado al no efectuar actos procesales para los que la ley ha concedido oportunidades limitadas en el tiempo, medidas en plazos y términos.

Contumacias Parcial, Total, Unilateral y Bilateral

La contumacia puede ser parcial o total. Se presenta la ***contumacia parcial*** cuando el actor o el demandado **dejan de realizar un determinado acto procesal**. Cuando se abstienen de actuar ocasionalmente, por ejemplo, **cuando dejan de designar el perito** que les toca, **supuesto que llevan a la designación del perito en rebeldía** designado por el juez, pero que merced a la reforma de 24 de mayo de 1996, **trae ahora como consecuencia que se le tenga a la parte omisa como conforme con el peritaje del perito de la contraparte**.[2] Hay ***contumacia total*** cuando el **demandado**, que ha sido emplazado legalmente, **no concurre al proceso**, absteniéndose de realizar todos los actos que le corresponden según su posición procesal. También puede incurrir en rebeldía total el actor cuando, después de haber planteado su demanda, **se mantiene en total inactividad** posterior, en otras palabras, cuando después de haber presentado su demanda se abstiene de realizar o de continuar realizando actos procesales.

Adviértase que la rebeldía total a cargo del actor es total en el sentido estricto, puesto que por lo menos ha realizado un acto procesal, el de proponer la demanda. **La contumacia puede dividirse en unilateral y bilateral**. **Es unilateral** cuando sólo el actor o bien sólo el demandado dejan de realizar actos procesales. Hay rebeldía o **contumacia bilateral** cuando al mismo tiempo el actor y el demandado se abstienen de practicar actos en el proceso.

Conforme a las dos clasificaciones anteriores puede ocurrir que haya rebeldía unilateral y parcial; que haya rebeldía unilateral y total, que haya rebeldía total y bilateral y, finalmente, que haya rebeldía parcial y bilateral.

El artículo 133 del código de procediéndoos civiles del DF vigente aun, dice"Una vez concluidos los términos fijados a las partes, sin necesidad de que se acuse rebeldía, seguirá el juicio su curso y se tendrá por perdido el derecho que, dentro de ellos, debió ejercitarse[65] establece de forma general la sanción para toda rebeldía parcial, la que consiste en la pérdida del derecho conferido a la parte por no realizar el acto omitido dentro de los plazos establecidos para ello. Pero también hay otras sanciones especiales; así, el artículo 271 del mismo ordenamiento legal estatuye, en forma particular la consecuencia a la falta de contestación a la demanda, dentro del plazo otorgado para ello, en el caso en que el demandado no conteste la demanda en dicho plazo, el proceso continuará su curso sin necesidad de que la contraparte acuse la rebeldía. Pero además establece el mismo precepto que se impondrá un trámite diferente que el código denomina juicio en rebeldía, el cual se aparta del procedimiento normal. desierta dicha pericial.

8.4. Rebeldía del perito y su sanción

Declaración en Rebeldía y sus Efectos

Nuestro sistema procesal establece que, una vez que se constituya en rebeldía un litigante, se van a producir varias consecuencias que se podrían enumerar así: a) no se volverá a practicar diligencia alguna en su busca y las siguientes notificaciones se le harán exclusivamente a través del *Boletín Judicial;* b) se producirá la *confesión ficta* de los hechos de la demanda, excepto en asuntos de relaciones familiares y del estado civil de las personas; c) se seguirá el juicio de ahí en adelante mediante las reglas especiales del llamado juicio en rebeldía d) se podrá ordenar, si así lo solicitare la parte contraria, la retención de los bienes muebles y el embargo de los bienes inmuebles del deudor.!

65. Código de procedimientos civiles para el distrito federal editorial Porrúa 2026

La declaración de rebeldía la hará el juez sin necesidad de petición expresa de la parte contraria y sólo deberá examinar, escrupulosamente y bajo su más estricta responsabilidad, si las notificaciones al demandado se hicieron en forma legal. Si el juez encuentra que el emplazamiento no se hizo correctamente, podrá mandarlo reponer, con lo que se da, en este aspecto, lo que se denomina el *saneamiento procesal,* o sea, la posibilidad de que el propio órgano jurisdiccional pueda corregir o enmendar diligencias o actuaciones Judiciales que presenten algún defecto o irregularidad.

La reforma de **24** de mayo conserva el campo y las posibilidades del *saneamiento procesal,* dando el párrafo tercero del artículo 271 la posibilidad al juez de reponer el emplazamiento mal hecho y a jueces y magistrados de subsanar toda omisión que notaren en la sustanciación para regularizar el procedimiento, con la limitante sólo de que no podrán revocar sus propias determinaciones.[66]

Artículo 347 del Código de Procedimientos civiles de la Ciudad de México nos habla De la rebeldía del perito considerando que las partes propondrán la prueba pericial dentro del término de ofrecimiento de pruebas, en los siguientes términos:

I. Señalarán con toda precisión la ciencia, arte, técnica, oficio o industria sobre la cual deba practicarse la prueba; los puntos sobre los que versará y las cuestiones que se deben resolver en la pericial, así como la cédula profesional, calidad técnica, artística o industrial del perito que se proponga, nombre, apellidos y domicilio de éste, con la correspondiente relación de tal prueba con los hechos controvertidos; II. Si falta cualquiera de los requisitos anteriores, el juez desechará de plano la prueba en cuestión.

III. En caso de estar debidamente ofrecida, el juez la admitirá, quedando obligadas las partes a que sus peritos, dentro del plazo de tres días., presenten escrito en el que acepten el cargo conferido y protesten su fiel y legal desempeño, debiendo anexar el original o copia certificada de su cédula profesional o documentos que acrediten su calidad de perito en el arte, técnica o industria para el que se les designa; manifestando, bajo protesta de decir verdad, que conocen los puntos cuestionados y pormenores relativos a la pericial, así como que tienen la capacidad suficiente para emitir dictamen

66. Código de procedimientos civiles para el distrito federal editorial Porrúa 2026

sobre el particular, quedando obligados a rendir su dictamen dentro de los diez días siguientes a la fecha en que hayan presentado los escritos de aceptación y protesta del cargo de perito, salvo que existiera causa bastante por la que tuviera que modificarse la fecha de inicio del plazo originalmente concedido.

Sin la exhibición de dichos documentos justificativos de su calidad, no se tendrá por presentado al perito aceptando el cargo, con la correspondiente sanción para las partes; IV. Cuando se trate de juicios sumarios, especiales, o cualquier otro tipo de controversia de trámite específicamente singular, las partes quedan obligadas a presentar a sus peritos dentro de los tres días siguientes al proveído en que se les tenga por designados para que se cumpla con lo ordenado en el párrafo anterior, los cuales quedan obligados, en estos casos, a rendir su dictamen dentro de los cinco días siguientes a la fecha en que hayan aceptado y protestado el cargo; con la misma salvedad que la que se establece en la fracción anterior.

V. Cuando los peritos de las partes rindan sus dictámenes, y éstos resulten substancialmente contradictorios, se designará al perito tercero en discordia tomando en cuenta lo ordenado por el artículo 349 de este código; VI. La falta de presentación del escrito del perito designado por la oferente de la prueba, donde acepte y proteste el cargo, dará lugar a que se tenga

8.5. Apercibimiento

Si la contraria no designare perito, o el perito por ésta designado, no presentare el escrito de aceptación y protesta del cargo, dará como consecuencia que se tenga a ésta por conforme con el dictamen pericial que rinda el perito del oferente. En el supuesto de que el perito designado por alguna de las partes, que haya aceptado y protestado el cargo conferido, no presente su dictamen pericial en el término concedido, se entenderá que dicha parte acepta aquél que se rinda por el perito de la contraria, y la pericial se desahogará con ese dictamen. **Si los peritos de ambas partes, no rinden su dictamen dentro del término concedido, el juez designará en rebeldía de ambas un perito único,** el que rendirá su dictamen dentro del plazo señalado en las fracciones III o IV, según corresponda.

En los casos a que se refiere el párrafo anterior, el juez sancionará a los peritos omisos con multa equivalente a sesenta días de salario mínimo general vigente en el Distrito Federal. En caso de que el perito designado por alguna de las partes que haya aceptado y protestado el cargo conferido no presente su dictamen pericial en el término concedido y previamente se haya establecido que se tuvo a la contraria por conforme con el dictamen que aquél debiese rendir, se declarará desierta la prueba.

En los casos a que se refieren los párrafos anteriores, el juez sancionará a los peritos omisos c**on multa que no será inferior de quinientos pesos ni superior de tres mil pesos;** dicho monto se actualizará en los términos que establece el artículo 62; **VII. Las partes quedan obligadas a pagar los honorarios de los peritos que hayan nombrado, a excepción de lo que establece el último párrafo del artículo 353** del mismo Código de Procedimientos civiles de la Ciudad de México, así como a presentarlos cuantas veces sea necesario al juzgado. También quedarán obligadas a presentar el dictamen pericial dentro del plazo señalado; VIII. Las partes en cualquier momento podrán convenir en la designación de un solo perito para que rinda su dictamen al cual se sujetarán, y IX. También las partes en cualquier momento podrán manifestar su conformidad con el dictamen del perito de la contraria y hacer observaciones al mismo, que serán consideradas en la valoración que realice el juez en su sentencia.

Por otra parte, Ya en el código federal de procedimientos penales en su Artículo 228. .- El funcionario que practique las diligencias fijará a los peritos el tiempo en que deban cumplir su cometido. Si transcurrido ese tiempo no rinden su dictamen o sí legalmente citados y aceptado el cargo, no concurren a desempeñarlo, se hará uso de alguno de los medios de apremio.

Si a pesar de haber sido apremiado el perito no cumple con las obligaciones impuestas en el párrafo anterior, se hará su consignación al Ministerio Público para que proceda por el delito a que se refiere el artículo 178 del Código Penal. Artículo 235 del código federal de procedimientos penales comenta Los peritos emitirán su dictamen por escrito y lo ratificarán en diligencia especial. Los peritos oficiales no necesitarán ratificar sus dictámenes, sino cuando el funcionario que practique las diligencias lo estime necesario. En esta diligencia el juez y las partes podrán formular preguntas a los peritos

Ratificación del Informe pericial Código Federal de Procedimientos Penales en su artículo 235. .- Los peritos emitirán su dictamen por escrito y lo ratificarán en diligencia especial. Los peritos oficiales no necesitarán ratificar sus dictámenes, sino cuando el funcionario que practique las diligencias lo estime necesario.

En esta diligencia el juez y las partes podrán formular preguntas a los peritos, Aunque no siempre es necesario, el perito debe proceder a la ratificación posterior del informe o dictamen pericial. Cuando se entienda que la intervención del perito es necesaria (bien a solicitud del Juez, bien a solicitud de las partes), está obligado a comparecer en el señalado, salvo que le resulte imposible por causa mayor, en cuyo caso deberá manifestarlo así al Juez.

8.6. Recusamiento

Desde la Doctrina Jurídica la recusación es la acción por lo que las partes en un proceso, soliciten que un fiscal o perito, juez o magistrado se aparte de un asunto determinado.

Se trata de un derecho exclusivo de las partes esenciales en el proceso, la parte que presentó la demanda y la parte demandad. La finalidad de la recusación es asegurar la imparcialidad en el juicio cuando se considera que no es apto porque su imparcialidad está en duda

En seguida, las fracciones II y III del citado artículo 259 de Código Federal de procedimientos penales se refieren a dos fenómenos íntimamente relacionados. Uno es la sujeción del emplazado al tribunal para que siga el juicio ante el juez que lo emplazó. Y el otro, que es una consecuencia del anterior, es obligar al demandado a contestar ante el juez que lo ha emplazado. En los dos casos se deja a salvo la posibilidad de que el demandado plantee la incompetencia del juez.

Ya celebrado el compromiso, continúa explicando Ovalle, y durante la tramitación del Juicio arbitral, las partes no podrán acudir a la jurisdicción ordinaria, a no ser que revocaran de común acuerdo el compromiso o la cláusula y, en el caso de que alguno intentase plantear el litigio ante los tribunales estatales, la otra parte podrá oponer las excepciones de incompetencia y litispendencia

El allanamiento

El allanamiento es, según lo ha explicado claramente Alcalá Zamora, una figura autocompositiva unilateral de solución de los litigios. El allanamiento como forma autocompositiva se caracteriza porque la parte resistente del litigio despliega una actividad tendiente a resolver su conflicto. La actividad que des• pliega el resistente en el litigio, en este caso, radica en consentir el sacrificio del interés propio en beneficio del interés ajeno. Así pues, como figura autocompo sitiva, el allanamiento implica una actividad que realiza el demandado en el proceso, actividad por la cual da solución al conflicto en el que era parte resistente y se convierte en parte sometida. Es conveniente dejar asentado que **Casos en que puede proceder la recusación en México**

En el Código Federal de Procedimientos Civiles de México, en el artículo 39 se mencionan los casos en que un juez, magistrado o ministro no puede formar parte de un proceso judicial.

Algunos de los más relevantes son:

- Tener interés directo o indirecto en el negocio.
- Que el interés lo tenga su cónyuge o parientes consanguíneos en línea recta.
- Que el funcionario, cónyuge o sus hijos tengan relación de intimidad con alguno de los interesados, ya sea por un acto religioso o civil, sancionado o respetado por la costumbre.
- Ser pariente por consanguinidad o afinidad del abogado o procurador de alguna de las partes.
- Ser el funcionario, cónyuge o hijos heredero, legatario, donante, donatario, socio, acreedor, deudor, fiado, fiador, arrendatario, arrendador, principal, dependiente o comensal habitual de alguna de las partes, o administrador actual de sus bienes.
- Haber manifestado odio, afecto, promesas o amenazas hacia alguna de las partes.

- Haber sido abogado, procurador, perito o testigo del caso.
- Haber externado su opinión antes del fallo.
- Seguir él, su cónyuge o parientes consanguíneos algún proceso legal contra alguna de las partes o sus abogados y viceversa.
- Ser tutor de alguna de las partes.

Derecho a la recusación en México

Los anteriores se conocen en el Código Federal de Procedimientos Civiles como casos de impedimento en que un funcionario no puede ser parte de un proceso.

En el artículo 47 dice que cualquiera de las partes puede recusar a los funcionarios mencionados si detectan que están comprendidos dentro de cualquiera de esos casos. Esto se realizará ante el tribunal que conozca el caso.

No importa si alguna de las partes no se dio cuenta de que alguna de las autoridades puede perjudicarla desde el principio del proceso. El artículo 48 dice que la recusación puede presentarse en cualquier estado del juicio antes de empezar la audiencia final. La única excepción es si se cambia el personal después de iniciada esta última audiencia, en ese caso la recusación es posible. El procedimiento legal se suspende hasta que la recusación sea resuelta.

Sin comprometer la estabilidad del procedimiento

La ley en México establece que una recusación debe presentar pruebas válidas y legítimas para ser aceptada y que la resolución de una recusación es irrevocable.

Al menos así lo dice el artículo 53 del Código Federal de Procedimientos Civiles. La intención de esto es evitar que cualquier persona pueda solicitar recusaciones y cambios en las autoridades participantes cada vez que sienta que el fallo será en su contra o solo con el fin de ganar tiempo.

Ya el código nacional de rociamientos penales en su artículo menciona

Artículo 43. Impedimentos del Ministerio Público y de peritos El Ministerio Público y los peritos deberán excusarse o podrán ser recusados por las mismas causas previstas para los jueces o magistrados.

La excusa o la recusación será resuelta por la autoridad que resulte competente de acuerdo con las disposiciones aplicables, previa realización de la investigación que se estime conveniente.

8.7. Destitución

La "destitución" de un perito en materia penal en México no es un proceso formal con ese nombre, sino que se puede lograr mediante la recusación del dictamen o del perito. Esto ocurre cuando una de las partes solicita al juez que no tome en cuenta un dictamen por considerar que tiene defectos o falta de imparcialidad, lo que puede resultar en la invalidación del dictamen y la posible sustitución del perito.

Por otro lado, el proceso para impugnar un dictamen pericial es a partir de la **Presentación de un escrito,** en el que la parte interesada debe presentar un escrito ante el juez detallando los motivos por los cuales considera que el dictamen es inválido o deficiente. Dicho escrito contendrá los **Motivos para la impugnación.** Las razones pueden incluir falta de imparcialidad del perito, errores técnicos en el dictamen o la omisión de información relevante.

Para el desahogo de pruebas, Las pruebas presentadas por la parte que solicita la recusación deben desahogarse en la misma audiencia. Si no se desahogan, se desechará de plano la recusación. En cuanto a la respuesta del juez, El juez resolverá sobre la recusación. Si se declara fundada, se designará otro perito. Si se declara infundada, se impondrá una multa a la parte que solicitó la recusación.

El juez podrá nombrar un perito tercero en discordia con el siguiente Procedimiento para perito tercero en discordia, Si la recusación es contra un perito tercero en discordia, este deberá presentar sus pruebas en el momento. Si no lo hace, se señalará una audiencia especial para desahogarlas. Si la recusación es fundada, se designará otro perito tercero en discordia.

Responsabilidad del perito, Un perito puede ser sujeto a responsabilidades, incluyendo penales, por conductas delictivas como la aceptación de sobornos para emitir un dictamen falso o la desobediencia a una orden judicial

8.8. Inhabilitación

La inhabilitación de un perito en materia penal en México ocurre por fallas graves como emitir dictámenes falsos con dolo o mala fe, proporcionar datos falsos para obtener su registro, o negarse a prestar sus servicios sin justificación. Las sanciones son aplicadas por el Consejo de la Judicatura, que evaluará las faltas y seguirá un proceso para garantizar el derecho de audiencia del perito.

Habrá diversas causas ata inhabilitar a un perito por parte de la autoridad entre las que figuran

Falsedad en dictámenes, Emitir avalúos, dictámenes o traducciones con información falsa de manera dolosa o maliciosa. Fraude en el registro, Obtener la constancia para ejercer como perito proporcionando datos o documentos falsos a la autoridad correspondiente. Negativa injustificada de servicios, Negarse a prestar sus servicios sin una causa que sea justificada, Falta de peritajes personales, Otorgar responsivas de avalúos que no fueron elaborados personalmente por el perito.

Otras faltas graves, Cualquier otra falta grave que, a juicio del Consejo de la Judicatura, sea de naturaleza seria. Así como hay falta puede haber sanción bajo el proceso de Evaluación de la falta El Consejo de la Judicatura del Poder Judicial del Estado o la Comisión correspondiente evaluarán la gravedad de la falta. También se tendrá el Derecho de audiencia, Se escuchará al perito en una audiencia, donde se le darán a conocer las imputaciones para que pueda presentar su defensa y las pruebas correspondientes. Resolución, Después de la audiencia, se determinará la sanción. La resolución se notificará al perito.

8.9. Falsedad de declaración art 247, 247 bis, 248 y 288 bis

La naturaleza humana no siempre suele actuar con ética y moral y es en ese momento en donde se incurre en declaraciones con falsedad incluso con alevosía y ventaja y en ese sentido el perito en trabajo social puede recurrir a la falsedad de declaraciones judicial por rescrito como lo sería su peritaje y tener con ello consecuencias penales, civiles, éticas y morales, cada una con su respectiva sanción, los siguientes artículos enmaran presamente esas falsedades en declaraciones judiciales por escrito por los peritos, así como sus respectivas sanciones.

Artículo (247 CPF, 2026) Se impondrán de cuatro a ocho años de prisión y de cien a trescientos días multa:

(PÁRRAFO REFORMADO D.O.F. 30 DE DICIEMBRE DE 1991, 10 DE ENERO DE 1994)

(FE DE ERRATAS D.O.F. 01 DE FEBRERO DE 1994)

(REFORMADO D.O.F. 20 DE JUNIO DE 2008, 23 DE ENERO DE 2009)

- **I.-** Al que interrogado por alguna autoridad pública distinta de la judicial en ejercicio de sus funciones o con motivo de ellas, faltare a la verdad.

- **II.** Se deroga.

  (FRACCIÓN REFORMADA D.O.F. 10 DE ENERO DE 1994)

  (DEROGADA D.O.F. 23 DE ENERO DE 2009)

- **III.-** Al que soborne a un testigo, a un perito o a un intérprete, para que se produzca con falsedad en juicio o los obligue o comprometa a ello intimándolos o de otro modo;

- **IV.-** Al que, con arreglo a derecho, con cualquier carácter excepto el de testigo, sea examinado y faltare a la verdad en perjuicio de otro, negando ser suya la firma con que hubiere suscrito el documento o afirmando un hecho falso o alternando o negando uno verdadero, o sus circunstancias sustanciales.

  (PÁRRAFO REFORMADO D.O.F. 10 DE ENERO DE 1994)

  Lo prevenido en esta fracción no comprende los casos en que la parte sea examinada sobre la cantidad en que estime una cosa o cuando tenga el carácter de acusado;

  (REFORMA D.O.F. 05 DE ENERO DE 1955: SUPRIMIÓ DE LA FRACCIÓN EL ENTONCES PÁRRAFO TERCERO, CUYO CONTENIDO PASÓ AL ARTÍCULO 248)

- **V.-** Al que en juicio de amparo rinda informes como autoridad responsable, en los que afirmare una falsedad o negare la verdad en todo o en parte.

(FRACCIÓN ADICIONADA D.O.F. 05 DE ENERO DE 1955)

(ARTÍCULO REFORMADO D.O.F. 09 DE MARZO DE 1946)

Artículo 247 Bis Se impondrán de cinco a doce años de prisión y de trescientos a quinientos días multa:

Al que examinado por la autoridad judicial como testigo o perito, faltare a la verdad sobre el hecho que se trata de averiguar, o aspectos, cantidades, calidades u otras circunstancias que sean relevantes para establecer el sentido de una opinión o dictamen, ya sea afirmando, negando u ocultando maliciosamente la existencia de algún dato que pueda servir de prueba de la verdad o falsedad del hecho principal, o que aumente o disminuya su gravedad, o que sirva para establecer la naturaleza o particularidades de orden técnico o científico que importen para que la autoridad pronuncie resolución sobre materia cuestionada en el asunto donde el testimonio o la opinión pericial se viertan.

Cuando al sentenciado se le imponga una pena de más de veinte años de prisión por el testimonio o peritaje falsos, la sanción será de ocho a quince años de prisión y de quinientos a ochocientos días multa. *(ARTÍCULO ADICIONADO D.O.F. 23 DE ENERO DE 2009)*

Artículo 248 El testigo, perito o intérprete que retracte espontáneamente sus falsas declaraciones rendidas ante cualquier autoridad administrativa o ante la judicial antes de que se pronuncie sentencia en la instancia en que las diere, sólo pagará de 30 a 180 días multa, pero si faltare a la verdad al retractar sus declaraciones, se le aplicará la sanción que corresponda con arreglo a lo prevenido en este capítulo, considerándolo como reincidente.

(ARTÍCULO REFORMADO D.O.F. 05 DE ENERO DE 1955, 30 DE DICIEMBRE DE 1991)

Artículo 248 Bis Al que con el propósito de inculpar a alguien como responsable de un delito ante la autoridad, simule en su contra la existencia de pruebas materiales que hagan presumir su responsabilidad, se le impondrá prisión de dos a seis años y de cien a trescientos días multa. *(ARTÍCULO ADICIONADO D.O.F. 10 DE ENERO DE 1994)*

La falsedad en declaración judicial es un delito que se refiere a la mentira proferida bajo juramento en un procedimiento judicial. La doctrina del fruto del árbol envenenado es una figura legal que establece que si la prueba inicial (el "árbol") se obtiene de manera ilícita, entonces toda prueba derivada de ella (el "fruto") también es inválida y no puede ser utilizada. En el contexto de un peritaje, si el peritaje es el "fruto" de un hecho ilícito, este peritaje podría ser considerado inválido bajo esta doctrina.

Falsedad en declaración judicial

Desde el Concepto mismo se puede observar la importancia el cual es el acto de mentir o declarar falsamente bajo juramento ante un tribunal o autoridad judicial. Como delito, Se considera un delito grave que socava la administración de justicia, ya que distorsiona la verdad. En este sentido se considera la doctrina del Fruto del Árbol Envenenado la cual es una metáfora legal que se aplica cuando la evidencia primaria (el "árbol") se obtiene ilegalmente, y esto contamina toda evidencia secundaria (el "fruto") que se deriva de ella.

Coma ejemplo podemos citar entre muchos los siguientes Si un policía realiza un registro ilegal y encuentra un documento que luego lleva a la identificación de un testigo, la declaración del testigo podría ser considerada inválida porque su obtención se basa en la prueba ilegal inicial. En su aplicación, Se utiliza para garantizar que las violaciones a derechos fundamentales (como un registro ilegal) no sirvan de base para obtener evidencia y condenar a una persona. Y en cuanto en el contexto de un peritaje. Si un peritaje es la prueba que se presenta en un juicio, su validez depende de cómo se obtuvieron los datos.

Caso de falsedad en declaración judicial. Si el peritaje se basa en declaraciones que se sabe que son falsas, el peritaje podría ser considerado un “fruto envenenado”, ya que su fundamento (la declaración) es ilegítimo. Habrá sus excepciones a pesar de que la doctrina es estricta, existen excepciones en cuanto a las fuentes independientes para obtener la información. Si la evidencia (el peritaje) se puede obtener a través de un procedimiento legal e independiente, no estará contaminada. En la conexión de antijuricidad rota. Si la prueba derivada del hecho ilícito se obtiene por circunstancias independientes de ese hecho, el peritaje podría ser admisible.

CAPÍTULO IX. ESTRATEGÍA TEÓRICO-METODOLÓGICA EN LA ELABORACIÓN DE LA PERICIAL DE TRABAJO SOCIAL

9.1. Metodología

Metodología de Trabajo Social en la elaboración de Periciales

La metodología aquí descrita no siempre permite cumplir una función de la complejidad y responsabilidad, pues entre la información que se requiere recabar para conocer un hecho o fenómeno se encuentra aquella que por su carácter abstracto o complejo no es posible obtener a través de cuestionamientos, sino que amerita indagar con mayor profundidad. Tal es el caso de sentimientos, normas, principios, valores, costumbres, tradiciones, dinámica familiar, expectativas entre otros datos que no se detectan a través de un interrogatorio. Es entonces de gran importancia la aplicación del diagnóstico cualitativo, al que con frecuencia recurre el trabajador social, dadas las características y objetivos de la profesión.

El diagnostico cualitativo ofrece medios eficientes para explotar o examinar explicaciones de relaciones causales; por tanto, identifica la correlación entre dos variables que generalmente involucran una dinámica. Entraña una recuperación de la subjetividad real de las relaciones sociales por lo que supone el intento de sustitución del lenguaje informático de la encuesta pre codificada, por la riqueza viva del proceso de comunicación producida por medio del intercambio simbólico entre sujetos, capaces no sólo de formular las preguntas, sin o incluso de cambiar el código de intercambio. De este modo, los sujetos/objeto del diagnóstico social dejan de ser tratados metodológicamente como masa pasiva e indiferenciada de individuos/autómatas, para brindarles la oportunidad de expresar sus propios valores, deseos, creencias, etcétera. (Merino, 1994).

La complementariedad de los enfoques cualitativo-cuantitativo en el análisis de la realidad social favorece el conocimiento holístico, esencial especialmente cuando se trata de definir el futuro no sólo de un individuo, sino también de su familia. Es por ello que la aplicación de ambas estrategias es recomendable cuando se requiere tener una visión integral de una determinada situación, como en el caso de los peritajes sociales.

Aun cuando no se cuenta con un procedimiento único para recabar la información, ya que cada persona es diferente y el objetivo también varía según el caso, a continuación, se abordan los principales tipos de entrevista que se aplican en el diagnostico cualitativo.

El proceso metodológico del Trabajador Social, bien sea con casos, grupos o comunidad, comprende: el diagnostico social, la planeación y programación, la ejecución y la evaluación.

EL DIAGNOSTICO SOCIAL

El diagnóstico es en cierto modo un método para alcanzar un fin, una técnica precisa y ordenada para descubrir aspectos desconocidos de un área del conocimiento. Consiste en un trabajo metódico para indagar, explorar y seguir la pesquisa de algo importante. (Mendieta, 1980, p.4.).

También se define como el proceso que, utilizando métodos científicos, permite obtener nuevos conocimientos en el campo de la realidad social (investigación pura), o estudiar una situación para diagnosticar necesidades y problemas a efecto de aplicar los conocimientos con fines prácticos (investigación aplicada). (Ander Egg, 1980.).

En síntesis, se trata de un procedimiento reflexivo, sistemático, controlado y crítico que tiene como finalidad descubrir o interpretar los hechos o fenómenos, relaciones o leyes de un determinado ámbito de la realidad. Una vez concluido el proceso de investigación obtenida, para lo cual se procede al análisis e interpretación de la situación encontrada.

El análisis consiste en la identificación de las causas, efectos y características determinantes y esenciales de los fenómenos sociales detectados a través del diagnóstico, a fin de estar en condiciones de programar acciones que efectivamente den respuesta a las necesidades del sujeto de estudio a partir de sus necesidades y recursos.

Con el diagnóstico se procede a efectuar el pronóstico. Al concluir la síntesis se está en condiciones de determinar las posibilidades que existen de intervenir en el caso, la viabilidad de las acciones y las líneas que es necesario atender a partir de las disposiciones de las partes, habilidades, intereses, limitaciones de los entrevistados, recursos, urgencias de solución, etcétera.

El pronóstico sirve para establecer cuál es el tratamiento más viable conforma a las características del caso. Mediante el se identifican las amenazas y fortalezas en la situación del sujeto, la familia y su entorno, lo que permite elaborar el plan de acción con mayores posibilidades de éxito; asimismo, se determina qué situaciones requieren de una atención inmediata y cuáles se atenderán a mediano o largo plazo.

Con base en el diagnóstico y el pronóstico se realiza la planeación y programación de las estrategias que se llevaran a cabo para brindar el tratamiento integral, para lo cual se especificará cuáles serán las líneas de intervención a seguir. Es por ello que también recibe el nombre de toma de decisiones. (Moix, 1991, p.511.)

En esta etapa se determinarán la alternativas y estrategias de intervención que habrán de permitir proporcionar atención integral a la familia y/o a la comunidad; por tanto, se formulan las sugerencias para buscar caminos de solución a los problemas detectados en las fases anteriores, además de tratamientos preventivo, tomando en cuenta los recursos del sujeto, su familia, la comunidad y la institución, así como la urgencia de solución.

Con este propósito se fijan objetivos claros y precisos para con base en ellos señalar el camino a seguir, lo que dará como resultado la creación de programas y proyectos que deberán incluir medidas para lograr una adecuada delegación de tarras, la organización de los participantes y un adecuado sistema de control e implementación de recursos.

De la programación de deriva la ejecución, momento en que se realizan las acciones propuesta en la etapa de planeación. Cabe mencionar que está presente desde que se inicia el primer contacto con el sujeto, pues durante el diagnostico se identifican situaciones que requieren atención inmediata. El diagnóstico y la ejecución ejercen uno sobre otro una acción reciproca; es imposible trazar entre ellos una línea divisora.

La ejecución tendrá a lograr que el sujeto comparta con el trabajador social la responsabilidad de las decisiones sucesivas a tomar.

Su éxito depende de la parte activa de cada uno de los interesados, en la medida de sus capacidades. Al mismo tiempo, apunta a implementar medidas radicales, tales como un cambio completo de ambiente, la organización o provisión de recursos o la restauración de lazos rotos desde mucho tiempo antes.

Unos de sus rasgos más característicos es la multiplicidad de caminos por los cuales se llega al sujeto a fin de reunirlo con aquellos de los que está separando y crear lazos que contribuyan a la construcción de redes de apoyo, o bien, a efectuar readaptaciones.

Es esencial para el profesional saber con claridad qué hacer, cómo hacerlo y qué hacer con eso que hizo; conocer si se está cumpliendo el objetivo, si la metodología seleccionada es la idónea y si se aplica de manera adecuada. En todo proceso de intervención se deberán evaluar las acciones para así verificar los resultados que durante la ejecución se vayan presentando, lo que permitirá estar en condiciones de redireccionar el proceso cuando se considere pertinente, o bien, introducir modificaciones en cuanto a la metodología que se ha estado aplicando y la forma de implementación. En consecuencia, es aconsejable que la evaluación se lleve a cabo periódicamente y de manera permanente.

Debido a que permitimos que el hecho de que los trabajadores sociales dominamos la metodología de nuestra profesión, en el presente trabajo sólo se explicitará su aplicación en los peritajes sociales.

Al iniciar este tipo de peritajes es esencial identificar las técnicas e instrumentos a utilizar para poder integrar el dictamen, así como las estrategias metodológicas relevantes para su realización, tomando en cuenta que se pretende indagar las trayectorias individuales del sujeto de estudio.

Con el propósito de elegir las técnicas e instrumentos idóneos es preciso delimitar el objeto de investigación, tomando en cuenta que el peritaje comprende desde el primer contacto con el expediente cuando se va a aceptar el cargo, hasta la presentación del informe de la prueba pericial. Por tanto, se deberá planear cómo se vinculará con los involucrados y que significa ese "expediente" para el trabajador social, esencialmente porque en él están registradas las personas a las que se va a investigar: los sujetos y su familia, lo que da pauta para conocer en cada caso hacia quiénes será dirigido el diagnóstico.

Es importante tener presente que el asunto motivo del peritaje comprende al o los interesados, familia conviviente o no conviviente, y en algunos casos a otros profesionales y/o instituciones, peritos de otras áreas, así como personas que pertenecer o no al ámbito de la vida cotidiana de la familia pero que tiene relación con el caso, tales como la escuela, docentes, médicos, grupos sociales, psicólogos, vecinos, compañeros de trabajo, amigos, etcétera.

A manera de recordatorio, a continuación, se desarrolla brevemente la metodología de Trabajo Social enfocado específicamente a su aplicación en los peritajes sociales. Por tal motivo sólo se desarrollan las etapas de investigación y diagnóstico.

La integración del dictamen pericial se lleva a cabo a través del diagnóstico, que consiste en un acercamiento a la realidad social para recabar toda aquella información que permita conocer al sujeto de estudio y a su familia desde una perspectiva integral. Es decir, aporta el conocimiento de la realidad, por lo que exige un contacto directo y estrecho con el objeto de estudio que favorezca la identificación de los elementos que conforman el entorno del sujeto.

Por lo anterior surge la necesidad de planificar una estrategia de intervención profesional que incluya y prevea entrevistas individuales y/o conjuntas con todos los involucrados, a fin de proveer al juez de elementos confiables conforma al tipo d peritaje de que se trate.

El diagnóstico permite identificar las características individuales del sujeto sus capacidades, sus defectos, su idiosincrasia, la forma de ser por la cual defiere de sus semejantes, y todas aquellas circunstancias que influyen sobre el medio social en el cual el individuo está inmerso.

Ademes se deberán considerar los efectos que ejercen la educación, la religión, el gobierno y las relaciones sociales sobre la existencia humana, para identificar claramente las manifestaciones individuales que por naturaleza tienen los sujetos. Se toman en cuenta no sólo las diferencias heredadas e invariables, sino también las provenientes de la diversidad de las impresiones en el curso de la vida social y de la forma de reaccionar a cada una ante la misma.

Es evidente que el ambiente y la educción juegan un papel fundamental como factores del desarrollo humano, pues las tradiciones sociales que se herean y forman los hábitos son las que determinan la manera de relacionarse de los individuos y asumir el rol que les corresponde de acuerdo con el grupo social con el que conviven.

El diagnostico se tiene en cuenta cuál es la situación del individuo con su familia y cómo ha influido ésta en la formación de la personalidad. Ademes se enfatizan las potencialidades de la persona para mejorar sus condiciones y para utilizar los recursos apropiados de cara a la edificación de la situación detectada, en caso de que ésta incida de manera negativa en su forma de vida.

A continuación, se destaca el procedimiento a seguir para la estructuración del diagnóstico:

a. Se inicia por seleccionar en cada caso lo que es relevante para entender la naturaleza de os fenómenos sociales.
b. Se identifican los condicionantes que explican tales fenómenos.
c. Se vinculan los aspectos del contexto global con los específicos del problema que se está estudiando.
d. Se integra el diagnostico con una perspectiva de análisis que permita entender la realidad como una totalidad y diferenciar el fenómeno que se manifiesta, a través de la comprensión y explicación del porqué de las diferentes situaciones y sus manifestaciones, a fin de proponer alternativas concretas con precisión y oportunidad.

TÉCNICAS

Es pertinente recordar, que la atención individualizada sigue el proceso metodológico basado en: a) Análisis de la situación; b) Evaluación; c) Proyecto de intervención; d) Realización de proyecto, que corresponde a la intervención; y e) Conclusiones.

Para realizar el diagnóstico, el profesional se apoya en diferentes técnicas e instrumentos que hacen posible conocer la realidad social en forma integral. Es así que la atención individualizada se recurre principalmente a la entrevista, la visita domiciliaria, la observación y el uso de fuentes indirectas.

En este sentido, al planear la estrategia a seguir se seleccionan las técnicas a utilizar para cumplir con el objeto planteado, cuidando que estas tengan sentido, objetivos, direccionalidad y coherencia, en virtud de que su adecuada aplicación favorece un conocimientos más preciso y confiable. Cabe señalar que la mayoría de los casos se utilizan todas las técnicas antes mencionadas.

A fin de estar en condiciones de elegir las técnicas idóneas para los peritajes, se deberán considerar los siguientes criterios:

1. La rama del derecho a la que corresponde el proceso judicial para el que solicita el dictamen pericial.
2. Que se adecuen a la realidad, dependiendo también de las particularidades del caso.
3. Los objetivos que se persiguen. Habrá que tener claramente definido qué tipo de información se necesita recabar.

LA OBSERVACIÓN

La entrevista no solo se realiza a través de la palabra; es esencial considerar la opinión del cuerpo, la compostura y los modales, el control personal, las reacciones emocionales, hacia dónde dirige la mirada el entrevistado, las gesticulaciones, entre otros aspectos de igual importancia. (Acevedo, 2003, pp.33-49.)

Observar significa mirar una realidad, en este caso familia, en la institución, en el medio ambiente y/o en la casa, y reflexionar sobre ella. Es una técnica que consiste en captar a través de los cinco sentidos las actitudes, gesticulaciones, estado de ánimo, lenguaje corporal y otros aspectos que se requieren para formase una idea integral de la situación. En ocasiones también permite identificar si la persona está diciendo la verdad al escuchar una información y observar una situación diferente o contradictoria, o bien cuando desvía la mirada.

Durante la observación e necesario tener presente quién/es participa de la/s entrevista/s, cómo verbalizan o expresan el problema cada uno de los miembros de la familia y todo aquello que incida sobre la vida cotidiana.

La información obtenida en la observación deberá ser registrada. Estos datos deber ser objeto de reflexión a la luz de marcos teóricos y si es posible de otros profesionales intervinientes. La observación deber ser lo más objetiva posible, lo implica no hacer valoraciones improvisadas e inadecuadas que carezcan de rigor científico, es decir, que no se puedan demostrar o comprobar.

En la observación siempre hay una disposición para ver los hechos desde la percepción de los mismos, pero luego hay una reflexión que permite analizarlos críticamente a partir de su relación con la información obtenida durante las entrevistas.

- Tipos de observación:
- Directa
- Indirecta
- Textos Documentales
- Diarios de campo
- Observación Informal

La observación debe ser dominada por los estudiosos de Las ciencias sociales. Vale la pena recordar que por sí misma no lleva obtener un conocimiento, sino que debe ser aplicada de manera simultánea a la entrevista, la visita domiciliaria y las fuentes indirectas.

La observación participante

Es en la que uno observador un determinado número de gente participan en la situación de estudio. De todas las estrategias de investigación de campo, ésta es la más natural y la que menos perturba la realidad, pues el investigador es un participante pleno de lo que ocurre y sólo conserva el compromiso de reflexionar posteriormente a sus experiencias con el grupo; por tanto, facilita el acceso a datos e información restringida.

Ventajas: La observación participante se vincula generalmente a la naturaleza de la situación porque:

a. Facilita la "percepción" en cuanto resulta más viable de estudio el escenario social de las interrelaciones entre los miembros y la dinámica del grupo.
b. Desde el punto de vista psicológico, los sujetos observados van modificando y modulando su propia actitud respecto al observador, al que acaban por aceptar e incluso a considerarlo como un miembro más del grupo.
c. Hay más situaciones de observación con la necesaria viabilidad.
d. Facilita el acceso a datos e informaciones restringidas.

Inconvenientes:

- Subjetividad del observador
- Posible falta de espontaneidad
- Dificultad para el tratamiento cono caso único
- Peligro de sesgo

Observación Individual

En el análisis de la realidad social ocupan un papel relevante las conductas verbales del sujeto. Es innegable que la comunicación de los humanos –como seres sociales por la naturaleza—se realiza predominantemente de forma oral, aunque sea igualmente cierto que en la mayoría de los casos se completa o modula en virtud de que actúan otros niveles de respuesta, especialmente la vocal y el no verbal.

La observación indirecta implica la existencia de conductas encubiertas que requerirían una inferencia; por tanto, si no se aplica de manera precisa e imparcial, corre el riesgo de convertirse en una carga interpretativa que puede redundar en detrimento y menoscabo de la objetividad requerida en toda la metodología científica.

En la observación indirecta se incluye un conjunto de materiales de registro que desde su origen adopta una forma diversa, ya sean documentos escritos, como libros, publicaciones diarias, periódicos, estadísticas, diarios autobiográficos, documentos históricos, además de materiales audiovisuales, como discos, películas, fotografías, videos, entre otros, y pueden ser tanto de carácter privado como público.

VICITAS DOMICILIARIAS

Las visitas domiciliarias son relevantes porque aporran datos que de otra manera no podríamos obtener ni confirmar. Consisten en una modalidad de entrevista que tiene la particularidad de llevarse a cabo en el domicilio de la persona o familia, acción que distinguir a los trabajadores sociales de otros profesionales debido a que éstos concurren al hogar del sujeto de estudio para a partir de la realidad en la que se desenvuelve cotidianamente, identificar conductas que de otra forma sería muy difícil conocer.

La visita domiciliaria en una herramienta que emplea técnicas de recolección de datos cualitativos y cuantitativos desde la interrelación sujeto-sujeto. A través de la entrevista y la observación, permite identificar los espacios y las formas de organización familiar en los que transcurre la vida cotidiana de los involucrados, además de que contribuye a complementar y corroborar la información proporcionada en entrevistas previas. (García Pastrana, 2010, pág.20.)

Por tanto, posibilita el tener una idea más precisa del sujeto de estudio, de su familia y de todas aquellas personas con las que compare la vivienda, a través del conocimiento del medio ambiente en el que se desenvuelve y de la manera en que éste influye o no en o la situación que se presenta.

Al mismo tiempo, coadyuva a constatar la información proporcionada en cuanto a su forma de vida y posibilita un mayor conocimiento de la familia y su problemática, tanto de los aspectos socio ambientales con de los culturales. Se tiene acceso a la intimidad de la familia, desde cómo es la vivienda y la distribución de los espacios (si se vincula con el objetivo), hasta las posibilidades que el barrio ofrece para satisfacer las necesidades de la familia como sujeto social y la identificación de las redes existentes.

El aspecto ambiental no sólo se refiere a lo físico, sino que aborda también la organización y dinámica de una familia en su cotidianidad; por tanto, su propósito va más allá de la descripción de la casa, la ubicación del mobiliario, el aseo o el orden. Por lo tanto lo anterior se debe precisar y clarificar con la familia los motivos de la visita, los límites y alcances de ésta y los recursos con los que se cuenta.

Las visitas domiciliarias representan un recurso indispensable cuando se realizan dictámenes periciales para valorar condiciones socioeconómicas, contexto familiar en casos relacionados con tutela de menores y/o discapacitados, identificación del maltrato y/o abuso de menores, régimen de visita, ambiente al que se incorpora una persona al otorgarle la libertad condicional, entre otros asuntos de igual trascendencia.

FUENTES INDIRECTAS

Dentro de la metodología cualitativa podemos identificar a la entrevista como una técnica que se emplea para obtener información verbal, abstracta y abierta de uno o varios sujetos a partir de una guía o guión.

Las características más importantes de la entrevista en el diagnostico cualitativo son:

- Se basa en la comunicación verbal.
- Es estructurada, metódica y planificada.
- Se complementa con un guión.
- Se apoya en la observación.
- Su fin es la reunión de información abstracta.
- Su uso puede ser: diagnóstico, selección, terapéutico, etcétera.
- Existe una influencia bidireccional entrevistado-entrevistador.
- Interviene un juego de roles.

Lo mismo que la entrevista en investigación cuantitativa, la cualitativa sigue en procedimiento. Se inicia por consultar todas aquellas fuentes escritas que proporcionen información acerca del hecho o fenómeno que vamos a estudia, para posteriormente indaga con los sujetos, de acuerdo a los datos con los que se cuenta. En los peritajes se iniciará por conocer el expediente, tanto para tener antecedentes del caso como para detectar contradicciones y/o profundizar en algunos aspectos.

Esto da pie a la planeación, en la que se tendrá que definir que queremos conocer, para de esta manera estar en condiciones de determinar las variables que intervienen y la relevancia de cada dato o tema a investigar, y especificar el tipo de cuestionamientos que se harán. Éstos no pueden ser preguntas-respuestas, sino temas generales que el entrevistado, a tener la oportunidad de hablar libremente, irá describiendo y aclarando. Para ello es indispensable elaborar una guía de entrevista que permita ir conduciendo al interlocutor conforme a la información que se necesita recabar de acuerdo con el motivo del peritaje.

En la planeación también se fijará el tiempo de duración, que no podrá ser muy corto ni muy prolongado. Es preferible hacer más de una entrevista, si se requiere, que distrae al entrevistado por un tiempo muy extenso, y se recomienda elegir el lugar adecuado para llevarla a cabo cuidando que sea libre de interrupciones.

El desarrollo de la entrevista comprende tres momentos:

1. Presentación
2. Toma de contacto
3. Cuerpo de la entrevista

La presentación permite la toma de contacto entre entrevistador e informante; prepara el ambiente para iniciar la conversación y paulatina mente ir ganando la confianza del entrevistado, lo que contribuye a que se explaye y proporcione datos más verídicos, correspondientes al cuerpo de la entrevista. En esta etapa se explicará al entrevistado la procedencia del trabajador social el objetivo de la entrevista y el tiempo que le tomara, a la vez que hace hincapié en que la información que se proporcione será confidencial y únicamente se usara para el fin previsto. Antes de iniciar la conversación se solicitará autorización para emplear grabadora, cámara fotográfica o de video, los cuales, se reitera, solo podrá utilizarse si el entrevistado lo acepta.

Si se autoriza el uso de grabadora es conveniente se pruebe recién iniciada la entrevista para verificar si efectivamente está registrando la información y a la vez para tranquilizar al entrevistado, quien comprobara que solo grabo lo que se dijo en ese momento. La grabadora deberá colocarse cerca del entrevistado para facilitar la audición, pero no frente a él para evitar inhibición, además que no debe presentar un distractor al que se preste mayor atención que al informante y sus reacciones.

Durante el interrogatorio es importante tener presente:

- Uso del lenguaje accesible y claro.
- Simplicidad en las preguntas, conteniendo una sola idea.

- Coherencia global entre todos los cuestionamientos.
- No utilizar ideas, frases o palabras sesgadas, con carga emocional o connotaciones importantes.
- No hacer preguntas que encierren una respuesta.
- Cuidar que cada una de las partes asuma un rol aceptable.
- Evitar el involucramiento emocional que impida la consideración racional de los puntos a tratar.
- Observación permanente del contexto de la entrevista, ya que todo tiene significados.

En ciertos casos durante la entrevista se presentan manifestaciones de ansiedad, agresividad o reserva, por lo que se debe poseer un adecuado manejo de la situación y habilidad para encausar la entrevista. En ocasiones el entrevistado tiende a divagar no comprende el motivo de las preguntas, refleja incapacidad para recordar, o bien, trata de manipular la conversación de acuerdo a sus intereses.

El trabajador social debe de tener la suficiente pericia para dirigir la entrevista sin interrumpir; de hacerlo se corre el riesgo de inhibir al entrevistado o distraerlo y dificultar la comunicación. No obstante, es importante centrar la conversación a fin de que el entrevistado no divague y se esté en condiciones de cumplir con el objetivo. El trabajador social también puede reorganizar la entrevista si lo considera pertinente de acuerdo con la situación y con el entrevistado. antes de concluir la entrevista se irá dando el cierre a fin de no terminarla de manera abrupta, al tiempo que se deja la posibilidad de volver a entrevistar, si es necesario. Es indispensable cuidar que la persona no se quede angustiada o con ansiedad, en cuyo caso antes de retirarse la trabajadora social deberá intentar tranquilizarla.

CLASES DE ENTREVISTAS

Entrevista oral.

Es un método que ofrece resultados e informes sobre temáticas especificas acerca de las experiencias del entrevistado a través de preguntas abiertas. Se concibe como el medio a través del cual se constituye y reproduce la cotidianidad del individuo, sus experiencias, concepciones sobre si mismo y lo que le rodea; la esfera íntima ocupa un lugar importante.

Una de las herramientas fundamentales de que se vale es el relato, mediante el cual el entrevistado se expresa, transmite, opone, reproduce, crea, sueña y vive, pues en él encuentra de una manera implícita su concepción sobre el mundo, la vida, el espacio y el tiempo, su sentido de la moral, la relación con sus semejantes y la naturaleza sus creencias, esperanzas y temores, experiencia e historia. (Sitton, 1993).

La entrevista oral, a diferencia de otras fuentes utilizadas en el diagnóstico, nos permite conocer el punto de vista de los involucrados en su participación en los acontecimientos, así como reconstruir su vida cotidiana, costumbres, sentimientos, aspiraciones y decepciones, además de que contribuye a rescatar su visión de la realidad. Por lo anterior es de gran utilidad para recabar la información requerida en los peritajes sociales.

Entrevista a profundidad

Se recomienda cuando el trabajador social requiere conocer a fondo diversas manifestaciones de la conducta humana experiencias, expectativas, cotidianidad, dinámica familiar, entre otros factores que intervienen en la situación presente pero no tienen una estrecha relación con su pasado. En ella, de una respuesta se pueden derivar otras preguntas, lo que posibilita adaptarlas al entrevistado. Existen diversas entrevistas a profundidad, entre las que se encuentra la descriptiva que puede tener un enfoque cuantitativo y/o cualitativo, dependiendo de lo que se pretenda conocer. Desde la perspectiva del enfoque cualitativo analiza hechos o fenómenos individuales como partes integrantes de una colectividad; por ello no proporciona datos exactos, si no que intenta descubrir factores concernientes a las motivaciones, relaciones sociales o reacciones grupales e individuales.

También encontramos la narrativa que se lleva a cabo a través de un relato guiado por el entrevistador, en el que el informante expresa oralmente su punto de vista y vivencias, así como sus sentimientos los que deben ser registrados y ordenados por el investigador. Estas entrevistas son útiles especial mente para que ellos casos en los que se necesita indaga hechos y sentimientos presentes (abstractos) y no solo datos estadísticos o exactos.

Por lo tanto, son sujetos de investigación todas aquellas partes que tengan relación con la situación motivo del peritaje, abarcando además antecedentes y vínculos sociales involucrados. Es recomendable principalmente en asuntos en los que se solicita el peritaje como parte del estudio de personalidad de un indicado, o en donde la autoridad judicial requiere reunir elementos que le permitan probar la culpabilidad del interno o factores de riesgo para determinar la libertad preparatoria, aunque también es útil en otros tipos de casos.

Historia de vida

Es el relato de la vida de un individuo elaborada a través de una relación vipercional, como proceso vital y como proceso discursivo. El entrevistado interpreta su vida y el entrevistador, a su vez, desentraña la interpretación del entrevistado.

Se recurre a historias de vida principalmente cuando se requiere conocer costumbres, tradiciones y formas de vida. Por ello tiene como base los testimonios orales y su aplicación se inicia con trabajos de folklore. En ellos se indaga sobre la biografía del lugar, al tiempo que se incluyen visiones del mundo y acontecimientos históricos.

Se considera el primer antecedente de la entrevista oral el total de la producción oral que compone la historia de vida se obtiene de múltiples relatos que no se registran en un orden temático ni cronológico, y sufre repeticiones, agregados y modificaciones por parte del mismo narrador. Será este material el que el recopilador trate de ubicar, ordenar y jerarquizar para lograr una reproducción fiel de la vida de su informante, sirviéndose del conocimiento que tiene de éste y del contexto cultural en que se desenvuelve.

En este sentido, la historia de vida comprende dos grandes apartados. El primero se refiere a la recopilación del material que conforma la historia del individuo entrevistado y todo que se deriva de su ordenamiento; en tanto el segundo hace relación a su interpretación con base a un cuerpo científico, tratando de explicar el significado que el actor da a su vida, a sus proyectos, acciones, recuerdos y vivencias.

Por sus características, este tipo de técnicas pueden ser de gran utilidad en peritajes sociales en lo que es necesario identificar formas de vida, valores, principios, traumas que el informante arrastra desde su infancia, sentimientos e incluso resentimientos.

Se usa sobre todo en solicitudes de adopción para dictaminar si el matrimonio solicitante está en condiciones de recibir a un menor en el seno de su familia; para determinar a quién se otorga la patria potestad y/o tutela, en abandono de persona, o bien en asuntos relacionados con violencia familiar o incesto, entre otros.

Consultas a la población

Equivalen a las entrevistas que se realizan a fuentes indirectas, mencionadas con anterioridad. Por tanto, son las que se llevan a cabo con la familia secundaria, vecinos, compañeros de trabajo o de escuela, amigos, profesionales con los que se mantienen relación –medico, profesores, psicólogos-, entre otros.

Estas entrevistas se practican en a través de interrogatorios como auxiliares importantes para ampliar la información. Pueden ser orales o escritas dependiendo del objetivo del diagnóstico; sin embargo, para fines periciales en trabajo social no son recomendadas las escritas.

Unas de las funciones básicas del trabajador social es el diagnóstico es por ello independientemente del tipo de entrevista que elija debe de ser ante todo un metodólogo que sepa y decida que enfoque y técnicas tienen que ser críticamente aplicadas para cada aspecto y dimensión especifica de los procesos sociales, ya que un planteamiento metodológico integran supone la pluralidad de contextos concretos, a los que corresponden por su distinta naturaleza epistemológica una variedad de métodos y técnicas de observación, análisis e interpretación.

Aun cuando el diagnostico cualitativo también se recurre a las técnicas e instrumentos mencionados en el apartado correspondiente a la metodología de atención individualizada, su particularidad radica en que se aplican de diferente forma; por tanto, se utiliza una diversidad de estrategias y con distinta intencionalidad.

LA ENTREVISTA PARA TRABAJO SOCIAL

La entrevista es una forma oral de comunicación interpersonal que tiene como finalidad obtener información en relación a un objetivo. (Acevedo, 2003, p.10.) es entendida como una técnica de recolección de datos [...]

una conversación con un propósito deliberado [...], un instrumento de investigación profesional [...], un instrumento de interacción para recoger información [...], significa entre ver, ver entre [...]" (Marchiori, 1989, p.4.).

De esta manera, puede ser definida como una conversación con un propósito deliberado, mutuamente aceptado por los participantes. Lo mismo que la conversación, comprende comunicación verbal y no verbal entre personas y durante su transcurso se intercambia ideas, actitudes y sentimientos. Esta técnica reviste especial importancia para el trabajador social al igual que para otros profesionales cuyo ejercicio exige establecer comunicación con diferentes personas, en virtud de que el medio principal de interacción es la palabra hablada. También intervienen mensajes no verbales y otros materiales escritos que este profesionista utiliza para tener información más precisa que le permita formarse una idea integral de la situación.

El trabajador social apunta al conocimiento y comprensión de situaciones determinadas; de ahí que recabe información mediante un encadenamiento lógico entre una y otra entrevista, es un proceso en continuo movimiento en la que una complementa a la otra, a la vez q la supera, dependiendo de los propósitos q se persiga, de los cuales se desprende el manejo que se dé a los datos. Por tanto, toda entrevista tiene una intencionalidad y una direccionalidad.

En consecuencia, la entrevista en trabajo social se distingue por la trascendencia que tiene la interacción personal, con gran énfasis en los sentimientos y en las actitudes, y menor preocupación por los datos de los hechos objetivos.

Por este motivo es fundamental que el profesional inicie por la planificación de la entrevista, a fin de que sepa con claridad qué tipo de entrevista necesita aplicar, que hacer, como hacerlo y que información recabar con base en el objetivo y la metodología a seguir.

Las diversas clases de entrevistas obedecen a propósitos diferentes; por ello cada una se produce de distinta manera. Con forme a sus propósitos pueden ser:

- Informativas
- De diagnostico
- Terapéutico (Marchiori, 1989, pág.4).

Debido a los objetivos que persiguen las entrevistas en los peritajes sociales y a las partes que integran el dictamen, sólo haremos referencia a las informativas y a las de diagnóstico.

Las entrevistas informativas consisten en una recolección selectiva de material cronológico (histórico) de la vida en consonancia con el funcionamiento social. En este caso deberán girar siempre en torno al motivo de la prueba pericial y al asunto de interés para la integración del informe.

Las entrevistas de diagnóstico se basan en la interrelación y correlación de la información. Ayudan a tomar decisiones, contribuyen a interpretar determinadas características del entrevistado que se consideran esenciales para que la parte juzgadora se forme un criterio integral de la situación, y permiten determinar las conclusiones del diagnóstico.

El propósito de la entrevista y los métodos que se usan para estructurar su contenido y llevarla a cabo están íntima mente relacionados. Con base a ello, las entrevistas se clasifican de acuerdo a su estructura, su objetivo, la forma de llevarlas a cabo y/o al número de personas que se entrevistan simultanea mente.

Según la estructura, los peritajes sociales se basan en las entrevistas para investigación, en las entrevistas con informantes clave, en las entrevistas guiadas y las combinadas. Conforme a su objetivo, éstas pueden tener como propósito cambiar el comportamiento del entrevistado, lo cual no se persigue en el peritaje, o bien, recabar información sin la intención de afectar la conducta del entrevistado. En ellas se hace énfasis en la interacción personal entre el entrevistador y el que responde.

Es por ello que una herramienta esencial es un plan cuidadosamente preparado para asegurar la consistencia de las preguntas. De acuerdo a la forma de llevarlas a cabo, pueden ser estructuradas (cerradas) o no estructuradas (abiertas); en los peritajes es recomendable aplicar las segundas, ya sea focalizadas o no dirigidas. En relación con el número de entrevistados, pueden ser individuales o grupales, respondiendo también a los objetivos.

Pese a que existe una gran diversidad de literatura que aborda el tema de la entrevista, generalmente se trata desde el punto de vista de otras especialidades. Es por ello q a nuestro juicio es recomendable recurrir al material registrado en la bibliografía, ya que el mismo desarrolla una serie de sugerencias acerca de la forma en que debe llevarse a cabo, escrito por trabajadores sociales con una amplia experiencia en la entrevista y en esta disciplina.

La entrevista se compone de una etapa inicial una intermedia y otra de cierre (flores, 2010, pp.22-30), las cuales se llevan a cabo a través de un proceso continuo en el que el entrevistador debe identificar el momento en que concluye una y empieza otra.

General mente, en la etapa inicial ya tenemos información sobre la situación y el problema a través de la lectura de legajos, expedientes, registros de admisión y entrevistas con otros profesionales. Es por ello que con base en lo que ya conocemos se diseña el plan de entrevista, el cual debe incluir:

A) Contenido
B) Localización y duración
C) Orden y tipo de preguntas

La primera fase de la entrevista comprende desde la preparación hasta la presentación o pre-entrevista, donde se explica el objetivo, se establece el contenido y se ofrece una introducción mediante un dialogo informal; también se puede tratar cuestiones muy formales, como recabar datos personales del grupo familiar, con el propósito de ganarse la confianza del entrevistado, haciéndolo sentirse cómodo.

La etapa intermedia o desarrollo de la entrevista corresponde a la aplicación del método de recolección de datos, tratando de buscar hechos a partir de preguntas abiertas o cerradas, según se haya previsto, o bien por ambas, si es el caso, ya está encaminada a cumplir con el objetivo planteado. Las preguntas abiertas y amplias son apropiadas para descubrir:

- Las vías de asociación del entrevistado con cierto tema, situación o evento.
- La importancia relativa de varios aspectos de un tema, situación o evento que se haya experimentado.

- El marco de referencia que ha usado el entrevistado al observar, analizar o participar en una situación.
- El orden cronológico de la experiencia del entrevistado en una situación dada.
- El nivel y estilo de hablar que usa el entrevistado.

Las preguntas cerradas son apropiadas para:

- Buscar detalles y sondear para obtener calificación y elaboración.
- Estimular la memoria para obtener precisión en los detalles.
- Obtener datos reales de antecedentes.
- Explorar relaciones lógicas y complejas con múltiples variables interactuantes.
- Dividir una respuesta amplia entre sus varios componentes. (Acevedo, 2003, pp.70-72.)

Asimismo, el cuestionamiento puede ser a través de:

- Preguntas de estructura en cadena
- Temas agrupados.
- Estructura ramificada con efecto.
- En secuencia con lazos simples de retroalimentación.
- Estructura ramificada compleja con lazos de retroalimentación.

En la etapa de cierre o conclusión de la entrevista, el trabajador social debe puntualizar alguna información y revisar discretamente la guía a fin de identificar si falta algún dato o debe plantear otros cuestionamientos. En esta fase se hacen los acuerdos mutuos y se convienen las líneas de acción.

Durante la entrevista es pertinente escuchar más que hablar, evitar usar conceptos teóricos que el entrevistado no comprenda, no improvisar, formular preguntas directas y claras de acuerdo al objetivo que se persigue y adecuadas a la situación, además de ir tomando nota de datos precisos y solamente de algún hecho relevante, pero no dedicarse a escribir en el interrogatorio. Además, el trabajador social deberá saber utilizar los diversos recursos técnicos auxiliares de la entrevista, tales como:

- Grabaciones en cinta y video, en cuyo caso se deberá contar con la autorización del entrevistado
- Cuadernos de Trabajo

- Remembranza pots-entrevista

Tan importante es la adecuada elección de las técnicas a plica, la planeación de la entrevista y su desarrollo, como la observancia de ciertos principios éticos, a los que ya se ha hecho referencia.

A veces el sujeto puede no hablar, no expresar ninguna palabra y aun así, con nuestros sentidos, podremos captar información, deducir e interpretar hasta los silencios. Por este motivo la observación se considera una técnica que apoya de manera directa a la entrevista.

INSTRUMENTOS

La aplicación de las técnicas y los resultados a lo que se llegó deber ser registrados en ciertos documentos que dan formalidad al proceso, al tiempo de posibilitas que la autoridad solicitante tenga claridad de la metodología que se utilizó y la forma en que se aplicó. Por ello reviste especial importancia el conocimiento de los instrumentos a lo que se recurrió.

Entre los instrumentos que con mayor frecuencia utilizamos en un peritaje se encuentran: documentos oficiales, informe, diario de campo, guía de entrevista y análisis de contenido.

DOCUMENTOS OFICIALES

Son aquellos documentos necesarios para hacer constar, verificar, confrontar o precisar algún dato que puede ser trascendente en cuanto a la causa de la problemática, la situación en sí, sus efectos o posible solución. Entre éstos se encuentran: actas de nacimiento, matrimonio o defunción; constancias de trabajo, de estudio, de salarios; certificados médicos; cartillas de vacunación; comprobantes de domicilio, de egreso, de horario, etcétera.

INFORME

Es un instrumento fundamental ya que refleja el producto del diagnóstico. En la síntesis elaborada de la información obtenida en sucesivas entrevistas y/o a diferentes personas; por ello no es suficiente una sola entrevista hará la construcción del informe final.

Hay distintos tipos y modelos de informes, según el objetivo que se persigue y los hechos que se necesitan conocer. Su estructura básica está definida por la información motivo del diagnóstico.

En el tema que nos ocupa, el informe d forma al dictamen pericial. En él vamos a registrar la información obtenida de manera directa, así como los aportes que se hicieron a través del contacto establecido con el sujeto y con aquellas personas que están involucradas en el proceso. También se registra la información obtenida d manera indirecta, cuando recurrimos a otras fuentes o informantes clave que tiene relación con el (los) sujeto (s) de estudio o con el asunto a tratar, además de considerar informes elaborados por otras instancias a fin de reflejar la situación lo más fiel y completa posible.

Su relevancia radica un comunicar a la autoridad judicial con precisión acerca del diagnóstico llevado a cabo con una familia, grupo o comunidad. Esto no es tara sencilla para el trabajador social, ya que lleva implícito un complejo y dinámico proceso metodológico y una serio de elementos a tener presentes en su construcción.

Dado que el objetivo del informe es favorecer la intervención judicial se trata de una elaboración seria y rigurosa en la que los datos que se obtienen necesitan ser corroborados con la realidad y analizados en función de su confiabilidad.

Acompañado de otras pruebas, el informe permite al juez determinar las líneas de acción a seguir. Para ello se deberán adjuntar evidencias, documentos y todo aquello que se utilizó para llegar a tal o cual resultado. También es posible incluir material fotográfico y/o grabaciones, en cuyo caso es preciso reiterar que estos recursos sólo podrán ser usados si los interesados lo permiten y señalando siempre la fecha en que se tomaron, qué contienen y las personas, objetos o espacios que se encuentran en las fotografías.

Como se mencionó, el informe se construye con toda la información obtenida mediante la aplicación de las diferentes estrategias utilizadas. Es así que comprende la documentación escrita, que puede ser primaria o secundaria. La primera se caracteriza por ser directa, es decir, se recaba con los interesados y/o involucrados en los grupos, ya sea por medio de la observación, documentos oficiales y/o entrevistas, mientras que la segunda es cualquier otro tipo de información que se obtiene de fuentes indirectas tales como documentos monográficos material bibliográfico y grabaciones.

También se cuenta con la documentación oral, es decir, la que se obtiene por medio de testimonios y relatos de las personas que por su condición ocupan un lugar especial en la vida de la familia objeto de estudio (padres de la pareja, padrinos, ancianos, jóvenes etcétera). Al interrogatorio, vamos a obtener diferentes puntos de vista sobre un mismo asunto, al mismo tiempo que complementamos y confirmamos los diferentes datos y relatos.

DIARIOS DE CAMPO

También recibe el nombre de cuaderno de trabajo o cuaderno de notas, y consiste en registrar todas las actividades que se realizaron durante el diagnostico. Sirve como recordatorio de los datos proporcionados por cada persona que fue entrevistada y para recabar información en alguna institución o profesionista, a fin de continuar con el conocimiento del caso y para complementar la información obtenida al intentar sistematizarla.

Es recomendable que durante la entrevista se registren datos precisos en el cuaderno de trabajo, como fechas, cantidades o nombres, y una vez que se concluyó la entrevista se anote aquella información que nos sirva de recordatorio al elaborar el informe. El trabajador Social debe tener la disciplina de, una vez que se despide del entrevistado y fuera de su presencia, hacer las anotaciones para no olvidar datos que pueden ser indispensables.

Aunque en ocasiones se nos especifica la estructura que debe observar el diario de campo y los aspectos y considerar en él, se sugiere que para fines de dictamen pericial se utilice sólo como cuaderno de anotaciones para que haga las veces de recordatorio.

GUÍA DE ENTREVISTA

Consiste en la representación de un bosquejo temático de la información que interesa obtener para un dictamen, No se trata de un cuestionario, sino de una serie de temas generales que nos permiten seguir una línea durante la entrevista a fin de no omitir información indispensable. El producto de esta guía es un conjunto de datos desorganizados que corresponde al investigador ordenarlos y articularlos en una secuencia lógica.

Un ejemplo de guía de entrevista para una entrevista oral, historia de vida o entrevista a profundidad, podría es la siguiente. Cabe señalar que la información a recabar dependerá del tipo de peritaje de que se trate y del objetivo de éste.

Datos de infancia o contexto en que se ha criado

- En donde transcurrió su infancia
- Con quienes vivió
- Vivencias y recuerdos más importantes
- Conductas o situaciones relevantes que se suscitaron cuando era menor e ingresó a la escuela
- Relación que estableció con otros niños; nuevas personas a su ingreso a la escuela

Adolescencia

- Dónde vivió
- Con quiénes
- Qué actividades desarrollaba
- Asistencia a la escuela
- Si trabaja
- Vivencias y recuerdos más importantes de esta etapa de la vida

Trabajo

- Edad en la que comenzó a trabajar
- Actividades ocupacionales que realizaba
- Tipo de trabajo y tiempo de permanencia aproximado

Antecedentes familiares del sujeto de estudio

- Procesos individuales y familiares involucrados en sus manifestaciones de conducta

Situación familiar presente

- Ambiente en el que se desarrolla
- Patrones culturales y normas observadas al interior del grupo familiar

- Circunstancias que tengan influencia decisiva en su conducta y personalidad
- Normas y tradiciones que han influido en él
- Principios
- Expectativas
- Relaciones con su pareja e hijos, si es el caso
- Clima afectivo en el que ha estado inmerso, relaciones con sus padres, de estos entre sí y de los hermanos
- Preocupaciones relaciones emocionales dominantes

Intereses y lugares que comparte o compartía con amistades y compañeros, sus afectos y la influencia que éstos ejercen sobre él

- Influencia de otros grupos con los que el individuo se identifica; actividades que realizan cotidianamente

Ambiente material y situación económica

- Ocupación actual, si está satisface sus necesidades económicas y si es autosuficiente económicamente o depende de alguien
- Repercusión. Indagar insatisfacción de anhelos y necesidades elementales, conductas y sentimientos, angustia y enfrentamientos originados por las condiciones económicas

Influencia de estos aspectos en su vida emocional

- Satisfacción de necesidades de desarrollo, afectivas, intelectuales, de actividad u ocupación

A continuación, se presenta otro ejemplo de guía de entrevista:

- Datos generales (nombre, domicilio, edad, sexo, estado civil, escolaridad)
- Lugar de nacimiento
- En el caso de menores, si asisten a la escuela y su rendimiento escolar
- Dificultades escolares (repetición de año escolar, abandono y por qué causa)
- Ocupación anterior y actual (antigüedad, tiempo aproximado que ha permanecido en cada trabajo)

- Grupo familiar (personas que comparten la vivienda, edad, sexo, parentesco, escolaridad, ocupación)
- Aspectos socioeconómico actual y anterior (ingresos, egresos)
- Condiciones de salud (padecimientos crónicos, enfermedades más frecuentes, tipo de atención e institución de salud a la que recurre la familia)
- Relaciones sociales (vecinales, amistades, compañeros de trabajo y/o escuela)
- Cambios recientes en su estilo de vida
- Características de la vivienda (considerando también el entorno)
- Si en su asunto de tipo penal, indagar sobre antecedentes delictivos y conductas antisociales previas del sujeto y de su familia
- Relaciones interpersonales ente los miembros de la familia

Al planear la entrevista, el trabajador social deberá elegir las técnicas que le permitan indagar sobre estos aspectos y dirigir la entrevista al cumplimiento de la guía. Es importante recordar que el objetivo de la solicitud del juez es el que determina qué líneas de investigación deberá seguir el perito.

ANÁLISIS DEL CONTENIDO

Una vez que se cuenta con la información obtenida a través de las diversas entrevistas, se procede al tratamiento de los datos, lo cual en ocasiones resulta difícil para el entrevistador debido al gran volumen de información con la que cuenta, sobre todo cuando no tiene experiencia en este tipo de diagnóstico.

Para el registro de información, el investigador en Trabajo Social debe auxiliarse principalmente dl análisis de contenido y de la observación por tres principales razones:

a. Existen guías sistemáticas para el análisis y la presentación de datos cualitativos.
b. Se posee un gran volumen de información que el investigador debe analizar y darle sentido, cuidando de rescatar todo lo que se considere útil.
c. Es preciso una reducción de datos para la elaboración del informe, sin que ello implique hacer interpretaciones o presentar información incompleta.

ATENCIÓN INDIVIDUALIZADA

En Trabajo Social, la atención individualizada constituye el principal recurso a fin de integrar el informe pericial, debido a que permite profundizar en el conocimiento de los individuos que requieren de atención especializada, así como de su entorno social.

La atención individualizada de Trabajo Social de casos, como nivel de intervención de Trabajo Social, se enfoca al conocimiento y atención del sujeto como miembro y producto de un grupo familiar. A través de la identificación de aquellos factores que influyen en una situación determinada, de los recursos y las potencialidades del sujeto y du entorno, se encamina a dar respuesta a la problemática del individuo o a la satisfacción de las necesidades detectadas, para lo cual sigue el proceso metodológico basado en el diagnóstico, la programación el tratamiento o ejecución.

Dado que el objetivo central de los dictámenes periciales es hacer llegar a la autoridad competente información sobre determinado asunto, sólo se aplican las etapas de investigación y diagnóstico.

Es indispensable destacar que la familia como grupo primario, en el que se desarrolla y forma el individuo, es el sujeto de atención en el tratamiento integral individualizado. Es por eso que el audio social se encamina a dar a conocer la forma de vida de los sujetos, la cual no puede ser concebida aislada de la familia, con la que se relaciona de manera cotidiana. Por esta razón se considera conveniente que el trabajador social domine el ciclo de vida de ésta, incluyendo sus características, roles, expectativas, procesos sociales, etcétera.

Los criterios a considerar para la selección de las técnicas, herramientas y estrategias adecuadas y oportunas para el dictamen pericial, son principalmente:

1) Que se adecuen a la realidad, dependiendo también de la particularidad del caso.
2) La productividad del caso, habrá que tener claramente definido a que instancias se tendrá que recurrir en busca de información.
3) La importancia de involucrar a todos los sujetos que tienen alguna relación con el caso motivo de estudio.

4) La oportunidad, es fundamental tener presente el tiempo con el que se cuenta para realizar la investigación.

Concretamente en el caso que nos ocupa, en Trabajo Social la atención individualizada constituye el principal recurso a fin d integrar el informe pericial, debido a que permite profundizar en el conocimiento de los individuos, enfocado al conocimiento y atención del sujeto, como miembro y producto de un grupo familiar, en el que a través de la identificación de aquellos factores que influyen en una situación determinada, de os recurso con los que cuentan y las potencialidades del sujeto y su entorno se encamina a dar respuesta a la problemática del sujeto o a la satisfacción de las necesidades detectadas, a partir del involucramiento de los interesados.

EL FAMILIOGRAMA

Un recurso importante en el rubro expuesto en el punto anterior es el relativo a la elaboración e interpretación del familiograma, considerado un auxiliar determinante para esta en condición de diagnosticar la dinámica familiar.

El familiograma es especialmente útil para identificar la etapa de desarrollo en la que se encuentra el sistema familiar, su integración, relaciones, composición y, en su caso, las disfunciones existentes. También considera a otros miembros de la familia que sin formar parte del núcleo primario cohabitan con ésta y por tanto tiene un papel relevante por la influencia que ejercen.

A través de un esquema se hace una representación de la familia que refleja de manera gráfica las variaciones existentes en la dinámica. Se usan ciertos símbolos convencionales que deben ser del dominio de los Trabajadores Sociales, con el propósito de que no los modifiquen para que la autoridad que tenga conocimiento del caso esté en posibilidad de interpretarlos adecuadamente.

Si alguno o ambos padres tienen una nueva pareja se representa en el esquema, lo mismo que la familia formada con ésta. También es recomendable señalar si viven bajo el mismo techo otras personas y el parentesco con ellas, la ocupación de cada uno de los miembros de la familia y el grado escolar alcanzado. (Alarid, 1985.).

A continuación, se presenta un ejemplo de familiograma:

Es posible observar que en este familiograma se representa una familia integrada por los padres del sujeto de estudio quienes se encuentran separados; el padre se ha casado nuevamente y su pareja tuvo un aborto, y la madre tiene dos hijas. Se identifica el sexo y la edad de cada uno de los miembros, así como el año en que se dio la separación de los padres.

A fin de que sea posible la interpretación del familiograma, es importante que el perito recurra a sus conocimientos de la familia en México e identificar las diferencias en cuanto a sus tipos, etapa del ciclo de vida en el que se encuentran sus integrantes, así como sus características, si son rurales o urbanas, entre otros aspectos relevantes en cuanto a la familia como sistema.

En la actualidad el concepto de familia ha cambiado; ello obliga a entenderla conforma al contexto en el que se desarrolla el individuo, por lo cual el análisis deberá girar en torno a los hechos característicos de la familia.

Tal información se basa en que la familia, centro de atención de este nivel de intervención, es un grupo que funciona como un sistema de equilibrio, inestable o dinámico, estructurado en torno a las diferencias de sexo, edades y roles de cada uno de sus integrantes. Además de que presenta características propias, contiene un proceso histórico particular, vive en un marco socioeconómico y cultural también determinado por los antecedentes socio-familiares, que contribuye necesariamente en la naturaleza de la conducta adoptada por cada uno de los miembros del grupo familiar, razón d ser de un proceso judicial. (Marchiori, 1989, 236pp.).

9.2. Teoría Ecológica

Importancia y reconocimiento del peritaje social en materia familiar como una mirada integral sistémica

El Trabajo Social, como ciencia, debe definir su objeto de referencia, los métodos de que se sirve, y esclarecer la relación recíproca entre los conocimientos científicos y la práctica o actividad profesional.[67] En tal

67. Hernández Aristu, Jesús. Trabajo social en la postmodernidad, Madrid: Editorial Certeza, Zaragoza, 2026.

sentido, el Trabajo Social adquiere el carácter de ciencia y se convierte en una disciplina científica, por ejemplo, en España es reconocida y declarada como área de conocimiento desde 1990, donde quedan superadas las definiciones que hacían referencia al mismo como "intervención", "actividad" o "servicio profesional".

Si se atiende a la definición de Trabajo Social de la Federación Internacional de Trabajadores y Trabajadoras Sociales (FITS), [68] se asume que: El Trabajo Social promueve el cambio social, la resolución de problemas en las relaciones humanas y el fortalecimiento y la liberación de las personas para incrementar el bienestar. Mediante la utilización de teorías sobre comportamiento humano y los sistemas sociales; interviene en los puntos en los que las personas interactúan con su entorno. Los principios de Derechos Humanos y Justicia Social son fundamentales para la profesión.

En relación a la aportación específica del trabajo social y en qué medida puede arrojar luz sobre los problemas planteados en el contexto judicial, es necesario hacer alusión a lo que le es propio y diferenciador de otras ciencias como la psicología, la sociología o la pedagogía. Pues bien, el objeto de estudio de trabajo social también ha sufrido una evolución en el tiempo hasta llegar a su delimitación actual. Esta profesión ha nutrido su cuerpo teórico desde la práctica del trabajo en realidades complejas de carácter personal, social y comunitario, interviniendo -como se visto en la definición- en la globalidad de las situaciones que se le presentan al ser humano en su ser social. Asimismo, el trabajo social se ha nutrido de otras ciencias como la psicología, la sociología, la economía, la antropología, entre otras, hasta llegar a definir su objeto de estudio propio.[69]

De lo anterior, se puede aludir que el trabajador social presenta una visión sistémica, generalista y holística de la persona tanto en su evaluación como, en su intervención, de forma que se tienen en cuenta los diversos aspectos de la interacción personal y social en todos los contextos en los que la persona se desarrolla. Siendo esto así, se pueden destacar dos de las aportaciones del trabajo social que más se ajustan al contexto pericial de familia:[70]

68. Simón Gil Marta. Aportaciones del trabajo social a la pericial de familia (México, 2021).
69. Ibid. Simón Gil Marta (México, 2021).
70. Hernández Aristu, Jesús. Trabajo social en la postmodernidad, Madrid: Editorial Certeza, Zaragoza, 2004.

- La primera: El trabajo social como ciencia sería entonces aquella que esclarece, explica, investiga y adquiere conocimientos sobre salud, salud mental, problemas emocionales y de personalidad, y sobre cuestiones relacionales y sociales, pero unificadamente, no como especialización de cada una de esas dimensiones de la persona, sino en su conjunto.
- En segundo lugar, otra aportación del trabajo social forense en el ámbito de familia tiene que ver con el hecho de que: El objeto formal del trabajo social como ciencia lo constituye lo siguiente: la investigación y el conocimiento de las condiciones que son necesarias para poner en marcha un proceso de intervención-acción para ayudar (desde fuera) a determinadas personas a cumplir y superar las tareas, problemas y necesidades que surgen de las transacciones necesarias e inevitables entre las personas y su medio social más cercano e inmediato en tres áreas interrelacionadas de la vida: 1. Los cambios psico-evolutivos y sociales; 2. Los condicionamientos del medio físico y social; y 3. Los procesos y relaciones interpersonales.[71]

Dichas concepciones del objeto formal del Trabajo Social llevan inevitablemente al diagnóstico social propiamente dicho, que se corresponde plenamente con el diagnóstico socio-familiar que ha de realizar el Trabajador Social Forense en el ámbito de familia para responder al dictamen pericial.[72]

Rumbo a la visión sistémica

Ahora bien, tradicionalmente en la disciplina del trabajo social se han distinguido dos modalidades de la teoría de sistemas: la Teoría de Sistemas Generales (TSG) y la Teoría de Sistemas Ecológica (TSE). Por un lado, la Teoría de Sistemas se basada en el análisis sociológico de Parson de los Sistemas en la Sociedad.[73]

Con orígenes en el darwinismo social de Spéncer.[74] Entre los conceptos básicos de la teoría de sistemas está, el sistema entendido como una entidad con límites, dentro de la cual se intercambia energía física y mental en una proporción mayor de sus propios límites, destacando el sistema cerrado y el

---

71. Ibid. Hernández Aristu, Jesús (2004).
72. Ibid. Simón Gil Marta (México, 2021).
73. De Hoyos, G. y Claigh, J. "The systems approach in American social work". Social casework, n. 66 (1985): 490-497.
74. Mancoske, R. "Sociological perpectives on the ecological model". Journal of sociology and social welfare, n. 8 (1981): 453-470.

abierto. Un sistema cerrado es aquel en el que no existe intercambio a través de sus fronteras. Mientras que un sistema abierto es aquel en que la energía cruza sus límites por ser permeables.

La Teoría General de Sistemas (TGS) formulada por Bertalanffy, orientada a la producción de teoría y formulaciones conceptuales que puedan crear condiciones de aplicación en la realidad empírica, ha sido adaptada por la Teorías de Sistemas (TS) a las organizaciones, la cual entiende el cambio como un punto en la continuidad del orden al caos en un sistema que constantemente evoluciona, y que permite la evaluación de acciones presentes de una forma más precisa en un esfuerzo por mantener un balance creativo en los sistemas operantes.[75][76]

El Trabajo Social parte de la concepción de las organizaciones como sistemas abiertos, caracterizadas por un proceso de cambio permanente dada su interrelación con el entorno, constituido por otros sistemas. Cuando el intercambio cesa, el sistema se desintegra, es decir, pierde sus fuentes de energía. Si la organización no tiene capacidad para adaptarse a ese entorno -capacidad de cambio-, verá seriamente afectada su supervivencia.

Según esta teoría, los sistemas reaccionan al cambio o lo anticipan por intermedio del crecimiento que asimila las nuevas entradas de energía en la naturaleza de sus estructuras, dando así lugar a la homeostasis como un mecanismo regulador. [77]

Teoría Ecológica.

Por otra parte, la Teoría de Sistemas Ecológica encuentra sus orígenes en los planteamientos de Ecológico-Sistémico de Bronfenbrenner[78] quien es el primero en proponer los estudios ecológicos a través de su perspectiva ecológica para el desarrollo de la conducta humana. Esta perspectiva concibe al ambiente ecológico como un conjunto de estructuras seriadas

75. Comfort, L. "Models of change: a dialogue between theory and practice". American Behavioral Scientist, n. 40 (1997): 259.
76. Calderón Hernández, Gregorio, Cuartas Castaño Juliana y Claudia Milena Álvarez Giraldo. "Transformación organizacional y prácticas innovadoras de gestión humana". Innovar, n. 19 (2009): 151-166.
77. Ibid. Calderón et al. (2009): 151-166.
78. Bronfenbrenner, Urie. The experimental ecology of Human Development. Cambridge: Harvard University Pres, 1979.

y estructuradas en diferentes niveles en donde cada uno de esos niveles contiene al otro. Denomina a esos niveles el microsistema, el mesosistema, el exosistema y el macrosistema.

El microsistema constituye el nivel más inmediato en el que se desarrolla el individuo y, corresponde al patrón de actividades, roles y relaciones interpersonales que la persona en desarrollo experimenta en un entorno determinado en el que participa (usualmente la familia, la escuela, entre otros).

El mesosistema comprende las interrelaciones de dos o más entornos en los que la persona en desarrollo participa activamente (experiencias o relaciones que tiene el niño(a) con sus compañeros de clase). Por ejemplo, para un niño, las relaciones entre el hogar, la escuela y el grupo de pares de la colonia; para un adulto, entre la familia, el trabajo y la vida social.

Al exosistema lo integran contextos más amplios que no incluyen a persona como sujeto activo, entornos que afectan al niño(a) pero que no incluyen directamente (experiencias o relaciones con los compañeros de clase).

Finalmente, al macrosistema lo configuran la cultura y la subcultura en la que se desenvuelve la persona y todos los individuos de su sociedad (creencias, prácticas, valores de la sociedad, clases sociales, grupos étnicos); la capacidad de formación de un sistema depende de la existencia de las interconexiones sociales entre dicho sistema y otros, por lo tanto, se requiere de una participación conjunta de los diferentes contextos y de una comunicación entre ellos.[79]

La Teoría Ecológica de los Sistemas de Urie Bronfenbrenner consiste en, un enfoque ambiental sobre el desarrollo del individuo, a través de los diferentes ambientes, en los que se desenvuelve y que influyen en el cambio y en su desarrollo cognitivo, moral y relacional.

Esta teoría puede aplicarse en todos los ámbitos de la Psicología, el trabajo social, y peritaje social, entre diversos campos, ya que se parte de la base de que el desarrollo humano se da en interacción con las variables genéticas y

79. Ibid. Bronfenbrenner, Urie (1979).

el entorno, y expone de manera clara los diferentes sistemas que conforman las relaciones personales en función del contexto en el que se encuentran, de menor a mayor globalidad.[80]

9.3. Modelo

Modelo Ecosistémico y/o Humanista.[81]

Ahora bien, el modelo ecosistémico, surge de la Ecología, la Teoría de Sistemas, la Cibernética y la teoría de la comunicación. Considera al individuo en su entorno inmediatamente significativo (contexto familiar, sociocultural, económico, entre otros). Las alteraciones mentales del sujeto se consideran en conexión con los comportamientos y las expectativas de otros miembros del contexto en el cual evoluciona (imagen 1).[82]

Imagen 1. Modelo ecosistémico

El Enfoque Ecosistémico es un modelo alternativo a seguir en distintos ámbitos de aplicación: la planificación local, regional, nacional, planes de conservación de áreas protegidas o en peligro, estudios de impacto ambiental, elaboración y ejecución de proyectos de desarrollo, manejo de cuencas hidrográficas, gestión de la salud humana, realización de proyectos de investigación para la conservación, siendo el ser humano el centro donde gira cualquier actividad; toma en cuenta al ser humano como el centro de las preocupaciones sobre desarrollo, y que esto se logre asegurando las sustentabilidad de los ecosistemas que se habitan.[83][84]

El enfoque representa una visión consensual, que para su realización integra factores ecológicos, económicos y sociales de manera equitativa. En síntesis, el Enfoque Ecosistémico busca el balance entre la conservación y uso sostenible de los recursos naturales, junto a la participación equitativa en los costos y beneficios. Constituye un marco para el análisis amplio; bajo estas propiedades concurren las dimensiones social, económica y ambiental

80. Psicologiaymente. La teoría ecológica de Bronfenbrenner (2022)
81. Ibid. Psicologiaymente. (2022).
82. Idoc.pub. Modelo ecosistémico (2026), https://idoc.pub/documents/el-modelo-ecosistemico-pd49mj5882n9
83. Lebel Jean. Salud un Enfoque Ecosistémico. Centro Internacional de Investigaciones para el Desarrollo (IDRC), 2003.
84. Gaibor, Juan. "El enfoque ecosistémico, un modelo para desarrollo rural en las comunidades de la parroquia salinas provincia de Bolívar. I Seminario de Cooperación y Desarrollo en Espacios Rurales Iberoamericanos. Sostenibilidad e Indicadores". Almeria (2007): 16-17,

que facilita una mayor aproximación a lo real, concreto, y contemporáneo que está ocurriendo en el ecosistema, así como también la proyección de acciones futuras y necesarias, a fin de encauzar su sostenibilidad.[85][86]

Modelo Holístico

Finalmente, uno de los principios del Trabajo Social es su visión holística o de totalidad, que enuncia que un cambio en una de las unidades del sistema probablemente producirá cambios en las otras; el resultado será un ajuste a todo el sistema evidenciándose una relación de causa/efecto a la luz del análisis interno del sistema; si a ello se suman las interacciones con el entorno, surgen los conceptos de control, autonomía y apertura.[87]

La palabra holística se refiere a esa totalidad percibida en el momento de la intuición. (*holos* significa totalidad en griego). Los enfoques holísticos implementan el sintagma, como la integración de los paradigmas, como formas de percibir una realidad compleja; el sintagma es a su vez, la comprensión holística de un suceso, considerando el contexto y el sistema abierto en el cual, se encuentra inmersa la problemática planteada en la investigación.[88]

En la comprensión holística,[89] el conocimiento, el saber, corresponden a la manera de acercarse o de entender una realidad específica, el cual debe ser interpretado desde diferentes perspectivas, las cuales le van a proporcionar una mayor comprensión del fenómeno en cuestión. Es por ello, que la holística[90] es una integración de corrientes, posturas, teorías o paradigmas, la cual permite a través del sintagma aproximarse a los eventos de manera integrativa. La holística pudiera considerarse como una forma de filosofía

85. Ibid. Gaibor, Juan. (2007): 16-17
86. García Céspedes, Damarys, Lima Cazorla, Lázaro Antonio, Joscelito Solano Gaibor, Blanco López, Yasmín Teresa, Valverde Medina, Luzmila María y Luis Copérnico Caicedo Perlaza. "El enfoque ecosistémico en salud humana como estrategia para el abordaje metodológico del estudio de las relaciones entre el ambiente agrícola, los metales pesados y la salud humana". UTCiencia. Ciencia y Tecnología al servicio del pueblo, n. 9(2022):26-45.
87. Calderón Hernández, Gregorio, Cuartas Castaño Juliana y Claudia Milena Álvarez Giraldo. "Transformación organizacional y prácticas innovadoras de gestión humana". Innovar, n. 19 (2009): 151-166.
88. González, Eglé María. "Fundamentos de totalidad y holismo en las competencias para la investigación". Laurus, n. 24 (2007): 338-354.
89. Barrera, M. Holística. Edt Quiron. Sypal. Bogotá Colombia, 2006.
90. Hurtado, J. Metodología de la Investigación Holística. Fundación Sypal IUT- Caripito. Caracas, 2000.

en el pensamiento, ya que todas y cada una de las corrientes del pensamiento que han existido son expresiones de la misma condición del ser humano, el cual, a través del tiempo ha ido buscando de forma natural el conocimiento del estado de las cosas.[91]

En tal sentido, la holística representa una oportunidad para trascender la fragmentación y el reduccionismo hacia experiencias integradoras donde se aprecie cómo el efecto de totalidad determina el sentido de las cosas, de la vida, del universo, pero se traduce a través de múltiples y variados eventos, grandes y pequeños, extraños y familiares, naturales e insólitos, el todo como todo es imposible percibir pues abruma, enceguece; por ello, el todo se revela como detalle, como signo, como evidencia, como particularidad.[92]

En la holística, los procesos comprensivos, como también la manera de conocer ocurren, de manera sintagmática, esto es, mediante desarrollos integrativos en los cuales el conocimiento que antecede es contenido por el saber que prosigue a partir de comprensiones novedosas. Los eventos y las situaciones que expresan la realidad se perciben y se atienden según las variadas maneras como ocurren, a fin de generar una dinámica comprensiva que establezca relaciones y propicie descubrir el sentido integral de las cosas. De ahí que la holística constituye, además, un llamado a desarrollar nociones integradoras, participativas y en general sobre cualquier aspecto donde el ser humano este presente.[93]

También la holística alude, a la tendencia que permite entender los eventos desde el punto de vista de las interacciones que los caracterizan; corresponde a una condición interpretativa orientada hacia la comprensión contextual de los procesos, de los protagonistas y de sus contextos. De tal manera que la holística se refiere, a la manera de ver las cosas enteras, sin la idea de fragmentación, en su conjunto, en su complejidad, pues de esta forma se pueden apreciar interacciones, particularidades y procesos que por lo regular no se perciben si se estudian los aspectos que conforman el todo, por separado.[94]

---

91. González, Eglé María. "Fundamentos de totalidad y holismo en las competencias para la investigación". Laurus, n. 24 (2007): 338-354.
92. Ibid. González, Eglé María. (2007): 338-354.
93. Ibid. González, Eglé María. (2007): 338-354.
94. Ibid. González, Eglé María. (2007): 338-354.

La aportación holística del trabajo social ofrece la posibilidad de evaluar la interrelación de todos los factores existentes. A modo de ejemplo, en el ámbito de familia, se advierte con frecuencia en las parejas divorciadas que, la sobrevaloración cultural del consumo de bienes y servicios, se utiliza como principal recurso que, media en la relación familiar, estableciendo así vínculos débiles y exigentes entre los hijos y uno o los dos progenitores. Las consecuencias repercuten, en el desarrollo de los menores y las futuras interacciones sociales de convivencia en sociedad.

Entre otras cuestiones, puede favorecer la pérdida de autoridad de los padres, en cuanto a no ser proveedores de bienes materiales, así como desvirtuar el vínculo afectivo de pertenencia o promover, un escaso nivel de responsabilidad. Todo ello repercutirá en los futuros procesos de socialización: profesores, empleadores, agentes del orden, seguridad pública, entre otros.[95]

El Modelo Humanista en Trabajo Social

Como ya se ha reflexionado, el enfoque humanista en el Trabajo Social permite reconocer la dignidad como valor intrínseco de cada individuo, así mismo, parte de la capacidad en la toma de decisiones y desarrollo de su propio potencial como base de su intervención, por lo que una premisa es que todos los humanos merecen respeto, comprensión y apoyo en los procesos de cambio o crecimiento personal.

Derivado de la importancia que tiene una práctica profesional desarrollada a través sustentos teórico metodológicos, a continuación, se abordara el modelo de intervención humanista, cuya importancia recae al aportar una visión integrar de los casos con los que se trabaja, al considerar una perspectiva centrada en la persona en todas sus dimensiones, es decir las emocionales, culturales y sociales. Por lo que también se parte del entendido de que dentro del Sistema de Justicia Penal es necesaria esta perspectiva holística, humana y consciente, que dé lugar a sociedades justas e inclusivas.

Comenzando por explicar que un modelo teórico representa un marco conceptual, que orienta la praxis a través de un enfoque sistemático y estructurado acerca de la realidad, de tal forma que es una herramienta fundamental que no se limita a la comprensión de la complejidad de los

95. Ibid Simon (2021)

problemas sociales, sino que su alcance permite diseñar alternativas de acción eficaces para abordar las necesidades que se hacen presenten en la población que se atiende.

En la conceptualización de "modelo" Hill (1976) explica que, a pesar de tratarse de una abstracción, consiste en la formulación que se diseña entorno a un fenómeno, dentro de la que se debe retomar elementos teóricos, metodológicos, funcionales e incluso filosóficos, ya que son los que permiten un análisis sistemático más allá de una descripción simplista. Esta aportación se retomó porque se debe tener conciencia de que la intervención de trabajadores sociales en el ámbito jurídico se prescinde de tales reflexiones que exploren y articulen distintos elementos en un caso, puesto que eso coadyuva a la superación de la visión meramente jurídica.

Un punto de coincidencia que se identifica entorno a la concepción de modelo es que tanto Hill (1976) como Escolar y Travi (2010) reconocen que este se caracteriza por incluir técnicas, procedimiento, métodos y teorías, refiriendo que están ligados al punto en que no existen unos sin otros, de modo que al ser un proceso que produce conocimiento también pueden ser cambiantes según la realidad a la que se aproximen, entonces permiten entender que cada modelo tiene su conjunto de principios, teorías, conceptos, técnicas e instrumentos adecuados a una problemática en concreto.

Un punto relevante a mencionar, es que los modelos no precisan de ser excluyentes entre sí, es decir que pueden combinarse o adaptarse entre ellos según las necesidades y características de los individuos que sean atendidos, ya que esto permite abordar la complejidad de los problemas sociales para desarrollar intervenciones efectivas que contribuyan a promover el bienestar social.

Enfocando ahora el modelo humanista, se centra en la persona y su dignidad, valorando la importancia de que cada uno merece respeto, comprensión y apoyo en los procesos de cambio que se viven para un crecimiento personal, Hernández y Cívicos (2008) señalan que el modelo se puede denominar también humanista existencial y fenomenológico, ya que integra elementos acerca de la búsqueda de autorrealización, de manera que la forma en que se experimentan las vivencias está en función de descubrirle un significado a la misma.

En los aportes que este modelo retoma, Viscarret (2014) menciona la influencia de la teoría humanista de dos teóricos: Carl Rogers y Abran Maslow, cuyos enfoques eran centrados en el cliente, es decir que se trata de entender su experiencia vital, para acompañarlo, fortaleciendo sus capacidades de desarrollo, que le lleven a alcanzar las condiciones más adecuadas dentro de su crecimiento personal. También Hernández y Cívicos (2008) agregan que desde este enfoque se hace presente el optimismo acerca de la persona, así como sus propósitos.

Un eje central en la intervención que retoma este modelo es la relación que se establece entre el trabajador social y el sujeto de intervención, ya que se debe generar un ambiente de confianza, respeto, al igual que empatía, por parte del profesionista es necesaria una actitud de solidaridad, mientras que el cliente debe tener disposición a colaborar, teniendo en cuenta que se establece un vínculo horizontal, en el que la participación debe ser activa por parte del usuario, quien es el agente en su proceso de cambio (Viscarret, 2007).

Como se puede analizar, esta relación homologada dentro del Sistema de Justicia Penal no es común, ya que para lograr la legitimación es una realidad observable que la mayoría de relaciones existentes están basadas en la jerarquía, habiendo la figura de una autoridad, por otro lado, los sujetos de intervención, quienes tienen que subordinarse a los roles asignados, siendo una afirmación de que, a pesar de involucrarse dentro del mismo contexto, se encuentran en "niveles" distintos. Sin embargo, tal como lo enuncian Hernández y Cívicos (2008) debe ser persistente la consideración de que, al ser parte de una ciencia social, el trabajo no es con un objeto, sino con un ser humano que piensa, siente y actuara de acuerdo a los recursos con los que cuenta.

Por otro lado, Viscarret (2007) alcanza a dilucidar que la relación entre el Trabajador Social con las personas puede percibirse como una actividad en la que el profesionista funge como terapeuta, ya que se pasa en percibir las experiencias interiores del usuario, para que estas sean exteriorizadas efectivamente, sin embargo este enfoque no llega a remplazar las funciones de un psicólogo, recordando que si puede trabajarse cada caso de la mano con otros profesionistas, sin embargo, cada uno debe reconocer los alcances de su intervención, reiterando el hecho de que se trata de seres bio-psico-sociales.

Los derechos humanos desde una Teoría Humanista (Maslow)

La Teoría Humanista, si bien se expone y desarrolla principalmente desde la psicología, representa una filosofía de incidencia en diversos campos, ya que es un horizonte conceptual alternativo al paradigma netamente racionalista, su surgimiento y auge al ser posterior a la Segunda Guerra Mundial, da apertura a comprender al hombre de forma holística, siendo una propuesta de interés ante las circunstancias internacionales de hostilidad que planteaba la época referida, ya que se orientó el conocimiento a que fuera de aporte para la vida plena de la humanidad.

Como aporte teórico a esta investigación se visualiza en la Teoría Humanista de Maslow una perspectiva centrada en el respeto tanto a la dignidad, como a los derechos humanos que debe existir dentro del Sistema de Justicia Penal, además de que su importancia radica en el reconocimiento de la capacidad de cambio y transformación a partir de la participación activa de quienes se involucran, que más allá de la resolución de conflictos también se enfoque en la restauración de daños, contribuyendo en la construcción de un sistema penal más justo.

Este devenir en el pensamiento centrado en la humanidad, su desarrollo, al igual que la paz, se destacaron distintos intelectuales, cuyos planteamientos fueron, o son a la fecha, un paradigma para la transformación social, como lo refiere Riveros (2014) entre estos pensadores de la época se pueden identificar a Erich Fromm, Kurt Goldstein, Car Rogers, Fritz Perls, Abraham Maslow, Herbert Marcuse, entre otros, teniendo como punto focal por razón de mayor interés los aportes de Maslow, debiendo señalar desde este momento, que la Teoría Humanista no descarta la metodología de los procedimientos, ya que si bien se retoma el conocimiento de formas alternativas a lo tradicional, continua siendo un método científico para el entendimiento de la dimensión humana.

El psicólogo Abran Maslow es considerado el padre de la corriente humanista, así como uno de sus principales exponentes, entre sus constructos conceptuales se puede identificar la "auto-actualización" o también identificada como auto-realización, en la que se distingue el potencial humano como una dimensión de suma relevancia para el crecimiento de una persona, este teórico propuso que alcanzar una vida satisfactoria era una posibilidad para todos si se desarrollan los potenciales personales, de tal forma que esto lo expone a través de lo que denomina motivaciones humanas (Universidad Nacional Autónoma de México, 2023).

La teoría de la motivación se fundamentó en una jerarquía de necesidades, las cuales enmarcan desde aquellas que serían básicas o vitales hasta las que están asociadas a la estima y autorrealización, por tanto, se considera que al ir satisfaciendo cada rubro se va escalando, así mismo, Allen y Flores (1998) explican que tales necesidades son de injerencia en el comportamiento de las personas puesto que cuando estas necesidades no han sido satisfechas la persona se encamina hacia determinados logros, tratándose de un ciclo. A partir de lo expuesto, las necesidades fisiológicas se destacan como las primordiales, seguidas por las necesidades de seguridad, sociales y de estima, siendo que la autorrealización se encuentra en la cúspide, como se representa en el siguiente gráfico:

Imagen 1. Pirámide de Maslow

Fuente: elaboración propia con datos recabados de la información consultada

Tales necesidades corresponden a su vez a cierta prioridad al momento de ser atendidas, por lo que se permite hacer un análisis de cómo esta perspectiva dentro de la Teoría Humanista se vincula a los derechos humanos, en la medida en que tales necesidades al no ser satisfechas pueden derivar en el incumplimiento de ciertos derechos, por lo que incluso el atenderlas puede ser retomado como un indicador para identificar su cumplimiento e incidencia en la calidad de vida.

Si bien se puede distinguir que las necesidades fisiológicas, que son individuales se vinculan con derechos básicos para la existencia, conforme se escala para la satisfacción de necesidades, se hace notar que se prescinde de otras personas para que esos derechos puedan ser materializados, tal como explica Cotrina (2020) se corresponden con los diversos derechos sociales, en tanto que no satisfacerlas refleja las desigualdades sociales de las que son susceptibles diversos sectores poblacionales, lo cual está asociado a las oportunidades que posibilitan el acceso a satisfactores tan básicos como lo es un empleo.

Así mismo, Cotrina (2020) enuncia que, para alcanzar a dar cumplimiento a las necesidades, es requerida la intervención del Estado, tal como para el pleno goce de los derechos humanos, puesto que mediante distintos mecanismos en ambos casos se hace posible el alcance de prestaciones para las personas, sin embargo, una barrera identificables en la realidad es que el alcance que tengan las acciones estatales incide en los logros para satisfacer las necesidades, ya que la mayoría de servicios cumplen con los requerimientos mínimos aceptables, ocasionando que el nivel y por tanto calidad de vida sea alcanzable en distintas medidas para todos.

De modo similar es lo que ocurre dentro del Sistema de Justicia Penal, que en gran medida se depende del Estado o del poder adquisitivo, teniendo como resultado que no exista un debido acceso a la justicia que tenga como punto de énfasis los derechos humanos, evidenciando que no se ha considerado la satisfacción de necesidades una prioridad en estos procesos, sin importar que se traten de la víctima o acusado, la autorrealización no es tomada como parte del derecho al desarrollo.

A partir de los planteamientos mencionados, se puede deducir que los esfuerzos para la satisfacción de necesidades desde las más fundamentales carecerían de sentido si no se ven reflejadas en los derechos humanos como un factor elemental, ya que las acciones u omisiones que se den tendrán repercusiones ya sean individuales o colectivas, en este sentido, se debe reconocer que las estrategias deben ser de acción autónoma para los individuos, poniendo a disposición diversas alternativas para que satisfagan sus necesidades de acuerdo a sus elecciones.

En virtud de la libre determinación del hombre que propone la Teoría Humanista, el reclamo de los derechos humanos tiene que ver con el derecho subjetivo, sin embargo, los vínculos o redes sociales de apoyo son indispensables para que todo derecho sea realizable, permitiéndonos vivir y convivir mejor, teniendo seguridad social para un desarrollo integral, aunque cabe rescatar lo que menciona Añon (1994): "las necesidades básicas no sustentan la igualdad de oportunidades ni la igualdad de resultados, sino sencillamente la posibilidad de que cada sujeto alcance el desarrollo de su autonomía".

9.4. Técnicas y Herramientas

Técnicas y Herramientas

Las técnicas de investigación son todas las herramientas de las que se vale la ciencia para incrementar su campo de conocimiento, tanto de las personas en su individualidad como en su conjunto.[96] Las técnicas de investigación son los procesos e instrumentos utilizados en el abordaje y estudio de un determinado fenómeno, hecho, persona o grupo social; con estos métodos, los investigadores pueden recopilar, examinar, analizar y exponer la información con la que se han encontrado.

Es a partir de estos procesos, por los cuales las investigaciones consiguen satisfacer su principal objetivo, que es el de adquirir nuevo conocimiento y expandir la ciencia.[97]Existen dos tipos de técnicas de investigación: las técnicas cuantitativas y las técnicas cualitativas. Dentro de estos dos tipos hay distintas herramientas que son utilizadas en función de los datos a obtener y en la forma en cómo se va a proceder a analizarlos (cuadro 18).[98]

Puntualmente dentro de la pericial de Trabajo Social, se pueden utilizar un conjunto de técnicas y herramientas que van desde: la revisión del expediente, el realizar entrevistas forense (preliminar para peritaje de entorno social; de campo: primarias, colaterales), el realizar trabajo de campo: visitas domiciliarias, abordaje a los diferentes entornos de los

---

96. Montagud Rubio, Nahum. Tipos y técnicas de investigación (psicologiaymente, 2020).
97. Losada, J.L. y López-Feal, R. Métodos de investigación en ciencias humanas y sociales. Barcelona: Paraninfo-Thomson, 2003.
98. Blanco-Villaseñor, A. Metodologies qualitatives en la investigació psicològica. Barcelona: Edicions de la Universitat Oberta de Catalunya, 1997.

usuarios, observación directa, entrevistas, así como el analizar, revisar y procesar datos e información de casos realizados, como parte de la investigación acción.[99]

Técnicas de investigación

Enfoque		Técnicas	
La investigación cuantitativa	La investigación cuantitativa es empírica, y se fundamenta en la objetividad. Las técnicas cuantitativas suelen recoger datos transformándolos en números, y relacionando estos valores de tal manera que se pueda establecer si hay o no relaciones de causalidad entre las diferentes variables evaluadas.	1. Las encuestas	La encuesta tiene como finalidad medir las características de una población mediante la recolección de datos, obtenidos a partir de las respuestas que hayan emitido los encuestados, y analizándolos estadísticamente. La obtención de los datos se hace por medio de cuestionarios, es decir, listados de preguntas que los participantes deben contestar. Entre las preguntas que pueden plantearse en una encuesta se tiene de todo tipo: preguntas abiertas, preguntas cerradas, preguntas dicotómicas (opción A u opción B), preguntas de selección múltiple, preguntas en abanico, de estimación, preguntas de opinión. Pese a que son fáciles y rápidas de aplicar, las encuestas implican algunos problemas. Entre ellos está la falta de sinceridad en las respuestas del participante, en pos de desear causar una buena impresión o disfrazar la realidad de cara al investigador. También, de forma inconsciente o voluntaria, el participante puede tender a contestar "sí" a todo. Además, puede ocurrir que los participantes no entiendan algunos de los ítems del cuestionario, contestando de forma totalmente contraria a lo que realmente hubieran respondido en caso de haberlos entendido.
		2. Los tests	Los test se podrían considerar una técnica a medio camino entre las encuestas y la entrevista. La diferencia con las encuestas es que los tests suelen tener una finalidad diagnóstica, mientras que las encuestas pretenden conocer la opinión pública, de manera impersonal y sin conocer el nombre o datos personales de los encuestados. Tienen por objetivo recabar información sobre rasgos definidos de la persona, como puede ser su personalidad, conducta y características personales, tanto de forma individual como colectiva. Entre las características evaluadas se pueden encontrar la inteligencia, el rendimiento académico, la memoria, el grado de depresión. Estas técnicas de investigación son de las herramientas más clásicas en psicología y desde que se elaboraran los primeros se han ido diseñando de nuevos, adaptados a todo tipo de necesidades científicas. Los tests no pueden faltar en psicología experimental, pero también sociología y ciencias de la educación. Para que un test sea adecuado, éste debe ser válido, es decir, estudiar lo que pretende estudiar y no otra cosa. Hay que entender que los tests, pese a ser muy objetivos, no son perfectos. Siempre cabe la posibilidad que, al igual que sucede con las encuestas, el participante no conteste a todo de forma objetiva o no haya entendido los ítems que conforman el cuestionario.

99. Menéndez, M. F., Rodríguez, A. L., Escobar, G. M. y García, P. N. "Modos de actuación del trabajador social forense: una experiencia en la ciudad de Portoviejo". RECUS. Revista Electrónica Cooperación Universitaria Sociedad (2017).

		3. Los estudios correlacionales	Los estudios correlacionales permiten determinar el grado en que dos o más variables están relacionadas dentro de una muestra o población. El grado de relación se estima usando diversos métodos estadísticos, los cuales permiten conocer si la relación entre estas variables se da y, en caso de que así sea, saber si es directa o inversamente proporcional.
		4. Los estudios causales-comparativos	Parecidos en cierta manera con los estudios correlacionales, los estudios causales-comparativos pretenden establecer el tiempo en el cual ocurre la causa y el efecto en un determinado fenómeno. Es por este motivo que estos estudios se subdividen en dos tipos: los estudios causales-comparativos retrospectivos y los prospectivos. En los retrospectivos el grupo investigador realiza análisis del problema cuando ya han ocurrido los efectos. Es decir, se trata de encontrar cuál es la causa de un fenómeno que ya se ha observado. En cambio, en los prospectivos, la investigación empieza antes de que ocurran los hechos, partiendo de las causas y tratando de averiguar cuáles serán sus efectos.
		5. Los estudios experimentales	La principal característica de los estudios experimentales es que se guían en base a la elaboración previa de una o varias hipótesis. Es decir, parten de un enunciado, en forma de afirmación, y es por medio de la investigación que se pretende conocer si este enunciado es verdadero o falso, es decir, comprobar o refutarlo. Durante el experimento, el grupo investigador controla una o varias variables, evaluando los efectos que se dan en base a los cambios que hagan sobre ellas.

La investigación cualitativa	La investigación cualitativa tiene como objetivo principal comprender e interpretar fenómenos que, por motivos varios, no se pueden extrapolar a un contexto de laboratorio, o que dependen del contexto en el que se dan. Es por este motivo que esta investigación se describen escenarios, personas y comunidades en su forma natural, sin que los investigadores controlen y modifiquen directamente una o varias variables.	1. La observación	La observación, como su propio nombre indica, implica observar atentamente el fenómeno, hecho o caso concreto, tomando la información necesaria y registrándola de forma más o menos sistemática. Realmente, la observación es un elemento fundamental de toda investigación, por muy cuantitativa que pretenda ser al final. De hecho, la observación es una herramienta tan importante para la ciencia que, básicamente, la mayor parte de los conocimientos científicos se han obtenido haciendo uso de esta técnica cualitativa. El grupo investigador se apoya de la observación para obtener el mayor número de datos posible. Así, observan conductas que quizás no son evaluables mediante la administración de cuestionarios o que el sujeto objeto de estudio no es consciente de realizar. También es frecuente el uso de esta técnica al principio de las investigaciones, cuando no se dispone de suficiente información sobre un fenómeno específico. Existen diferentes formas de observación: Observación directa: el investigador se pone en contacto personalmente con el hecho a investigar. Observación indirecta: se conoce el fenómeno mediante observaciones hechas por otras personas. Observación participante: el investigador se adentra en el fenómeno, consiguiendo información "desde dentro". Observación no participante: se recolecta la información desde fuera, sin intervenir en el fenómeno. Observación no estructurada: la observación se realiza sin la ayuda de elementos técnicos ni especiales. Observación estructurada: se tiene ayuda de elementos técnicos apropiados, como pueden ser tablas, fichas. Observación de campo: se realiza en lugares donde ocurren los hechos o fenómenos a investigar. Observación de laboratorio: se realiza la investigación con grupos humanos previamente determinados, en condiciones de laboratorio.
		2. Investigación bibliográfica	La investigación bibliográfica es una técnica cualitativa que se encarga de explorar todo aquello que se haya escrito acerca de un determinado tema o problema. Este tipo de investigación pretende cumplir con las siguientes funciones: Apoyar y sustentar, de forma teórica, el trabajo que se quiere realizar; Evitar que la investigación actual sea una réplica de algo que ya se ha hecho; Permitir dar a conocer experimentos previos elaborados para refutarlos/confirmarlos; Ayudar en la continuación de investigaciones anteriores que fueron interrumpidas o incompletas.

		3. Los estudios etnográficos	Los estudios etnográficos son utilizados cuando se quiere conocer más a fondo el comportamiento, hábitos y formas de vida de un grupo humano, de etnia, cultura, grupo lingüístico, orientación sexual o tendencia política cualquiera. Cada grupo humano puede tener unos comportamientos, creencias y actitudes muy diferentes, pero que configuran una misma unidad cultural, es por ello que se hace uso de este tipo especial de estudio, dado que hay aspectos socioculturales difíciles de evaluar y obtener por vías cuantitativas.
		4. La teoría fundamentada	Este método de investigación implica elaborar la teoría a partir de los datos. Es decir, el punto de inicio no consiste en el marco teórico o en una búsqueda bibliográfica previa, sino que se elabora la teoría a partir de los datos obtenidos durante el proceso. La teoría fundamentada no solo se usa en las ciencias sociales, sino que también es un método aplicado en las ciencias de la salud. Un ejemplo de ello sería en la evaluación de los síntomas y signos de un paciente, los cuales determinarán el diagnóstico y el proceso de intervención.
		5. La narrativa y los métodos de visualización	La técnica de la narrativa implica pedir a personas que cuenten sus historias o vivencias acerca de un determinado evento, explicando su testimonio y cómo lo han vivido. Una técnica similar son los métodos de visualización, en la que se pide a los sujetos que informen de un fenómeno, elemento o hecho de forma pictórica, como puede ser elaborar un mapa, un diagrama o una representación más o menos artística de sus vivencias. Un ejemplo de método de visualización sería pedirle a alguien que realizara un esquema de su comunidad o de los elementos que forman parte de su día a día, como pueden ser su casa, la escuela, la panadería del barrio.

		6. Los estudios de caso	Los estudios de caso involucran un examen en profundidad de una sola persona o de una sola institución. El objetivo principal de estas técnicas es proporcionar una representación lo más exacta posible del individuo estudiado, tratando de obtener todo tipo de información pertinente con lo que se quiere estudiar de él. El estudio de caso es una herramienta muy recurrida en psicología, especialmente si se trata de un caso muy complejo o que necesita atención especial, o en caso de que sea un paciente que acude a la consulta del psicoterapeuta. Al abordarse a la persona de manera individual y profunda, el investigador posee una comprensión detallada del problema o cuestión a tratar.
		7. Las entrevistas	La entrevista es una técnica con la cual se obtienen datos a partir del diálogo entre dos personas: el entrevistador, o bien el investigador, y el entrevistado. El rol del entrevistado lo puede desempeñar un participante en una investigación, un paciente, un candidato a un puesto de trabajo o un experto en una determinada temática. Esta entrevista se realiza con el fin de obtener información del entrevistado, la cual variará en función del objeto de estudio de la investigación. La entrevista es de las técnicas de investigación más antiguas. Lleva largo tiempo siendo utilizada en psicología y también es aplicada en sociología y educación. De hecho, es en estas ciencias, junto con la observación, que la entrevista constituye una técnica indispensable dado que permite obtener datos directamente de la persona que es objeto de estudio. El uso de la entrevista se hace cuando se considera necesario que exista interacción y diálogo entre el investigador y la persona investigada. También es una buena herramienta a utilizar cuando la población que es objeto de estudio es pequeña y manejable, ya sea una persona o un grupo reducido de ellos. El entrevistador debe ser una persona que demuestre seguridad de sí mismo. Además, debe ponerse al nivel del entrevistado, planteando la entrevista en términos que sean fácilmente comprensibles con el entrevistado y que no se den ambigüedades.

Aunado a lo anterior, no se debe perder de vista que el Perito debe acercarse a los contextos de los sujetos a los que requiere periciar, "La mejor manera de entender la Realidad es *in situ*";[100] de igual forma, se debe de situar la construcción del conocimiento "requerido" en la práctica social. Donde su origen es la necesidad de compresión de los "otros" y de su "diversidad cultural", considerando en todo momento: La comprensión de "significados", La "descripción" de la cultura y lo central es el "punto de vista" de quienes la viven.[101]

Es decir, que la descripción significativa (consciente o inconsciente) que realizan los propios sujetos para explicar el significado y los motivos de los fenómenos investigados, así como la descripción de hechos observables, que realiza el Perito, que no busca revelar el significado que los sujetos involucrados le dan. Desarrollando la trascripción textual de los discursos de los sujetos, mediante la identificación de núcleos hermenéuticos significativos (Lo que la persona dijo o habló de…); sin descuidar el proceso de tematización (asociar los discursos a los Puntos Periciales o Pregunta Judicial) "Referirse al mismo tema y no a otro".[102]

Particularmente en cuanto la estrategia para el análisis de la información se debe considerar entre algunas técnicas: [103]

- Análisis de discurso: Es una forma de estudiar sistemáticamente el discurso de los sujetos como evento de comunicación e interacción, en sus contextos cognitivos, sociales, políticos, históricos y culturales. (Objetivos-Subjetivos/Poder). Ej.: Análisis desde el sujeto, de un artículo de Ley, desde un enfoque teórico, etc.
- Análisis de contenido: Es una técnica que permite la examinación de textos para conocer no sólo su significado, sino también conocer el uso y reproducción del lenguaje (Análisis gramatical, del concepto, semántica, etc.).
- Validación del Discurso, para validar el Conocimiento Adquirido en la Investigación:
- Triangulación: Requiere de tres fuentes o informantes para corroborar lo señalado por la o las personas.

---

100. Habermas (1984)
101. Ibid. Cisternas Villacura, Iván y Rojas Marín, Paola (2006).
102. Ibid. Cisternas Villacura, Iván y Rojas Marín, Paola (2006).
103. Ibid. Cisternas Villacura, Iván y Rojas Marín, Paola (2006).

- Validez Ecológica: Validación del discurso o lenguaje a partir del escenario en que están las personas. Ej.: Persona – Familia; Juez – Tribunal;
- Estrategia para la presentación de los resultados
- Construcción de una línea narrativa sobre las evidencias obtenidas en la investigación.
- Conclusiones en base a "interpretaciones" de la realidad investigada apoyadas con axiomas teóricos o referenciales.[104]

El Análisis Pericial

Ahora bien, la actuación del perito o experto, tiene dos aspectos esenciales a considerar para su análisis: el objetivo y el subjetivo. El aspecto objetivo lo constituye el dominio de la materia sobre la cual debe dictaminar, y se mide, no tanto a base de títulos, como a través de su desempeño concreto como perito. Los ordenamientos procesales penales basados, en el sistema acusatorio, no suelen contener disposiciones abundantes acerca de las condiciones, que debe reunir una persona para ser experto o perito en un proceso. La razón es muy sencilla: la libertad de pruebas.[105]

Así entonces, la cualidad del experto o perito vendrá dada, a fin de cuentas, por el conocimiento y manejo de la materia, que éste sea capaz de demostrar, a lo largo de su investigación pericial, por su capacidad para exponer de manera clara y sencilla, directa y convincente los resultados de su estudio, y de validar con hechos técnicos –científicos de sus argumentaciones. El aspecto subjetivo se refiere a las características personales del perito, a sus relaciones probables con las partes, a sus prejuicios e inclinaciones ideo-afectivas, a sus convicciones personales (políticas, morales, religiosas, entre otras), todo lo cual puede ser indicador para medir su imparcialidad o su inclinación en un sentido u otro. [106]

Si se tiene claridad que la Pericia se define como la sabiduría, práctica y destreza en una ciencia, oficio o arte y el que lleva adelante esa tarea será el Perito, a quien se lo considera un agente imparcial de prueba fundamental. Se debe recordar siempre que el Perito no es un abogado especialista, sino un profesional delegado directo del Juez, en quién se deposita la confianza para que desde su conocimiento explique las dudas respecto a alguna

104. Ibid. Cisternas Villacura, Iván y Rojas Marín, Paola (2006).
105. Ibid. Cisternas Villacura, Iván y Rojas Marín, Paola (2006)
106. Ibid. Cisternas Villacura, Iván y Rojas Marín, Paola (2006).

materia No jurídica. La Prudencia del Perito en sus afirmaciones, y sobre todo, en sus conclusiones, ya que el dictamen o fallo judicial puede basarse única y exclusivamente en su Informe, el que adquiere un gran valor, en cuanto puede llegar a afectar el honor y la vida de las personas que se hallan sometidas a juicio. [107]

Las Técnicas utilizadas para la investigación Pericial deben lograr una alta confiabilidad, para lo cual, se requiere que éstas sean cuidadosamente seleccionadas de acuerdo, a los resultados del procedimiento de operacionalización de variables, y en íntima relación lógica, con las unidades de análisis y los instrumentos, que permitirán ejecutar la recolección de datos. Debe contar con una correcta metodología de trabajo necesaria para la investigación de cada caso en particular. Una adecuada interpretación acertada de los resultados, así como la configuración de un pertinente dictamen, el cual juega un papel más que fundamental en la Pericia Forense encomendada. Si no se hace una interpretación objetiva de las observaciones y mediciones realizadas, no se ha logrado la aplicación del método científico en toda su dimensión. [108]

La exposición del Informe Pericial Forense deberá ser elevado al Juez que preside la sala o Tribunal, con la intelectualidad necesaria y explicado para ser entendido por la gente y los magistrados (Jueces de Garantía). Un Buen Informe Pericial debe tender a cumplir con una doble finalidad: [109]

1. Ser interpretado a personas no entendidas en la especialidad, como lo es el mismo Juez que ha ordenado la Pericia, y que sin embargo, debe adquirir a través de él la suficiente convicción como para poder fallar en conciencia.
2. Ser interpretado eventualmente por técnicos, en casos en que, por no considerarse suficientemente Claro y veraz sobre el punto pericial, el Juez designe nuevos peritos que deban dictaminar, sobre las operaciones efectuadas por el perito que actuaron anteriormente.

Un Informe Pericial Científico-Legal No debería ser aceptado por ningún Tribunal sino cumple con los siguientes lineamientos: 1) Una Presentación Formal a la autoridad judicial que haya ordenado la Pericia; 2) Objeto y motivo

107. Ibid. Cisternas Villacura, Iván y Rojas Marín, Paola (2006).
108. Ibid. Cisternas Villacura, Iván y Rojas Marín, Paola (2006).
109. Ibid. Cisternas Villacura, Iván y Rojas Marín, Paola (2006).

de la Pericia encomendada; 3) Procedimientos u operaciones realizadas (Metodología empleada); 4) Resultados Obtenidos; 5) Interpretación de los resultados en donde el Perito, expresará lo que objetivamente surja de los datos hallados en su investigación; 6) Conclusión o dictamen final. Deberá consignarse en forma breve y clara, de modo que resulte de la lógica y tenga fuerza probatoria suficiente para el Juez, que ha de utilizarla en su fallo.[110]

Finalmente se destaca que, es muy común observar en las Pericias científicos legales, la falta de información técnica en el desarrollo del proceso pericial, esto por lo general, dificulta conocer cómo se llegó a una determinada conclusión. Puede ocurrir también, que en el dictamen final se ahonde en términos científicos y muy técnicos, altamente especializados, que sólo terminan confundiendo al Juez. Es de suponer que en estos casos si el texto del dictamen es sólo entendible por el Perito, el Juez no lo comprenderá o deberá pedir aclaración complementaria (tener cuidado con el exceso de tecnicismos).[111]

9.5. Técnicas e Instrumentos

Técnicas e Instrumentos

Ahora bien, las técnicas e instrumentos de investigación sirven al Perito Social para recabar información inmediata sobre el caso, además se encargan de operativizar los métodos; entre las más relevantes dentro de la investigación pericial social se pueden encontrar: la revisión bibliográfica, la entrevista, la historia de vida, la observación, la visita domiciliaria, los estudios socioeconómicos, el informe, Familiograma, la Guía de entrevista, el Diario de Campo, la fotografía y audio. Además de estas técnicas se pueden utilizar otras en el ejercicio de la tarea pericial, como pueden ser:

- ✓ Técnica del reflejo: Antes de dar un punto de vista el interlocutor debe reformular las ideas y sentimientos de quien acaba de hablar, para que este reconozca las propias. Esta técnica promueve el sentimiento de autoaceptación que aplicada en la actividad pericial puede propiciar en el otro la sensación de ser escuchado, que es una necesidad presente en todos los entrevistados.

110. Ibid. Cisternas Villacura, Iván y Rojas Marín, Paola (2006).
111. Ibid. Cisternas Villacura, Iván y Rojas Marín, Paola (2006).

- ✓ Refuerzo positivo: "Tiende a resaltar los aspectos positivos observados o descriptos por el entrevistado, puesto que genera confianza en sus propias capacidades y estimula al cambio".
- ✓ Abogado del diablo: Aporta riqueza por cuanto permite introducir elementos no previstos hasta entonces por el interlocutor, jugando un "como si" que obliga al otro a redefinir sus opiniones y estrategias.
- ✓ Interrogación: Su finalidad es obtener información, consiste en la formulación generalmente de preguntas abiertas, para que a partir de un proceso inductivo la respuesta sea deducida por el interlocutor.
- ✓ Señalamiento: Consiste en establecer relaciones entre hechos que el entrevistado no pudo vincular a lo largo de su discurso; se realiza a través de afirmaciones o sugerencias, o a través de preguntas que lleven a la reflexión.

Revisión bibliográfica

La revisión de bibliografía representa la búsqueda de información escrita sobre un tema, que aporte a la investigación; donde el investigador lee el material que le parece apropiado y toma nota de lo que le es útil. Se basa en la recopilación de fuentes documentales del tema objeto de estudio y posterior estudio categorizado.

El análisis bibliográfico consiste en detectar, obtener y consultar de forma selectiva la bibliografía y otros materiales que pueden ser útiles; y de ésta se extrae y recopila la información relevante y necesaria que atañe a la investigación; es la búsqueda sobre un tema en cuanto a lo que se ha dicho y, lo que no se ha dicho, en un campo temático o una disciplina en concreto, se centra en dar respuesta a los objetivos de la investigación.

Para recopilar la información, se deben de revisar fuentes documentales, entre ellas encontramos:[112]

- Fuentes primarias: Constituyen el objetivo de la revisión bibliográfica o revisión de la literatura y proporciona datos de primera mano. Libros, revistas, tesis, etc.

112. Hernández, R., Fernández C. y Baptista. P. Metodología de la investigación (5a edición) México: McGraw-Hill interamericana Editores (2010)

- Fuentes secundarias: Son compilaciones, resúmenes y listados de referencias publicadas de un área en particular. Reprocesan información de primera mano.

Dentro de la pericia social permite obtener una visión del delito previo (revisión del expediente, planteamiento de hipótesis), durante (fundamentación - propósito de la pericia social) y posterior (fundamentación - defensa de la pericia social llevadas a cabo en la audiencia) a la investigación; para fortalecer cada una de estas etapas se realiza una revisión de documentos ligados con el hecho a investigar, permitiendo al perito social argumentar su análisis con teorías tomadas de autores.

Cabe mencionar que la revisión bibliográfica que a su vez se constituye, en el estudio de los antecedentes del caso, se compone en el paso previo e indispensable para el inicio de la pericia social. La lectura de la causa permite tomar conocimiento de hechos de distinta entidad referidos a las personas involucradas en el proceso judicial, posibilitando una mayor comprensión de sus historias vitales y un análisis previo de las características del conflicto que se estudia. Su desconocimiento, acarrea contradicciones y/u omisiones involuntarias, que entorpecen y demoran la actividad del perito. Confrontar el análisis de la situación analizada con otras fuentes secundarias de datos, como lo es la lectura del expediente, permite una cobertura más amplia de los sucesos sometidos a la pericia social tornándola de mayor riqueza y precisión técnica.

Entrevista

La entrevista es una forma oral de comunicación interpersonal que tiene como finalidad obtener información en relación a un objetivo. Es entendida como una técnica de recolección de datos, a manera de una conversación con un propósito deliberado; es a la vez, un instrumento de investigación profesional que posibilita la interacción para recolectar información.[113]

De esta manera, puede ser definida como una conversación con un propósito deliberado, mutuamente aceptado por los participantes. Lo mismo que la conversación, comprende comunicación verbal y no verbal entre personas y durante su transcurso se intercambian ideas, actitudes y sentimientos. Esta técnica reviste especial importancia para el Trabajador Social al igual que

113. Osvaldo Agustín Marcón. México: El papel de los peritos en Trabajo Social en el nuevo sistema penal acusatorio y oral (México, 2022).

para otros profesionales cuyo ejercicio exige establecer comunicación con diferentes personas, en virtud de que el medio principal de interacción es la palabra hablada.

También intervienen mensajes no verbales y otros materiales escritos que, este profesionista utiliza para tener información más precisa que le permita formarse una idea integral de la situación. El Trabajador Social apunta al conocimiento y comprensión de situaciones determinadas; de ahí que recabe información mediante un encadenamiento lógico entre una y otra entrevista, es un proceso en continuo movimiento en la que una complementa a la otra, a la vez que la supera, dependiendo de los propósitos que se persiga, de los cuales se desprende el manejo que se dé a los datos. Por tanto, toda entrevista tiene una intencionalidad y una direccionalidad.

En consecuencia, la entrevista en Trabajo Social se distingue por la trascendencia que tiene la interacción personal, con gran énfasis en los sentimientos y en las actitudes, y menor preocupación por los datos de los hechos objetivos. Por este motivo, es fundamental que el profesional inicie por la planificación de la entrevista, a fin de que sepa con claridad qué tipo de entrevista necesita aplicar, qué hacer, cómo hacerlo y qué información recabar con base en el objetivo y la metodología a seguir.

Las diversas clases de entrevistas obedecen a propósitos diferentes; por ello cada una se produce de distinta manera. Con forme a sus propósitos pueden ser: Informativas; De diagnóstico; Terapéutico, entre otras (cuadro 19). Por ejemplo, en caso de las entrevistas de diagnóstico se basan en la interrelación y correlación de la información; ayudan a tomar decisiones, contribuyen a interpretar determinadas características del entrevistado que se consideran esenciales para que el investigador se forme un criterio integral de la situación, y permiten determinar las conclusiones del diagnóstico.[114]

114. Ibid. Osvaldo Agustín Marcón. (2022).

Tipos	Descripción
Entrevista oral.	Es un método que ofrece resultados e informes sobre temáticas especificas acerca de las experiencias del entrevistado a través de preguntas abiertas. Se concibe como el medio a través del cual se constituye y reproduce la cotidianidad del individuo, sus experiencias, concepciones sobre sí mismo y lo que le rodea; la esfera íntima ocupa un lugar importante. Una de las herramientas fundamentales de que se vale es el relato, mediante el cual el entrevistado se expresa, transmite, opone, reproduce, crea, sueña y vive, pues en él encuentra de una manera implícita su concepción sobre el mundo, la vida, el espacio y el tiempo, sus sentidos de la moral, la relación con sus semejantes y la naturaleza, sus creencias, esperanzas y temores, experiencia e historia. La entrevista oral, a diferencia de otras fuentes utilizadas en el diagnóstico, permite conocer el punto de vista de los involucrados en su participación en los acontecimientos, así como reconstruir su vida cotidiana, costumbres, sentimientos, aspiraciones y decepciones, además de que contribuye a rescatar su visión de la realidad. Por lo anterior es de gran utilidad para recabar la información requerida en las historias de vida.
Entrevista a profundidad	Se recomienda cuando el Trabajador Social requiere conocer a fondo diversas manifestaciones de la conducta humana, experiencias, expectativas, cotidianidad, dinámica familiar, entre otros factores que intervienen en la situación presente pero no tienen una estrecha relación con su pasado. En ella, de una respuesta se pueden derivar otras preguntas, lo que posibilita adaptarlas al entrevistado. Existen diversas entrevistas a profundidad, entre las que se encuentra la descriptiva que, puede tener un enfoque cuantitativo y/o cualitativo, dependiendo de lo que se pretenda conocer. Desde la perspectiva del enfoque cualitativo analiza hechos o fenómenos individuales como partes integrantes de una colectividad; por ello no proporciona datos exactos, si no que intenta descubrir factores concernientes a las motivaciones, relaciones sociales o reacciones grupales e individuales. También se encuentra la narrativa que se lleva a cabo a través de un relato guiado por el entrevistador, en el que el informante expresa oralmente su punto de vista y vivencias así como sus sentimientos, los que deben ser registrados y ordenados por el investigador. Estas entrevistas son útiles especialmente para aquellos casos en los que se necesita indagar sobre hechos y sentimientos presentes (abstractos) y no solo datos estadísticos o exactos. Por lo tanto, son sujetos de investigación todas aquellas partes que tengan relación con la situación motivo de la historia de vida, abarcando además antecedentes, vínculos sociales, familiares y jurídicos involucrados.
Historia de vida	Es el relato de la vida de un individuo elaborada a través de una relación vipersonal, como proceso vital y como proceso discursivo. El entrevistado interpreta su vida y el entrevistador, a su vez, desentraña la interpretación del entrevistado. Se recurre a historias de vida principalmente cuando se requiere conocer costumbres, tradiciones y formas de vida. Por ello tiene como base los testimonios orales y su aplicación se inicia con trabajos de folklore. En ellos se indaga sobre la biografía del lugar, al tiempo que se incluyen visiones del mundo y acontecimientos históricos. Se considera el primer antecedente de la entrevista oral, el total de la producción oral que compone la historia de vida se obtiene de múltiples relatos que no se registran en un orden temático ni cronológico, y sufre repeticiones, agregados y modificaciones por parte del mismo narrador. Será este material en el cual el recopilador trate de ubicar, ordenar y jerarquizar para lograr una reproducción fiel de la vida de su informante, sirviéndose del conocimiento que tiene de éste y del contexto cultural en que se desenvuelve. En este sentido, la historia de vida comprende dos grandes apartados. El primero se refiere a la recopilación del material que conforma la historia del individuo entrevistado y todo lo que se deriva de su ordenamiento; en tanto el segundo hace relación a su interpretación con base a un cuerpo científico, tratando de explicar el significado que el actor da a su vida, a sus proyectos, acciones, recuerdos y vivencias. Por sus características, este tipo de técnica es vital para reconstruir una forma de vivir como lo es la carrera delincuencial de un individuo transgresor de la ley por lo que es necesario identificar formas de vida, valores, principios, traumas que el informante arrastra desde su infancia, sentimientos e incluso resentimientos.

Consultas a la población	Equivalen a las entrevistas que se realizan a fuentes indirectas, mencionadas con anterioridad. Por tanto, son las que se llevan a cabo con la familia secundaria, vecinos, compañeros de trabajo o de escuela, amigos, profesionales con los que se mantienen relación –médico, profesores, psicólogos-, entre otros. Estas entrevistas se practican a través de una plática informal como auxiliares importantes para ampliar la información. Pueden ser orales o escritas dependiendo del objetivo del diagnóstico; sin embargo, para fines de reconstrucción de una carrera delincuencial por parte del Trabajador Social no son recomendadas las escritas. De tal manera que una de las funciones básicas del Trabajador Social es el diagnóstico, es por ello independientemente del tipo de entrevista que elija debe de ser ante todo, un metodólogo que sepa y decida que, enfoque y técnicas tienen que ser críticamente aplicadas para cada aspecto y dimensión específica de los procesos sociales, ya que un planteamiento metodológico supone la pluralidad de contextos concretos, a los que corresponden por su distinta naturaleza epistemológica una variedad de métodos y técnicas de observación, análisis e interpretación.

a ello, las entrevistas se clasifican de acuerdo a su estructura, su objetivo, la forma de llevarlas a cabo y/o al número de personas que se entrevistan simultáneamente. Según la estructura, las historias de vida del recluido se basan en las entrevistas para investigación, en las entrevistas con informantes clave, en las entrevistas guiadas y las combinadas.

Conforme a su objetivo, éstas pueden tener como propósito cambiar el comportamiento del entrevistado, lo cual no se persigue en la investigación, o bien, recabar información sin la intención de afectar la conducta del entrevistado. En ellas se hace énfasis en la interacción personal entre el entrevistador y el que responde. Es por ello que una herramienta esencial es un plan cuidadosamente preparado para asegurar la consistencia de las preguntas.

De acuerdo a la forma de llevarlas a cabo, pueden ser estructuradas (cerradas) o no estructuradas (abiertas); en las historias de vida es recomendable aplicar las segundas, ya sea focalizadas o no dirigidas. En relación con el número de entrevistados, pueden ser individuales o grupales, respondiendo también a los objetivos.

La entrevista se compone de una etapa inicial, una intermedia y otra de cierre, las cuales se llevan a cabo, a través de un proceso continuo, en el que el entrevistador debe identificar el momento en que concluye una y empieza otra. Generalmente, en la etapa inicial ya se tiene información sobre la situación y el problema a través de la lectura de expedientes, registros de admisión y entrevistas con otros profesionales. Es por ello, que con base en lo que ya se conoce se diseña el plan de entrevista, el cual debe incluir: una etapa de preparación, otra intermedia, así como un cierre o salida.[115]

115. Ibid. Osvaldo Agustín Marcón. (2022).

La primera fase de la entrevista comprende desde la preparación hasta la presentación o pre-entrevista, donde se explica el objetivo, se establece el contenido y se ofrece una introducción mediante un diálogo informal; también se puede tratar cuestiones muy formales, como recabar datos personales del grupo familiar, con el propósito de ganarse la confianza del entrevistado, haciéndolo sentirse cómodo. La etapa intermedia o desarrollo de la entrevista corresponde a la aplicación del método de recolección de datos, tratando de buscar hechos a partir de preguntas abiertas o cerradas, según se haya previsto, o bien por ambas, si es el caso, ya está encaminada a cumplir con el objetivo planteado. Finalmente, al término de la entrevista, se debe considerar un plan de cierre, donde se aclare las motivaciones del abordaje, o se atienda las inquietudes generadas durante todo el proceso.[116]

Ahora bien, las preguntas abiertas y amplias son apropiadas para descubrir: las vías de asociación del entrevistado con cierto tema, situación o evento; la importancia relativa de varios aspectos de un tema, situación o evento que se haya experimentado; el marco de referencia que ha usado el entrevistado al observar, analizar o participar en una situación; el orden cronológico de la experiencia del entrevistado en una situación dada; el nivel y estilo de hablar que usa el entrevistado.

Mientras tanto las preguntas cerradas son apropiadas para: buscar detalles y sondear para obtener calificación y elaboración; estimular la memoria para obtener precisión en los detalles; obtener datos reales de antecedentes; explorar relaciones lógicas y complejas con múltiples variables interactuantes; dividir una respuesta amplia entre sus varios componentes. Asimismo, el cuestionamiento puede ser a través de: Preguntas de estructura en cadena; Temas agrupados; Estructura ramificada con efecto; En secuencia con lazos simples de retroalimentación.

En el caso de la Entrevista semiestructurada: en este caso el entrevistador dispone de un guion, que recolecta los temas que debe tratar a lo largo de la entrevista. Sin embargo, el orden en el que se abordan los diversos temas y el modo de formular las preguntas se dejan a la libre decisión y valoración del entrevistador. Al plantear un determinado tema, éste puede establecer la conversación como desee, efectuar las preguntas que crea oportunas y hacerlo en los términos que estime convenientes, explicar su significado,

116. Ibid. Osvaldo Agustín Marcón. (2022).

pedir al entrevistado/a aclaraciones cuando no entienda algún punto y que profundice en algún extremo cuando le parezca necesario, establecer un estilo propio y personal de conversación.

Durante la entrevista es importante tener presente los siguientes elementos: Uso del lenguaje accesible y claro; Simplicidad en las preguntas, conteniendo una sola idea; Coherencia global entre todos los cuestionamientos; No utilizar ideas, frases o palabras sesgadas, con carga emocional o connotaciones importantes; No hacer preguntas que encierren una respuesta; Cuidar que cada una de las partes asuma un rol aceptable; Evitar el involucramiento emocional que impida la consideración racional de los puntos a tratar; Observación permanente del contexto de la entrevista, ya que todo tiene significados.

En ciertos casos durante la entrevista se presentan manifestaciones de ansiedad, agresividad o reserva, por lo que se debe poseer un adecuado manejo de la situación y habilidad para encausar la entrevista. En ocasiones el entrevistado tiende a divagar, no comprende el motivo de las preguntas, refleja incapacidad para recordar, o bien, trata de manipular la conversación de acuerdo a sus intereses.

De tal manera que el Trabajador Social debe de tener la suficiente pericia para dirigir la entrevista sin interrumpir; de hacerlo se corre el riesgo de inhibir al entrevistado o distraerlo y dificultar la comunicación. No obstante, es importante centrar la conversación a fin de que el entrevistado no divague y se esté en condiciones de cumplir con el objetivo. El Trabajador Social también puede reorganizar la entrevista si lo considera pertinente de acuerdo con la situación y con el entrevistado.

Antes de concluir la entrevista se irá dando el cierre a fin de no terminarla de manera abrupta, al tiempo que se deja la posibilidad de volver a entrevistar, si es necesario. Es indispensable cuidar que la persona no se quede angustiada o con ansiedad, en cuyo caso antes de retirarse la o el Trabajador Social deberá intentar tranquilizarla.[117]

Historia de vida

117. Ibid. Osvaldo Agustín Marcón. (2022).

La Historia de vida es una técnica que, se usa fundamentalmente en investigación cualitativa, ya que trata de recuperar, desde la perspectiva del actor, la significación que él mismo le otorga a su experiencia. Esta herramienta ha sido construida por los sociólogos y antropólogos tomando como insumo los modos en que los trabajadores sociales norteamericanos organizaron su intervención en las primeras décadas del siglo XX, particularmente "el caso social individual" de Mary Richmond, y sale a la luz con la llamada Escuela de Chicago. Bajo dicho contexto, la historia de vida se entiende como el detallado relato del comportamiento de un individuo en su entorno; hace referencia a un extenso registro de la vida de una persona, como es presentada tanto por, la persona misma como por otra o por ambas, y ya sea escrita por el protagonista u obtenida por entrevistas, o por ambos medios.[118]

No obstante, esto, se cree importante incorporar el concepto de "trayectoria de vida", como más pertinente a nuestra profesión. Una trayectoria sería en este caso la recuperación del modo en que un sujeto (individual o colectivo) ha construido su vida, tomando como eje la situación que se encuentra como foco de estudio, que permite al trabajador social no sólo recuperar la "perspectiva del actor", en tanto forma de ver e interpretar el mundo, sus conflictos, las significaciones sobre los acontecimientos que marcan su vida en relación con la situación que se está trabajando, sino que el curso de las entrevistas para realizar esa reconstrucción ofrecerá las condiciones para que ese "otro" repiense su propia existencia. Trabajo Social, desde el uso de esta técnica puede recuperar el modo en que los otros "habitan el mundo" y en la comprensión de esa forma de habitarlo tendrá los elementos para realizar propuestas coherentes.[119]

Observación

Se llama observación también a uno de los primeros pasos de cualquier investigación que se rija por el método empírico-analítico, que es un modelo posible del método científico, muy empleado en las ciencias naturales y en las

118. Blanco-Villaseñor, A. Metodologies qualitatives en la investigació psicològica. Barcelona: Edicions de la Universitat Oberta de Catalunya, 1997.
119. Losada, J.L. y López-Feal, R. Métodos de investigación en ciencias humanas y sociales. Barcelona: Paraninfo-Thomson, 2003.

ciencias sociales. En ese sentido, la observación consiste en la recopilación directa de datos a partir de la naturaleza mediante trabajos de campo o de laboratorio.[120]

En líneas generales, la observación es una tarea descriptiva. Es decir, señala cómo son las cosas y sirve para comprender el estado de la cuestión antes de intervenir de alguna manera. Sin embargo, también se entiende la observación como un proceso activo de selección y clasificación mental, o sea, como una forma de ordenar lo percibido. Además, en ámbitos determinados y muy específicos de la naturaleza, como los de la física cuántica, la observación misma de ciertos fenómenos naturales equivale a intervenir sobre ellos.[121]

En relación a los tipos de observación, existen muchas clasificaciones, entre las que se pueden distinguir: La observación directa. Que se produce cuando el investigador está en contacto sin intermediarios con el fenómeno observado; La observación indirecta. En la que es imposible estar en contacto con el fenómeno, pero se le puede observar a través de otros elementos cercanos o a través de su contexto.

Por otro lado, dependiendo del grado de intromisión del investigador en lo que observa, se puede diferenciar: La observación no participante. En la que el investigador no interviene en lo observado, y su presencia no necesita ser tomada en consideración en el análisis de la información obtenida; La observación participante. En la que el investigador sí interviene y forma parte de lo observado, alterando la información recogida y debiendo ser tomado en cuenta en el análisis.

También es posible clasificar la observación de acuerdo a los protocolos que la rigen y al nivel de sistematicidad que la rige, de la siguiente manera: La observación asistémica. Por un lado, no sigue ningún sistema ni método, sino que se basa en la apreciación libre del fenómeno por parte del investigador. La observación semisistémica. Involucra ya un cierto nivel de predeterminación en lo observado, es decir, que ciertos elementos se fijan a priori, y se sabe qué cosa se busca observar; pero los datos obtenidos no están aún categorizados, sino que siguen siendo libres. La observación

120. Enciclopedia. Concepto de la observación (enciclopedia virtual, 2022)
121. Ibid. Enciclopedia. (2022)

sistémica. Por último, es aquella que intenta agrupar la información obtenida mediante la observación de acuerdo a criterios fijados a priori, aplicando una metodología y con un horizonte de resultados esperados.

Finalmente, otros tipos posibles de observación son los que distinguen en dónde se produce la observación: La observación de campo o naturalista. En primer lugar, se produce directamente en la naturaleza, o en el contexto dado del fenómeno que se observa. La observación de laboratorio o controlada. En cambio, se lleva a cabo en un ambiente controlado en el que las variables que intervienen en el fenómeno están conocidas de antemano y pueden ser modificadas a voluntad, o sea, en un laboratorio.

Particularmente la observación en la investigación, constituye el primer peldaño de todas las metodologías de investigación, en las que necesariamente se inicia recopilando información sobre aquello que se desea estudiar. Dicho proceso de recolección de datos variará dependiendo del tipo de investigación a la que pertenezcan: [122]

- En la investigación cuantitativa. La observación se centra en la obtención de datos que describan de manera objetiva el fenómeno observado, generalmente expresándolo en cifras y relaciones lógico-formales. Para ello emplea métodos de análisis numéricos, estadísticos o métodos de medición sistemáticos.
- En la investigación cualitativa. En cambio, la observación se lleva a cabo a través de métodos más propensos a la subjetividad del investigador, cuando no a la experiencia sensible, ya que la naturaleza del análisis aspira a descubrir tendencias, sentidos y significados, más que realidades expresables numéricamente.

Visita Domiciliaria

La Visita a domicilio en Trabajo Social es una técnica común en la profesión, consiste en acudir al domicilio del sujeto de intervención; a través de una entrevista y de la observación, se realiza un diagnóstico e intervención. Las características principales de la visita a domicilio en Trabajo Social: Se efectúa con fines de intervención y diagnóstico; se podrá conocer la realidad

122. Ibid. Enciclopedia. (2022)

familiar en los ámbitos: socioeconómicos, familiar, ambiental y cultural; se involucra a la familia en el diagnóstico, al igual que durante el tratamiento del síntoma o problema. [123]

Entre los objetivos principales se encuentran el obtener, verificar o ampliar información sobre la familia; observar el ambiente social y familiar; evaluar los estados de avances del grupo familiar, luego de haber realizado alguna acción concreta (talleres, entre otros); controlar situaciones socio-familiares; reforzar conductas sobre temas que se han abordado durante un proceso de intervención; técnica para realizar una investigación clínica o poblacional. Tradicionalmente se realiza cumpliendo tres fases: preliminar, ejecución y evaluación (cuadro 20). [124]

Fases de la observación

1. Fase preliminar	**2. Fase de ejecución**	**3. Fase de evaluación**
➢ Antecedentes generales del grupo familiar domicilio (ruta, locomoción, entre otros) teléfono y horarios de ubicación de la familia. ➢ Principales problemáticas vigentes e historia del grupo familiar. ➢ Establecer contacto telefónico, presentación verbal del profesional, socializar los objetivos de la visita, confirmar domicilio, ruta de acceso y establecer día y hora de la visita.	➢ Saludos iniciales (presentación de las y los actores). ➢ Conversación informal respecto a cotidianeidad. ➢ Ubicación del espacio adecuado para realizar la entrevista en la vivienda. ➢ Compartir objetivo de la visita. ➢ Escuchar opinión de la familia con respecto al objetivo. ➢ Desarrollo de objetivo de investigación y/o intervención. ➢ Retroalimentación con respecto a la intervención.	➢ Registro de la visita en documentos institucionales. ➢ Intercambio de resultados con equipos interdisciplinarios. ➢ Evaluación de las proyecciones de la intervención

123. Nieto, Víctor. La visita a domicilio en Trabajo Social (España, 2020).
124. Ibid. Nieto, Víctor. (2020).

Al realizar el peritaje social, la visita domiciliaria da lugar a conocer y evaluar el entorno social (comunitario, educativo, laboral) y familiar (primaria o ampliada) del investigado/a; presto que al firmar el consentimiento informado, se otorga total apertura al o la profesional para realizar la investigación; que según el caso se abordará a familiares, vecinos, profesores y/o compañeros de trabajo; personas que le rodean al investigado/a y puedan aportar con indicios para el esclarecimiento del hecho.

En la pericia el profesional se encuentra "cara a cara" con el contexto a investigar, visualizando el entorno social (comunitario, educativo, laboral) y familiar (primaria o ampliada), permitiendo identificar posibles daños y afectaciones en los sujetos. Particularmente en la Fiscalía esta técnica es utilizada por el perito social, porque al momento de la descripción de los acontecimientos de la vida del investigado/a permite identificar situaciones pre-existentes al hecho delictivo que pueden estar ligados con el delito.

Esta descripción va desde su niñez, adolescencia, adultez, hasta el momento de la misma evaluación pericial, rescatando los hechos relevantes en cada uno de estas etapas como: episodios de violencia, adiciones, situaciones de crisis, etc. Es por ello, que la visita domiciliaria, representa una técnica compuesta de tipo investigativo y/o de intervención, constituida principalmente de técnicas complementarias de observación y entrevista; que permite el acercamiento e interacción del profesional con el contexto interno (integrantes de la familia) y externo (grupos y comunidad) de la realidad familiar. [125]

Estudio Socioeconómico.

El estudio socioeconómico es el análisis de la dinámica de la población, la estructura demográfica, el estado de la salud humana, los recursos de infraestructura, además de los atributos económicos, como el empleo, el ingreso per cápita, la agricultura, el comercio y el desarrollo industrial en el área de estudio. El estudio del componente socioeconómico incorpora varios aspectos relacionados con las condiciones sociales y culturales imperantes, al igual que el estado económico de la región de estudio.[126]

125. Ibid. Nieto, Víctor. (2020).
126. Lifeder. Estudio socioeconómico: para qué sirve, partes y ejemplo (España, 2022).

Es el estudio de la relación entre la actividad económica y la vida social. Sin embargo, en muchos casos, los socioeconomistas se centran en el impacto social de algún tipo de cambio económico. Dichos cambios pueden incluir el desalojo debido a trabajos en desarrollo, el cierre de una fábrica, la migración desde el campo a la ciudad, la manipulación del mercado e incluso la firma de tratados comerciales. Este campo se considera multidisciplinario, al utilizar teorías y métodos de la sociología, economía, historia y medio ambiente.

El objetivo de un estudio socioeconómico es llevar a cabo una evaluación del impacto para el logro del desarrollo socioeconómico, en términos de mejoras en indicadores como el PIB, la esperanza de vida, la alfabetización, el nivel de empleo, etc. Este estudio se interesa por la relación existente dentro de una comunidad entre los componentes económicos y sociales. Estos elementos intervienen en cómo se comporta la colectividad, como por ejemplo sus decisiones de compra.

Ayuda a identificar, predecir y evaluar los posibles impactos en los parámetros socioeconómicos y de interés humano generados por sus proyectos de vida. Este estudio permite medir todos los impactos sociales, ambientales, económicos y financieros de un proyecto o una política pública en términos monetarios. Para evaluar el impacto en el entorno socioeconómico se compilan los datos más recientes disponibles para esbozar el perfil socioeconómico de referencia en el área de estudio.[127]

Informe.

Conocido como fichaje o informe pericial social, se utiliza para plasmar la información analizada y sintetizada. En el caso del Trabajo Social el informe se convierte en un instrumento a través del cual realiza una franca exposición de sus conocimientos, habilidades y compromiso; por lo que elaborarlo supone una actitud de compromiso ético y un especial cuidado de no incurrir en aseveraciones infundadas o apenas sugeridas. [128]

Se define al informe pericial social como una investigación de carácter científico, en la que en base a un planteamiento general se elabora una serie de hipótesis que luego se va intentar corroborar. Para llevar a cabo esta

127. Ibid. Lifeder. (2022)
128. Robles, Claudio. La intervención pericial en Trabajo Social. Orientaciones teórico-prácticas para la tarea forense. Argentina: Editorial Espacio (2004).

investigación será preciso realizar una exhaustiva recolección de datos, en base a los cuales se podrá emitir un diagnóstico, siempre teniendo en cuenta las hipótesis planteadas y la demanda o planteamiento general del que se parte. [129]

La integración del Informe está encaminado hacia: dar a conocer la existencia y características de la situación social del investigado/a; obtener recursos sociales suficientes para el esclarecimiento de los hechos; facilitar información a los actores involucrados en el caso; aportar con información conducente para el dictamen del Juez. [130]

Respecto a la redacción del informe como técnica de registro deberá verter conclusiones que no estén investidas de verdades acabadas, sino volcadas de un modo sopesado a "contribuir a la comprensión y resolución de los problemas observados". Análogamente, la actuación pericial como espacio de mayor exposición profesional, que muestra y demuestra la competencia singular del profesional, y que como documento público y oficial alojado a posteridad, está sujeto a la evaluación y crítica de lo que "se conoce", por parte de distintos actores que tienen acceso al informe.

Incluye la mirada atenta a la organización sintética de la información, un posicionamiento autónomo y crítico, el apropiado y no excesivo uso de tecnicismos, la utilización de tiempo verbal en presente, adecuada ortografía y escritura en tercera persona, la omisión de datos anecdóticos, patologización y juicios de valor, sensatez en el uso de descripciones (refiere, dice, señala, etc.) y del potencial (tendría, padecería, manifestaría, etc.).[131]

Para constituirse como tal, el informe pericial debe cumplir con una serie de condiciones:[132]

- Ser procedente y pertinente. Esto es que resulte apropiado, congruente y oportuno.
- Particularmente debe existir coherencia entre los hechos a probar y la información expuesta, de tal modo que efectivamente permita tomar una decisión justa.

129. Ibid. Robles, Claudio. (2004).
130. Ibid. Robles, Claudio. (2004).
131. Reyes Legaza, Christoffer. "Una mirada metodológica al peritaje social: análisis, consideraciones y propuesta situada". Margen, n. 89 (2018).
132. Méndez, X. "La Construcción de Peritajes como especialidad teórico-metodológica de Trabajo Social". Revista electrónica de Trabajo Social (2014).

- Contenido. Debe ser lo suficientemente acabado de tal modo que entregue una visión completa de los hechos periciados.
- Coherente. Admisible, verosímil. No debe dejar lugar a dudas. Debe presentar una articulación racional entre la(s) teoría(s), la metodología usada y la exposición y conclusión entregados.
- Conducente. Competente e idóneo, eficaz.

Es conveniente destacar, que el informe es importante aunque no sea decisorio, puesto que se trata de una prueba más dentro de un procedimiento y que en ningún caso, es vinculante para el Juez, pese a ello, la estimación sobre este instrumento de trabajo, tiene para la profesión una alta consideración, por cuanto se basa en unos métodos y técnicas de trabajo que nos son propios, en el que median las entrevistas de análisis y seguimiento, la atención directa, la observación y las entrevistas colaterales que sirven para contrastar y como fuentes de información. Se aporta por tanto al estudio y valoración de los factores sociales que se dan en el caso, realizando una investigación, en la que se van formulando hipótesis parciales y procediendo a su verificación.[133]

Familiograma vs Genograma

Un familiograma es una representación gráfica similar a un árbol genealógico, pero que incluye información sobre las relaciones entre los distintos miembros de una familia. Se utiliza en distintas disciplinas relacionadas con la salud y el estudio social para entender las dinámicas familiares; permiten identificar factores como patrones de conducta, emociones o enfermedades que puedan tener un componente hereditario. [134]

Por otra parte, esta herramienta es muy flexible, por lo que puede utilizarse en casi cualquier disciplina que requiera el estudio de datos de la familia. El familiograma fue desarrollado por primera vez en 1985 por los investigadores Randy Gerson y Monica McGoldrick; hoy en día, los Familiogramas se utilizan en campos tan diversos como la psicología, la medicina, la genealogía y el trabajo social.[135]

133. Ibid. Reyes Legaza, Christoffer. (2018).
134. Lifeder. Familiograma (España, 2022),
135. Ibid. Lifeder. (2022)

El Familiograma, es un instrumento muy utilizado en la medicina familiar, la terapia familiar y todo ámbito de intervención en el que se tenga que estudiar el entorno familiar de un paciente o individuo. Esta herramienta es ideal para el médico de familia, puesto que con tan solo verlo le permite obtener información sobre todos los integrantes y las relaciones que hay en el entorno familiar de su paciente.[136]

Los familiogramas se pueden definir como representaciones gráficas del desarrollo de una familia a lo largo del tiempo, teniéndose en cuenta un mínimo de tres generaciones. Estos gráficos son árboles familiares que aportan información no solo sobre los miembros de la familia que visita la consulta o que es objeto de estudio, sino que también nos brindan datos sobre aquellos integrantes de la familia que no pueden acudir a la consulta médica pero que tienen importancia en las dinámicas del núcleo familiar a intervenir. [137]

Entre los datos que se registran en este tipo de árboles están los aspectos demográficos más generales como la edad, el sexo, la tipología familiar y los antecedentes patológicos entre otros. Además, también sirven para saber el ciclo vital por el que está pasando la familia, acontecimientos vitales vividos, dinámicas familiares y relaciones afectivas, datos que se representan por regla general en la misma hoja para que así, con un simple repaso, se pueda comprender las características de la familia.

Cómo hacer un Familiograma

Los datos principales que se recogen son: miembros de la familia; relaciones biológicas y legales de pareja; subsistemas dentro de la familia; unidad cohabitante; información demográfica; enfermedades y problemas; acontecimientos vitales estresantes; recursos familiares; relaciones familiares. Se pueden distinguir dos componentes dentro de los *familiogramas*. Por un lado, se cuenta con la parte más estructural, que hace referencia a los miembros que constituyen la familia, sus nombres, edades, género y tipo de vinculación (pareja, hijos, entre otros familiares). Por el otro se tiene la parte funcional en la que se destaca el tipo de dinámicas interpersonales, estilo de interacción entre los miembros de la familia y posibles problemas que hayan podido tener.[138]

136. Ibid. Lifeder. (2022)
137. Ibid. Lifeder. (2022)
138. Nahum Montagud Rubio. Familiograma: qué es, partes y características (psicologiay-

Ahora bien, los *Genogramas* se tratan de una técnica que se convierte en una fuente de hipótesis acerca de la relación que un problema pueda tener con el contexto familiar. Es importante recordar que las observaciones e interpretaciones que surgen de un genograma son hipótesis tentativas, pero de gran valor en el ejercicio de la actividad pericial ya que amplía el foco de estudio y aporta datos novedosos que orienten sobre posibles causas y efectos de los conflictos familiares.[139]

Diferencias entre Genograma y Familiograma

Es bien conocido que, el *Genograma* y el *Familiograma* son técnicas que se ponen en práctica por medio de la interpretación de símbolos, sin embargo, la diferencia entre cada uno radica en que el *familiograma* identifica las conexiones específicamente en el núcleo familiar, en otras palabras, aquel núcleo que haya sido conformado tanto por el padre, como la madre. En ambas técnicas, se pone en práctica la gráfica de la conocida constelación familiar multigeneracional, siendo esta una gráfica que identifica parientes de al menos tres generaciones previas, como los padres, los abuelos y los bisabuelos.

Por otro lado, el *Genograma* establece un cuadro histórico actualizado, en el que destaca el contexto familiar de manera horizontal, mientras que de forma vertical se encuentran los sucesos repetitivos que han ocurrido en una transmisión multigeneracional. Con esto se puede encontrar información importante para la resolución de algún conflicto, motivado a su contexto de patrones familiares complejos. Se entiende por *Genograma*, como aquella representación gráfica de todo tipo de características que destacan en el núcleo familiar, allí se podrán encontrar procesos biológicos que se han suscitado a nivel emocional y social de una generación a otra. Esta técnica es usada generalmente por los biógrafos, historiadores, antropólogos y más. Es un instrumento utilizado antiguamente para el conocimiento de su familia, quiénes eran los antepasados y sus historias.[140]

mente, 2021),

139. Nahum Montagud Rubio. Familiograma: qué es, partes y características (psicologiay-mente, 2021),

140. Genograma. Familiograma: ¿Qué es?, ¿Para qué sirve?, ¿Cómo hacerlo? y más (genograma.net, 2022).

De igual forma, es un instrumento clínico práctico que facilita el abordaje sistémico en la atención del paciente, proporcionando al profesional y al paciente una muestra gráfica de la familia, incluyendo los patrones de enfermedad de la familia y los problemas biomédicos y psicosociales. Es por ello que también se le da el nombre de *familiograma*. También ayuda a establecer relaciones con los pacientes y empatizar con ellos.

El *Genograma* es un modelo para dibujar un árbol familiar, que recopila información gráfica acerca de los miembros de la familia y de sus relaciones a través de en general a lo menos dos generaciones. En salud familiar interesa en general como base asistencial permanente; permite identificar a los miembros que viven y comparten una vivienda. Pero se pregunta por al menos tres generaciones para descubrir patrones familiares, factores de riesgo y protectores, los cuales se adscriben al miembro que corresponde.

En ciertas situaciones asistenciales el profesional puede requerir del genograma de al menos tres generaciones, aunque no compartan el hogar, como para descubrir por ejemplo secretos de familia (embarazo adolescente en varias generaciones, problemas de conducta en varias generaciones, oficios en varias generaciones, etcétera). Los *Genogramas* despliegan esta información de la familia de una manera que proporciona una rápida visión de patrones familiares complejos y se constituyen en una fuente rica de hipótesis acerca de un problema, y éste como puede estar conectado al contexto familiar y a la evolución de ese problema en ese contexto en el tiempo (imagen 2).[141]

Genograma familiar

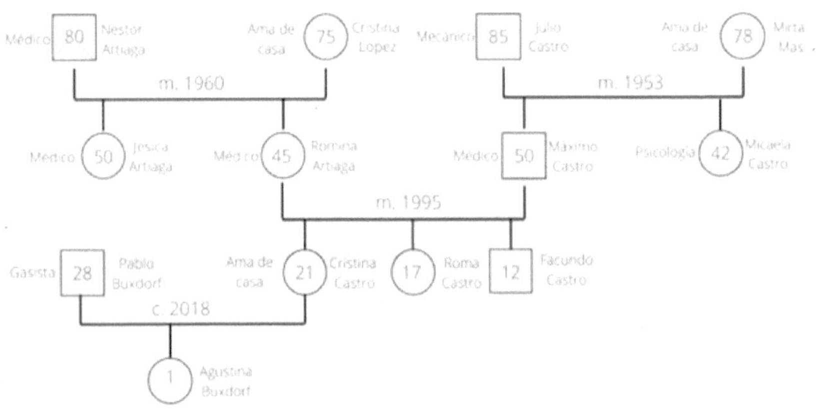

Finalmente se destaca, que su diseño está constituido por los datos de los miembros de la familia (nombre, fecha de nacimiento, problemas de salud, oficio u profesión, factores de riesgo y protectores), que por símbolos estandarizados son desplegados según sexo y por generaciones según su descendencia; estos datos son en general relativamente estables. A este diseño básico se le puede agregar información relacional o de dinámica, cuando una consulta lo requiere, o sea con una simbología también estandarizada de líneas, se gráfica las relaciones de mayor o menor vínculo y conflicto entre los miembros (imagen 3).[142]

Simbología para el familiograma o el genograma

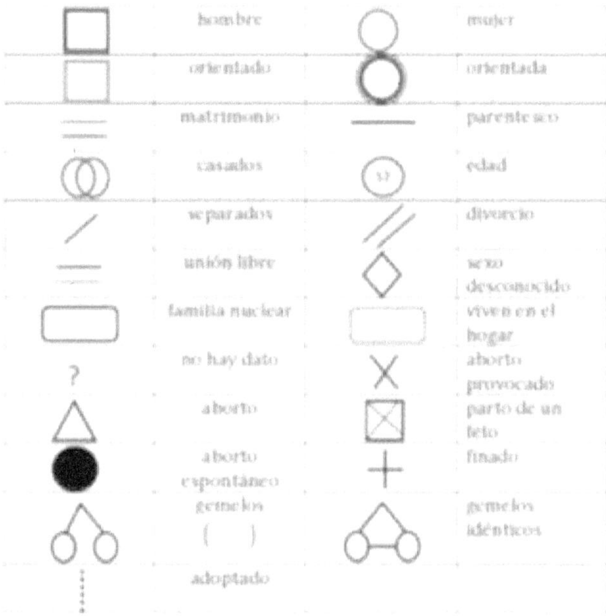

142. Ibid. Segovia Isabel. (2022)

Guía de entrevista.

La Guía para Entrevistas funciona como una lista de comprobación que ayuda a preparar un plan de acción para conducir entrevistas. En tal sentido, una entrevista es una conversación o diálogo entre dos o más personas con objetivos predefinidos, en la que una de ellas ejerce el rol de entrevistado y su interlocutor, el de entrevistador.[143]

Por ejemplo, dentro de la metodología cualitativa se puede identificar a la entrevista como una técnica que se emplea para obtener información verbal, abstracta y abierta de uno o varios sujetos a partir de una guía o guion. Las características más importantes de la entrevista en el diagnóstico cualitativo son: se basa en la comunicación verbal; es estructurada, metódica y planificada; se complementa con un guion; se apoya en la observación; su fin es la reunión de información abstracta; su uso puede ser: diagnóstico, selección, terapéutico, etcétera; existe una influencia bidireccional entrevistado-entrevistador; interviene un juego de roles.[144]

Lo mismo que la entrevista en investigación cuantitativa, la cualitativa sigue un procedimiento, el cual se inicia por consultar todas aquellas fuentes escritas que proporcionen información acerca del hecho o fenómeno que vamos a estudiar, para posteriormente indagar con los sujetos, de acuerdo a los datos con los que se cuenta. En las historias de vida se inicia por conocer el expediente, tanto para tener antecedentes del caso como para detectar contradicciones y/o profundizar en algunos aspectos.

Lo anterior, da pie a la planeación, en la que se define lo que se quiere conocer, para determinar las variables que intervinieron y la relevancia de cada dato o tema que se investigue, así como el tipo de cuestionamientos que se pudieran realizar. Éstos no son preguntas-respuestas, sino temas generales en que el entrevistado, tiene la oportunidad de hablar libremente, y puede describir y aclarar.

Para ello, es indispensable elaborar una guía de entrevista que permita ir conduciendo al interlocutor conforme a la información que fuera necesaria recabar de acuerdo con el motivo de la historia de vida que se investigue. En la planeación también se debe fijar el tiempo de duración, que no puede ser

143. Aleph. Que es una guía de entrevista (2021).
144. Osvaldo Agustín Marcón. México: El papel de los peritos en Trabajo Social en el nuevo sistema penal acusatorio y oral (México, 2022).

muy corto, ni muy prolongado. Es preferible hacer más de una entrevista, si se requiere, que distraer al entrevistado por un tiempo demasiado largo, y se recomienda elegir el lugar adecuado para llevarla a cabo cuidando que sea libre de interrupciones.

Finalmente se precisa que el desarrollo de la entrevista comprende tres momentos: Presentación; Toma de contacto y Cuerpo de la entrevista. La presentación permite la toma de contacto entre entrevistador e informante; prepara el ambiente para iniciar la conversación y paulatinamente ir ganando la confianza del entrevistado, lo que contribuye a que se explaye y proporcione datos más verídicos, correspondientes al cuerpo de la entrevista. En esta etapa se explica al entrevistado la procedencia del Trabajador Social, el objetivo de la entrevista y el tiempo que tomará, a la vez, que se hace hincapié en que, la información que se proporcione será confidencial y únicamente se usará para el fin previsto.[145]

Diario de Campo.

El Cuaderno o Diario de Campo, representa cualquier tipo de soporte material escrito que sirve para anotar "algo" interesante para la investigación (sonidos, observaciones, direcciones, nombres) que requiera una anotación inmediata; el contenido se transcribe en un registro más formal como el diario de campo, fichas, genogramas.[146]

Dentro del trabajo social, el Diario de Campo, representa un instrumento de trabajo escrito (manual o informático) "más o menos" estructurado por temas, observaciones, comentarios personales, apartados de personas individuales, entrevistas, el cual puede ir, desde una agenda personal para el trabajo a un programa informatizado que nos sirva posteriormente para clasificar los datos

9.6. Tecnologías Utilizadas

Tecnologías Utilizadas

Para recabar la información y no dejar pasar algún suceso relevante proporcionado por el entrevistado, se recomienda apoyarse de instrumentos como grabadora, cámara fotográfica o de video, teléfono celular o *lap*

145. Ibid. Osvaldo Agustín Marcón. (2022).
146. Ibid. Osvaldo Agustín Marcón. (2022).

top, contando con la previa autorización de la institución y la persona a entrevistar. Representando hoy día, la tecnología y los diferentes dispositivos herramientas potenciales para el peritaje desde el Trabajado Social.

Ahora bien, gracias a la fusión de las tecnologías de la comunicación (TC) y las tecnologías de la información (TI), en la actualidad la gestión de la información se logra a través de las llamadas TIC o Tecnologías de la Información y la Comunicación; sistema tecnológico que al crear nuevas formas de comunicación, permite hacer múltiples actividades utilizando las herramientas y aplicaciones tecnológicas adecuadas. Dichas herramientas y aplicaciones tecnológicas son los programas que abarcan todo lo que son los softwares y hardwares que mantienen el objetivo de ayudar a hacer bien una tarea. Están disponibles en entornos virtuales que se puedan utilizar para agilizar casi cualquier tarea. Entre los tipos de aplicaciones tecnológicas que hoy día se pueden encontrar están:[147]

- Procesadores de texto: son la aplicación predilecta para crear y editar textos al formato de preferencia, generalmente sin límite alguno.
- Hojas de cálculo: en cambio, las hojas de cálculo son la herramienta con la que se puede manipular números y fórmulas de manera organizada a través de celdas.
- Creador de folletos: como su nombre lo indica, es el tipo de apps que se utiliza para la rápida creación de folletos y volantes.
- Generador de presentaciones multimedia: estos unen las funciones del procesador de texto y el creador de folletos, permitiendo que se diseñe el material de apoyo visual.
- Editores de fotos: por último, este ayuda a retocar los defectos que puedan tener las fotografías y darle el efecto de preferencia.

De igual forma, se pueden utilizar herramientas tecnológicas en una era digital, aquellas encaminadas hacia: la gestión de investigación; Recursos de Referencia/Índice; Herramientas de recopilación de información: Encuestas y Herramientas de recopilación de datos web; Herramientas de recopilación de datos web (cuadro 21).[148]

147. Euroinnova. Herramientas y aplicaciones tecnológicas (Euroinnova,2022).
148. Octoparse. 30 Herramientas y Recursos para Investigación Académica (octoparse, 2020)

Destacándose entre los recursos utilizados como técnicas para el estudio los:

- Audiovisuales: logra las asistencias virtuales a través de los videos.
- Auditivos: se mantienen por medio de los podcasts, como herramientas tic.
- Escritos: determinados por las distintas formas, como, por ejemplo: los resúmenes, el subrayado de la información, la lectura de los contenidos.
- Visuales: caracterizados por las tarjetas didácticas, los mapas conceptuales, entre otros.

c	Tipo	Descripción
De gestión de la investigación	1. MarginNote	MarginNote es una poderosa herramienta de lectura para estudiantes o profesionales de distintos campos; ayuda a organizar, estudiar y administrar rápidamente grandes volúmenes de PDF y EPUB. La aplicación de aprendizaje todo en uno le permite resaltar PDF y EPUB, tomar nota, crear el mapa mental, revisar tarjetas y le evita tener que cambiar sin cesar entre diferentes aplicaciones. Está disponible en Mac, iPad y iPhone.
	2. Zotero	Zotero es una herramienta gratuita y fácil de usar para recopilar, organizar, citar y compartir investigaciones. Está disponible para Mac, Windows y Linux. Admite la gestión de datos bibliográficos y materiales de investigación relacionados (como archivos PDF). Las características notables incluyen la integración del navegador web, la sincronización en línea, la generación de citas en el texto, notas al pie y bibliografías, así como la integración con los procesadores de texto Microsoft Word y LibreOffice Writer.
	3. RefWorks	RefWorks es un paquete de software de gestión de referencias comerciales basado en la web. Las bases de datos de referencia de los usuarios se almacenan en línea, lo que les permite acceder a ellas y actualizarlas desde cualquier computadora con conexión a Internet. Las licencias institucionales permiten a las universidades suscribirse a RefWorks en nombre de todos sus estudiantes, profesores y personal. Las licencias individuales también están disponibles. El software permite vincular desde la cuenta RefWorks de un usuario a ediciones electrónicas de revistas a las que se suscribe la biblioteca de la institución.
	4. EndNote	EndNote es la herramienta de software estándar de la industria para publicar y administrar bibliografías, citas y referencias en el escritorio de Windows y Macintosh. EndNote X9 es el software de administración de referencia que no solo libera del tedioso trabajo de recopilar y curar manualmente los materiales de investigación y formatear bibliografías, sino que también brinda mayor facilidad y control para coordinar con los colegas.
	5. Mendeley	Mendeley Desktop es un software académico gratuito (Windows, Mac, Linux) para organizar y compartir trabajos de investigación y generar bibliografías. A través de 1 GB de almacenamiento en línea gratuito. También puede realizar copias de seguridad y sincronizar automáticamente sus bibliografías en computadoras, redes y dispositivos móviles.
	6. Readcube	ReadCube es un programa basado en escritorio y navegador para administrar, anotar y acceder a artículos de investigación académica. Puede sincronizar toda su biblioteca, incluidas notas, listas, anotaciones e incluso aspectos destacados en todos sus dispositivos, incluido su escritorio (Mac/PC), dispositivos móviles (iOS/Android/Kindle) o incluso a través de la Web.

	7. Qiqqa	Qiqqa es un gerente de investigación y referencia gratuito. Su versión gratuita admite la gestión de PDF sobrealimentado, informes de anotación, expedición, anuncios admitidos y almacenamiento en línea gratuito de 2 GB.
	8. Docear	Docear ofrece: Una interfaz de usuario de una sola sección que permite la organización más completa de la literatura; un concepto de conjunto de literatura que combina varias herramientas en una sola aplicación (gestión de pdf, gestión de referencias, mapas mentales, ...); Un sistema de recomendaciones que ayuda a descubrir nueva literatura: Docear recomienda documentos que son gratuitos, en texto completo, de descarga instantánea y adaptados a las necesidades de información.
	9. Paperpile	Paperpile es un software de gestión de referencias comerciales basado en la web, con especial énfasis en la integración con Google Docs y Google Scholar. Partes de Paperpile se implementan como una extensión del navegador Google Chrome
	10. JabRef	JabRef es un gestor de referencias bibliográficas de código abierto. El formato de archivo nativo utilizado por JabRef es BibTeX, el formato de bibliografía estándar de LaTeX. JabRef es una aplicación de escritorio y se ejecuta en Java VM (versión 8), y funciona igualmente bien en Windows, Linux y Mac OS X. Las entradas se pueden buscar en bases de datos externas y las entradas de BibTeX se pueden obtener desde allí. Las fuentes de ejemplo incluyen arXiv, CiteseerX, Google Scholar, Medline, GVK, IEEEXplore y Springer.
Recursos de Referencia/Índice	1. Google Académico	Google Scholar es un motor de búsqueda web de acceso gratuito que indexa el texto completo o los metadatos de la literatura académica en una variedad de formatos y disciplinas de publicación. Incluye la mayoría de las revistas y libros académicos en línea revisados por pares, documentos de conferencias, tesis y disertaciones, preimpresiones, resúmenes, informes técnicos y otra literatura académica, incluidas las opiniones de los tribunales y las patentes.
	2. arXiv	arXiv (pronunciado "archivo") es un repositorio de preimpresiones electrónicas (conocidas como "e-prints") aprobadas para publicación después de la moderación, que consta de documentos científicos en los campos de las matemáticas, la física, la astronomía, la ingeniería eléctrica, la informática, la biología cuantitativa, estadísticas y finanzas cuantitativas, a las que se puede acceder en línea. En muchos campos de las matemáticas y la física, casi todos los artículos científicos se autoarchivan en el repositorio de arXiv.

	3. Springer	Springer Science + Business Media o Springer, parte de Springer Nature, ha publicado más de 2,900 revistas y 290,000 libros, que cubren ciencia, humanidades, técnicas y médicas, etc.
	4. Hyper Articles en Ligne	Hyper Articles en Ligne (HAL) es un archivo abierto donde los autores pueden depositar documentos académicos de todos los campos académicos, administrado por el Centro para la comunicación científica, que forma parte del Centro Nacional Francés de Investigación Científica. No es necesario que un documento cargado haya sido publicado. Se puede publicar en HAL siempre que su contenido científico lo justifique.
	5. MEDLINE	MEDLINE (Sistema de recuperación y análisis de literatura médica en línea, o MEDLARS Online) es una base de datos bibliográfica de ciencias biológicas e información biomédica. Incluye información bibliográfica para artículos de revistas académicas que cubren medicina, enfermería, farmacia, odontología, medicina veterinaria y atención médica. MEDLINE también cubre gran parte de la literatura en biología y bioquímica, así como campos como la evolución molecular. Compilado por la Biblioteca Nacional de Medicina de los Estados Unidos (NLM), MEDLINE está disponible gratuitamente en Internet y se puede buscar a través de PubMed y el sistema Entrez del Centro Nacional de Información Biotecnológica de NLM.
	6. ResearchGate	ResearchGate es un sitio de redes sociales para científicos e investigadores para compartir documentos, hacer y responder preguntas y encontrar colaboradores. Según un estudio de Nature y un artículo en Times Higher Education, es la red social académica más grande en términos de usuarios activos.
	7. CiteSeerx	CiteSeerx (CiteSeer) es un motor de búsqueda público y una biblioteca digital para trabajos científicos y académicos, principalmente en los campos de la informática y la ciencia de la información. Muchos lo consideran el primer motor de búsqueda de trabajos académicos y el primer sistema automatizado de indexación de citas. CiteSeer posee una patente de los Estados Unidos # 6289342, titulada "Indización de citas autónomas y búsqueda de literatura usando el contexto de citas".
	8. Scopus	Scopus es la base de datos de citas y resúmenes más grande del mundo de literatura de investigación revisada por pares. Con más de 22,000 títulos de más de 5,000 editoriales internacionales. Puede utilizar esta búsqueda de cuenta gratuita para buscar cualquier autor; o utilice el Asistente de comentarios del autor para verificar su perfil de autor de Scopus.
	9. Emerald Group Publishing	Emerald Publishing se fundó en 1967 y ahora administra una cartera de casi 300 revistas, más de 2,500 libros y más de 1,500 casos de enseñanza, que cubren los campos de administración, negocios, educación, estudios de bibliotecas, atención médica e ingeniería.
	10. Web of Science	Web of Science (anteriormente conocido como Web of Knowledge) es un servicio de indexación de citas científicas basado en una suscripción en línea producido originalmente por el Instituto de Información Científica (ISI)

De recopilación de información: Encuestas y de recopilación de datos web	1. Formularios de Google	Formularios de Google es una opción simple para quien ya tiene una cuenta de Google. Es compatible con la búsqueda de menús, la combinación aleatoria de preguntas para un orden aleatorio, la limitación de las respuestas a una vez por persona, los temas personalizados, la generación automática de sugerencias de respuestas al crear formularios y la opción "Cargar archivo" para los usuarios que responden para compartir contenido. Además, la respuesta se puede sincronizar en Google Drive, los usuarios pueden solicitar la carga de archivos de personas externas a sus respectivas compañías, con el límite de almacenamiento inicialmente establecido en 1 GB.
	2. Survey Monkey	Survey Monkey es un nombre bastante conocido en el campo, pero también está costando. Es una gran opción si se desea una interfaz de usuario fácil para encuestas básicas, ya que su plan gratuito admite encuestas ilimitadas, sin embargo, cada encuesta está limitada a 10 preguntas.
	3. Encuesta Gizmo	Surveygizmo se puede personalizar para satisfacer una amplia gama de demandas de recopilación de datos. La versión gratuita tiene hasta 25 tipos de preguntas, lo que le permite escribir una encuesta que atiende a necesidades específicas. También ofrece casi 100 tipos diferentes de preguntas que todos los tipos de preguntas se pueden personalizar según las preferencias del usuario.
	4. PollDaddy	PollDaddy es un software de encuestas en línea que permite a los usuarios insertar encuestas en su sitio web o invitar a los encuestados por correo electrónico. Su versión gratuita admite encuestas ilimitadas, 19 tipos de preguntas e incluso agrega imágenes, videos y contenido de YouTube, Flickr, Google Maps y más.
	5. LimeSurvey	LimeSurvey es un software de encuestas de código abierto como una solución SaaS profesional o como una edición comunitaria autohospedada. La versión gratuita profesional de LimeSurvey proporciona 25 respueste/mes con un número ilimitado de encuestas, administradores ilimitados y 10 MB de almacenamiento de carga.

De recopilación de datos web	1. Octoparse	Octoparse es la herramienta de web scraping más fácil de usar para personas sin experiencia previa en tecnología. Su versión gratuita ofrece páginas ilimitadas por rastreo, 10 rastreadores (crawlers) y hasta 10,000 registros por exportación. Si los datos recopilados son superiores a 10.000, puede pagar $ 5.9 para exportar todos los datos. Si necesita realizar un seguimiento de los datos dinámicos en tiempo real, puede utilizar la función premium de Octoparse: Extracción programada en la nube.
	2. Parsehub	Parsehub es otro software de escritorio no apto para programadores para el web scraping, que está disponible para varios sistemas como Windows, Mac OS X y Linux. Su versión gratuita ofrece 200 páginas por rastreo, 5 proyectos públicos y 14 días para la retención de datos.
	3. Docparser	Docparser convierte documentos PDF en datos estructurados y fáciles de manejar, lo que le permite extraer campos de datos específicos de PDF y documentos escaneados, convertir PDF a texto, PDF a JSON, PDF a XML, convertir tablas PDF en CSV o Excel, etc. Su precio inicial es de $ 19, que incluye 100 análisis de créditos.
	4. Scrapy	Scrapy es un marco colaborativo y de código abierto para extraer los datos que se necesiten de los sitios web. De manera rápida, simple pero extensible.
	5. Feedity	Feedity extrae automáticamente contenido y datos relevantes de páginas web públicas para crear fuentes RSS de actualización automática. Convierta instantáneamente noticias en línea, artículos, foros de discusión, reseñas, trabajos, eventos, productos, blogs, comunicados de prensa, publicaciones en redes sociales o cualquier otro contenido web en notificaciones suscribibles o publicables. La versión de inicio ofrece 20 feeds y un intervalo de actualización de 6 horas, con un costo de $ 9 por mes.

La AMAI VS CLASES SOCIALES

Como parte del compromiso de la Asociación Mexicana de Agencias de Inteligencia de Mercado y Opinión (AMAI),[149] que establece el índice de Niveles Socioeconómicos (NSE), con el objetivo de fortalecer la transparencia y el rigor metodológico de la regla de nivel socioeconómico. En tal sentido la regla AMAI 2018 comienza también un nuevo modelo de evaluación y ratificación de la regla de Nivel socioeconómico. A partir de esta integración, el Comité se compromete a realizar revisiones regulares de la regla conforme nuevas ediciones de la Encuesta Nacional de Ingresos y Gastos de los Hogares en México sean publicadas; donde clasifica en seis niveles socioeconómicos diferentes (cuadro 22).[150]

Niveles socioeconómicos AMAI.

Clases	Descripción
A/B Clase Alta	Es el segmento con el más alto nivel de vida. El perfil del jefe de familia de estos hogares está formado básicamente por individuos con un nivel educativo de Licenciatura o mayor. Viven en casas o departamentos de lujo con todas las comodidades.
C+ Clase Media Alta	Este segmento incluye a aquellos que sus ingresos y/o estilo de vida es ligeramente superior a los de clase media. El perfil del jefe de familia de estos hogares está formado por individuos con un nivel educativo de Licenciatura. Generalmente viven en casas o departamentos propios algunos de lujo y cuentan con todas las comodidades.
C Clase Media	Este segmento contiene a lo que típicamente se denomina clase media. El perfil del jefe de familia de estos hogares está formado por individuos con un nivel educativo de preparatoria principalmente. Los hogares pertenecientes a este segmento son casas o departamentos propios o rentados con algunas comodidades.
D+ Clase Media Baja	Este segmento incluye a aquellos hogares que sus ingresos y/o estilos de vida son ligeramente menores a los de la clase media. Esto quiere decir, que son los que llevan un mejor estilo de vida dentro de la clase baja. El perfil del jefe de familia de estos hogares está formado por individuos con un nivel educativo de secundaria o primaria completa. Los hogares pertenecientes a este segmento son, en su mayoría, de su propiedad; aunque algunas personas rentan el inmueble y algunas viviendas son de interés social.
D Clase Baja	Este es el segmento medio de las clases bajas. El perfil del jefe de familia de estos hogares está formado por individuos con un nivel educativo de primaria en promedio (completa en la mayoría de los casos). Los hogares pertenecientes a este segmento son propios o rentados (es fácil encontrar tipo vecindades), los cuales son en su mayoría de interés social o de rentas congeladas.
E Clase más Baja	Es el segmento más bajo de la población. Se le incluye poco en la segmentación de mercados. El perfil del jefe de familia de estos hogares está formado por individuos con un nivel educativo de primaria sin completarla. Estas personas no poseen un lugar propio teniendo que rentar o utilizar otros recursos para conseguirlo. En un solo hogar suele vivir más de una generación y son totalmente austeros.

La AMAI considera que el Nivel Socioeconómico está determinado por el bienestar o calidad de vida del hogar y no necesariamente significa un nivel de ingreso, un estilo de vida o un estatus social. El ingreso es un componente importante de la calidad de vida, pero las características sociales del hogar

149. AMAI. Asociación Mexicana de Agencias de Inteligencia de Mercado y Opinión AC. (AMAI, 2022)

150. Fergut.Com. Clasificación de niveles socioeconómicos en México (Fergut.Com, 2022)

como la educación de sus miembros o sus conocimientos y habilidades para manejar los recursos con los que cuentan pueden modificar el bienestar o la calidad de vida que da un determinado ingreso.

Los estilos de vida incluyendo las prácticas culturales, los hábitos, los gustos y las preferencias no necesariamente están relacionados con un determinado ingreso y por tanto no son determinantes en su definición. El estatus o prestigio social tampoco son un determinante del Nivel Socioeconómico. Generalmente estas son actitudes que responden a prejuicios o preconceptos que no tienen fundamento. La AMAI a través de su Comité de Nivel Socioeconómico tiene como misión estandarizar la definición, medición y uso de la segmentación de los Niveles Socioeconómicos entre las empresas asociadas y en general entre todos los usuarios de la industria de la investigación de mercados y opinión pública a fin de:[151]

- ✓ Contar con criterios estandarizados sobre el tema.
- ✓ Generar un lenguaje común entre todos los usuarios.
- ✓ Facilitar el intercambio de información entre distintas empresas clasificando a la población utilizando los mismos criterios.
- ✓ Propiciar el conocimiento de los consumidores, audiencias y sociedad en general a través del uso de criterios homogéneos para la clasificación.
- ✓ Ayudar a que empresas, instituciones y clientes logren sus metas.
- ✓ Dar certeza a la industria de inteligencia de mercados y opinión.[152]

151. AMAI. Comité de Nivel Socioeconómico AMAI, Nivel Socioeconómico. 2022. Nota Metodológica (Asociación Mexicana de Agencias de Inteligencia de Mercado y Opinión, Octubre 2021)
152. AMAI. Indicadores socioeconómicos (AMAI, 2022b).

CAPÍTULO X. PREPARACIÓN PARA DEFENDER LA PRUEBA PERICIAL DE TRABAJO SOCIAL

10.1. Entrevista de los testigos

La entrevista a testigos es un proceso de recopilación de información y los derechos de los entrevistados o testigos garantizan un trato respetuoso y justo durante ese proceso. Las entrevistas buscan obtener testimonios para un proceso legal, mientras que los derechos de los entrevistados incluyen ser tratados con respeto, no ser discriminados, solicitar protección si temen por su seguridad y estar acompañados por un abogado.

La entrevista a los justiciables tienen un propósito en metería pericial desde trabajo social y es la de obtener información sobre los hechos para fortalecer un caso legal, esclarecer aportando elementos al juzgador , bajo un método científico para establecer una buena comunicación con un lenguaje claro y sin tecnicismos, elaborando preguntas abiertas y evitar preguntas sugestivas que dirijan la respuesta del testigo la cual se documenta de manera precisa para futuras referencias, durante el proceso de entrevista, es importante mantener un ambiente de cooperación y minimizar el estrés del entrevistado.

En ese sentido el entrevistador debe respetar los derechos del entrevistado y la integridad del proceso legal dado que el entrevistado tiene derechos y es titular de derechos humanos se le debe de dar un trato digno, ser tratado con respeto y consideración durante la entrevista y el proceso judicial, no ser discriminado por ninguna razón durante la declaración dar la protección para su identidad si teme por su seguridad personal, dar acompañamiento legal durante su declaración.

El apoyo a entrevistados máxime cuando se trate de persona de grupo vulnerable existe el apoyo desde instrumentos internacionales y nacionales solicitando apoyo de trabajo social como son las reglas de Brasilia ye manual del justiciable de la Suprema Corte de Justicia de la Nación que a continuación mencionamos.

Esta reglas también conocidas como Reglas de Brasilia Sobre el Acceso a la Justicia de las Personas en Condición de vulnerabilidad, son un conjunto de directrices internacionales, que están orientadas a mejorar el acceso a la justicia, principalmente de aquellas personas que se encuentran en situación de vulnerabilidad, de manera que en su contenido se establecen normas que señalan medidas políticas para el pleno reconocimiento y ejercicio de los Derechos Humanos, en todos los sistemas judiciales iberoamericanos.

Las 100 reglas están alineadas a los estándares internacionales de derechos humanos, por lo que sus reflexiones son un recurso efectivo que compromete a los Estados a participar en la superación de barreras y obstáculos que afecten el orden judicial, lo cual se refleja en las dificultades que se hacen presentes para que los individuos accedan a la justicia, de manera que deben implicarse tanto el Poder Judicial, como Ministerio Publico y las Defensorías Públicas u Oficiales.

De manera que su finalidad es la promoción en la igualdad de acceso a la justicia, y aunque existe mayor visibilidad de situaciones de vulneración en materia penal, las obligaciones del Estado no se restringen únicamente a esta materia, asegurando que todos, sin importar la condición socioeconómica, cultural o personal, puedan ejercer sus derechos, al mismo tiempo que recibir la protección necesaria dentro del sistema de justicia. En este punto, también es pertinente señalar que las Reglas de Brasilia ofrecen una amplia definición de vulnerabilidad, en la cual se distingue que puede devenir por distintas circunstancias.[153]

> *Se consideran en condición de vulnerabilidad aquellas personas que, por razón de su edad, género, estado físico o mental, o por circunstancias sociales, económicas, étnicas y/o culturales, encuentran especiales dificultades para ejercitar con plenitud ante el sistema de justicia los derechos reconocidos por el Ordenamiento jurídico.*
>
> *Podrán constituir causas de vulnerabilidad, entre otras, las siguientes: la edad, la discapacidad, la pertenencia a comunidades indígenas o a minorías, la victimización, la migración y el desplazamiento interno, la pobreza, el género y la privación de libertad.*
>
> *La concreta determinación de las personas en condición de vulnerabilidad en cada país dependerá de sus características específicas, o incluso de su nivel de desarrollo social y económico.*

Contextualización sobre su estipulación

153. Cumbre Judicial Iberoamericana, 2008: Reglas de Brasilia Sobre el Acceso a la Justicia de las Personas en Condición de vulnerabilidad. Pág.: 5.

El documento se considera una respuesta a las necesidades regionales que existían para garantizar que el acceso a la justicia se diera en condiciones favorables, aun cuando se pertenecía a un sector en vulnerabilidad, en consecuencia, la idea fue una forma de tutela especial, que garantice un trato igualitario, libre de procesos de criminalización, medidas represivas o de positivismo.

Dentro de la XIV edición de la Cumbre Judicial Iberoamericana, en la que participaron líderes y redes de operadores del sistema judicial, como Ministerios Públicos, Asociaciones, Defensorías Públicas, Colegios y Agrupaciones de Abogados, fue como se generaron los diferentes aportes que configuran las Reglas de Brasilia. En el instrumento dentro de su exposición de motivos se señala[154]:

> *La Cumbre Judicial Iberoamericana, dentro del marco de los trabajos de su XIV edición, ha considerado necesaria la elaboración de unas Reglas Básicas relativas al acceso a la justicia de las personas que se encuentran en condición de vulnerabilidad. De esta manera, se desarrollan los principios recogidos en la "Carta de Derechos de las Personas ante la Justicia en el Espacio Judicial Iberoamericano" (Cancún 2002), específicamente los que se incluyen en la parte titulada "Una justicia que protege a los más débiles" (apartados 23 a 34).*

Contenido de las Reglas de Brasilia

El documento es una guía amplia y a detalle acerca de los mecanismos, así como enfoque que deben integrarse para garantizar un acceso equitativo a la justicia, desde su Capítulo preliminar (I) se dedica en términos conceptuales a la aclaración de qué es la vulnerabilidad, además de que profundiza al explicar a qué refiere cada una de las variables que pueden constituir situaciones de vulnerabilidad. En los Capítulos subsecuentes (II, III, IV), el formato tiene la siguiente estructura:

- Capítulo II: Efectivo acceso a la justicia para la Defensa de los derechos

  Sección 1ª.- Cultura jurídica

154. Cumbre Judicial Iberoamericana, 2008: Reglas de Brasilia Sobre el Acceso a la Justicia de las Personas en Condición de vulnerabilidad. Pág.: 4.

Sección 2ª.- Asistencia legal y defensa pública

Sección 3ª.- Derecho a intérprete

Sección 4ª.- Revisión de los procedimientos y los requisitos procesales como forma de facilitar el acceso a la justicia

Sección 5ª.- Medios alternativos de resolución de conflictos

Sección 6ª.- Sistema de resolución de conflictos dentro de las comunidades indígenas

- Capítulo III: Celebración de actos judiciales

Sección 1ª.- Información procesal o jurisdiccional

Sección 2ª.- Comprensión de actuaciones judiciales

Sección 3ª.- Comparecencia en dependencias judiciales

Sección 4ª.- Protección de la intimidad

- Capítulo IV: Eficacia de las reglas

En su contenido en general los principales elementos que son explícitos en este instrumento jurídico son:

- Igualdad y no discriminación: Las reglas establecen que todas las personas tienen derecho a acceder a la justicia sin discriminación alguna, y que los sistemas de justicia deben ser sensibles a las necesidades específicas de las personas en situación de vulnerabilidad.
- Acceso efectivo a la justicia: Se enfatiza la importancia de garantizar un acceso efectivo a la justicia para las personas en situación de vulnerabilidad, lo cual implica eliminar barreras físicas, económicas, sociales y culturales que puedan obstaculizar el acceso a los tribunales y demás servicios legales.
- Adaptación de procedimientos: Se enuncia la necesidad de adaptar los procedimientos judiciales y administrativos a las necesidades

de las personas en situación de vulnerabilidad, asegurando la accesibilidad y comprensión de los mismos. Esto puede incluir la provisión de asistencia legal gratuita, la utilización de intérpretes, la simplificación de trámites, entre otras medidas.

- Participación y representación: Las reglas destacan la relevancia de fomentar la participación activa de las personas en situación de vulnerabilidad en los procesos judiciales y administrativos que les conciernen. También se reconoce la necesidad de proporcionar representación legal cuando sea necesario, especialmente en casos de mayor complejidad.
- Capacitación y sensibilización: Se insta a los Estados y a los profesionales del sistema de justicia a llevar a cabo programas de capacitación y sensibilización sobre las necesidades y derechos de las personas en situación de vulnerabilidad, con el fin de mejorar la atención y respuesta brindada por parte de los operadores judiciales.
- Cooperación y coordinación: Se promueve la cooperación entre los diferentes actores del sistema de justicia, así como la coordinación con otros sectores relevantes, como el de salud, educación y servicios sociales, para abordar de manera integral las necesidades de las personas en situación de vulnerabilidad.

Relación de las Reglas de Brasilia con Trabajo Social

Partiendo del hecho de que los profesionistas en Trabajo Social son operadores dentro del sistema de justicia, en el que interviene con diversos sujetos sociales, como los imputados, condenados, víctimas y familiares, inevitablemente se requiere estar familiarizado con los tratados o normas internacionales que regulan dentro del ámbito jurídico, ya que desde estos estándares se pueden promover y defender los derechos humanos, asegurando un trato justo.

Además de esto, dentro de las Reglas de Brasilia, en el Capítulo III que aborda sobre la celebración de actos judiciales, en la Tercera Sección, sobre la Comparecencia en dependencias judiciales, se indican los requerimientos necesarios para adecuar las circunstancias ante condiciones de vulnerabilidad, en su segundo punto se reconoce la participación de profesionistas de distintas disciplinas, entre las que se localiza Trabajo Social, de la forma lo siguiente[155]:

2.- Asistencia

(64) Previa a la celebración del acto

Se procurará la prestación de asistencia por personal especializado (profesionales en Psicología, **Trabajo Social***, intérpretes, traductores u otros que se consideren necesarios) destinada a afrontar las preocupaciones y temores ligados a la celebración de la vista judicial.*

(65) Durante el acto judicial

Cuando la concreta situación de vulnerabilidad lo aconseje, la declaración y demás actos procesales se llevarán a cabo con la presencia de un profesional, cuya función será la de contribuir a garantizar los derechos de la persona en condición de vulnerabilidad.

También puede resultar conveniente la presencia en el acto de una persona que se configure como referente emocional de quien se encuentra en condición de vulnerabilidad.

La asistencia técnica en durante las actuaciones judiciales es un pilar para coadyuvar en el respeto y plenitud de los derechos humanos, mejorando a la vez la integridad del sistema, por lo que individualmente, como profesionistas debe existir apego a un código de ética, a la responsabilidad y conducta disciplinar, que asegura la calidad y el valor de los servicios prestados.

Dentro de la actuación, se debe asegurar tratar a los individuos con respeto, confidencialidad y no discriminación, además de que se promueva su autonomía en cuanto a la toma de decisiones, con estas acciones, se coadyuva desde el lugar de injerencia a preservar el Estado de derecho, la confianza en el sistema de justicia y su legitimidad ante la resolución de conflictos.

155. Cumbre Judicial Iberoamericana, 2008: Reglas de Brasilia Sobre el Acceso a la Justicia de las Personas en Condición de vulnerabilidad. Pág.: 17.

El Trabajo Social desde el Manual del Justiciable de la SCJN

El "Manual del Justiciable" es una guía publicada por el Poder Judicial de la Federación con el objetivo de orientar e informar a las personas, pero principalmente a los involucrados con el sistema de justicia mexicano sobre su funcionamiento, procesos, derechos, recursos, etc., por lo que está diseñado para ser accesible y comprensible para el público en general, ya que se encuentra redactado en términos legales básicos. Cabe destacar que el documento varia en su contenido dependiendo de la materia del derecho de la que se trate.

Con miras para empoderar a los ciudadanos mexicanos, al brindarles conocimientos básicos sobre el sistema de justicia, promoviendo su participación informada en procesos legales en los que puede estar involucrados. También buscó fomentar la transparencia, así como rendición de cuentas en el sistema de justicia. El Manual señala explícitamente que:[156]

> *(…) el objetivo de la serie Manual del Justiciable, es brindar información accesible para reforzar la cultura plena de la legalidad, ya que no hay mejor forma de consolidar al Estado de Derecho que a través del conocimiento de nuestras instituciones y de su funcionamiento.*

De esta manera, se puede dilucidar que algunos de los motivos que propiciaron el diseño y publicación el del Manual fueron los siguientes:

- Promover el conocimiento de los derechos y recursos legales: El manual busca informar a las personas sobre sus derechos fundamentales, así como los mecanismos y recursos legales a los que pueden acceder para hacer valer y proteger esos derechos. Muchas veces, las personas no tienen un conocimiento claro de sus derechos y cómo ejercerlos, por lo que el manual proporciona información básica y comprensible para empoderar a los ciudadanos en su relación con el sistema de justicia.
- Facilitar el acceso a la justicia: El sistema de justicia puede resultar complejo y difícil de entender para quienes no tienen experiencia legal. El manual busca simplificar y explicar los procesos legales, los términos jurídicos y las etapas de los juicios, para que las

156. Suprema Corte de Justicia de la Nación (2003). Manual del Justiciable: Elementos de Teoría General del Proceso. Poder Judicial de la Federación. Pág.: 7.

personas puedan comprender mejor cómo funciona el sistema y cómo pueden participar en él.

- Fomentar la transparencia y la rendición de cuentas: El manual también tiene como objetivo promover la transparencia en el sistema de justicia, al proporcionar información clara y accesible sobre su funcionamiento. Al hacerlo, se busca fortalecer la confianza de la ciudadanía en las instituciones judiciales y fomentar una mayor rendición de cuentas por parte de los actores del sistema de justicia.
- Sensibilizar sobre temas legales relevantes: El manual puede abordar temas legales de actualidad o de interés general para la sociedad, como la violencia de género, los derechos humanos, la justicia penal, entre otros. De esta manera, busca generar conciencia sobre estas cuestiones, promoviendo una mayor comprensión y compromiso de la ciudadanía en relación con estos temas.

Es pertinente mencionar que parte del contexto nacional en el que se estípula, ya que el inicio del siglo fue trascendental no solo en el campo tecnológico, sino que las innovaciones y necesidad de cambios fueron a nivel estructural, además de que se parte del hecho de que el país enfrentaba una serie de desafíos y problemáticas en el sistema judicial. Entre los que se encontraban las reformas para modernizar, a la vez fortalecer los sistemas de justicia, con la finalidad de hacer frente a la corrupción e impunidad, pues desde antes se ha ido arraigando la desconfianza en las instituciones judiciales, la percepción de delincuencia y las preocupaciones múltiples para la sociedad.

Además de un panorama cargado de violencia y delincuencia, derivado del crimen organizado, al igual que el narcotráfico, en los sectores más vulnerables de la población, muchas personas enfrentaban severos obstáculos para acceder a un sistema de justicia efectivo, ya sea por barreras económicas, geográficas o de falta de información, la brecha entre el acceso a la justicia y la protección de los derechos humanos era, y continúa siendo, un tema importante de abordar.

Contenido del Manual del Justiciable

Al ser un documento que proporciona una guía detallada y de fácil acceso, su consulta se agiliza a partir de la separación del contenido por capítulos, que comienzan explicando términos o precisiones, hasta que se hace explícito en cada una de las etapas y procedimientos que se ven implicadas en el proceso general de acceso a la justicia, de esta manera, a continuación se presenta la forma en que se encuentran los apartados:

I. El proceso jurisdiccional
II. Sujetos del proceso
III. Partes en el proceso
IV. Etapas procesales
V. Clasificación de los procesos
VI. Principios procesales
VII. Acción
VIII. Excepción
IX. Jurisdicción
X. Competencia
XI. Notificaciones
XII. Términos
XIII. Pruebas
XIV. Terminación del proceso
XV. Teoría de la impugnación
XVI. Ejecución procesal
- Glosario

De manera general, en su contenido, las disposiciones que podemos encontrar incluyen una introducción al sistema de justicia a través de la explicación general sobre la estructura y funcionamiento del sistema de justicia mexicano, incluyendo los poderes judiciales, las jerarquías y las distintas ramas del sistema, sobre los procesos judiciales como el penal, civil, laboral, administrativa, etc. Se explica cada etapa del proceso, desde la presentación de la demanda hasta la sentencia final, y se describen los roles y responsabilidades de las partes involucradas.

Entre la información también se versa sobre los mecanismos y recursos disponibles para garantizar el acceso a la justicia de todas las personas, incluyendo la gratuidad de la justicia, la asistencia legal gratuita, los servicios de mediación y conciliación, entre otros elementos como los recursos y medios de impugnación disponibles en el sistema de justicia, como la apelación, el juicio de revisión, entre otros. Se detallan los requisitos y procedimientos para presentar dichos recursos.

Relación del Manual del Justiciable con Trabajo Social

Al igual que las Reglas de Brasilia, el Manual del Justiciable es de importancia para la profesión, ya que proporciona una herramienta de apoyo, inicialmente para quienes se involucran en el campo jurídico, porque permite un acercamiento, además de adquirir conocimiento del vocabulario que se emplea en esta área, además también resulta de utilidad para orientar y empoderar a los usuarios con quienes se trabaja y que pudieran estar implicados con el sistema de justicia.

El Manual del Justiciable al presentar información de manera comprensible, evitando en gran medida el uso de tecnicismos y lenguaje jurídico complejo facilita que los trabajadores sociales puedan comunicar o explicar a las personas los procesos, derechos, al igual que recursos legales de una manera más accesible y comprensible, coadyuvando a los usuarios a comprender sus derechos, a tomar decisiones informadas, para participar activamente en los procesos legales.

Por la amplitud del Manual del Justiciable, las aportaciones que la Suprema Corte de Justicia de la Nación ha hecho al mismo, han derivado en la creación de Manuales especializados según los procesos judiciales que existen en distintas ramas del derecho, una de ellas en el ámbito civil, cuyo Manual hace explícita la participación de profesionistas en Trabajo Social dentro de los procedimientos, específicamente en los procedimientos especiales sobre controversias del orden familiar, ubicando su actuar en la etapa de Audiencia de pruebas y alegatos[157]

(4) Audiencia de pruebas y alegatos. En los procedimientos especiales sobre controversias del orden familiar, se admiten las pruebas que hubieran ofrecido las partes y que resulten procedentes, siempre que no sean contrarias al derecho o a la moral. Además, el propio Juez que reconoce del asunto puede ordenar de oficio la realización de inspecciones que se pueden llevar a cabo por él mismo, de tal manera que pueda contar con mayores elementos para resolver el asunto de que se trate. Además, es posible que ordene la

157. Suprema Corte de Justicia de la Nación (2003). Manual del Justiciable: Materia Civil. Poder Judicial de la Federación. Pág.: 93.

práctica de diversas actuaciones por parte de **trabajadores sociales** *y expertos en distintas ciencias, tales como la psiquiatría, la psicología, la sociología y otras, que puedan contribuir a solucionar este tipo de asuntos. (…).*

10.2. Oralidad en el proceso acusatorio

Etapa de Juicio Oral

La etapa de Juicio Oral sin duda es una fase crucial dentro del Sistema Penal Acusatorio, ya que es aquí cuando se determina la culpabilidad o inocencia del acusado, a través de la sentencia, como ya se ha señalado, este proceso se caracteriza por la oralidad y publicidad, que son elementos para garantizar la transparencia. Retomando lo que se promulga en el Art. 348 del Código Nacional de Procedimientos Penales (2023) "*El juicio es la etapa de decisión de las cuestiones esenciales del proceso. Se realizará sobre la basede la acusación (...)*".

Con los principios de inmediación, publicidad, concentración, igualdad, celeridad y que rigen el proceso, se atiende a lo estipulado en la Declaración Universal de los Derechos Humanos, en cuanto al derecho que se tiene a ser escuchado por un tribunal imparcial, ante cualquier acusación, sumando a ello que se debe acceder continuidad a recursos que sean efectivos para el acceso a la justicia, la verdad y en caso de que fuese necesario, las reparaciones adecuadas de daños (Asamblea General de la ONU, 1948).

Siguiendo el orden de ideas, de acuerdo a lo que explica Polanco (2016), esta etapa tiene inicio con el auto de apertura a Juicio Oral, siendo en la que posterior a los alegatos de apertura se desahogan las pruebas, esta información se corresponde con lo que Montiel y Chimal (2020) mencionan sobre la responsabilidad que tiene el juez de escuchar a la defensa, así como al Ministerio Público, a través de la audiencia en la que el debate es moderado según los procedimientos establecidos.

El desarrollo de la audiencia de Juicio Oral tiene como objetivo que se incorpore la información obtenida de los medios de prueba, por lo que estas pueden ser la declaración de testigos o peritos; con quienes se mantiene un interrogatorio y contrainterrogatorio, en el caso de los peritos se versa sobre el informe pericial, las pruebas documentales; de las que se establece su autenticidad y se hace la lectura o reproducción, las pruebas materiales; sobre las que también se establece su autenticidad y son exhibidas, las pruebas circunstanciales o las pruebas supervivientes (2012).

Cipriano Gómez Lara.[158] Sostiene que "...más que hablar de procesos orales o de procesos escritos en sentido puro, debe hablarse de tendencias; de tendencias hacia la oralidad y tendencias hacia la escritura".

En este mismo sentido, José Ovalle Favela[159] es enfático al recordar que "la escritura propicia la documentación del proceso, y como consecuencia, la certeza sobre su desarrollo. Para el proceso sólo existirá lo que conste en el expediente: *Quod non est in actis, non est in mundo*" El juicio oral, por su parte, ofrece otras ventajas: la concentración de etapas, la inmediatividad entre el juez, las partes y terceros que participan en el pro- ceso; la mayor dirección del proceso por parte del juzgador.

Un juicio donde se refleja la tendencia hacia la oralidad es aquel que se sigue ante los juzgados de paz, ya que el CPCDF dispone en el artículo 980 sección primera fijación de la Litis:

10.3. Expresión Oral y Habilidades Argumentativas del Perito en Juicios Orales

En este rubro valdría l apena en construir una imagen pública del perito en trabajo social eso derivado de lo que los demás profesionistas del área jurídica opinan de nosotros como trabajadores sociales y los justiciables con quienes trabajamos y trabajaremos a futuro, es por eso que valdría la pena construir esta imagen positiva del perito en Trabajo Social

Imagen Pública del Trabajador Social en el Área Jurídica como Perito

Construir una imagen pública de una persona lleva años así como de una reputación social y no se diga de un colectivo como lo es una profesión ya estigmatizada, si bien cuando nos dicen imagínate a un abogado, se nos viene a la menta una persona hombre o mujer con traje sastre o a un médico,

158. Gómez Lara, Cipriano, Derecho procesal civil, México, (Oxford University Press- Harla, 1998), pág. 5
159. Ovalle Favela, José, Derecho procesal civil, México, (Oxford University Press- Harla), 1998, pág. 39

lo imaginamos con bata blanca o aun ingeniero lo imaginamos con un a un jeens de mezclilla, zapados de casquillo con casco de obrero y camisa manga larga o corta para trabajo industrial y así como a cada profesionista que nos pidan o imaginemos y describamos en cuanto a su manera de vestir, lo cual ya nos da una idea de que su profesión ya cuenta con a imagen y reputación publica, buena o mala, pues si nos piden imaginar a un político, un policía, un partido político, la idea sigue en cuanto a su vestimenta no así en su actuación, lo cual cambia por completo a una imagen sumamente deteriorada ante la sociedad y hoy en día con mayor rapidez y que perdura por mucho tiempo en las redes sociales de las cuales no nos salvamos nadie .

De tal manera que la imagen es percepción, misma que con la continuidad se convierte en reputación, la fama que tiene una persona o una Institución dependerá de las acciones que se realicen, entonces todos tenemos una imagen, de hecho, la mayor parte de nuestras decisiones son emocionales.

Entonces si todos tenemos una imagen, **¿Valdrá la pena empezar a cuidarla?...**

De hecho, es común escuchar decir

- Así soy y... ¡Qué!"
- "No me importa lo que digan los demás"
- "Eso que tú nos vienes a decir ya lo tenemos"
- "Cualquiera puede ser Consultor en Imagen Pública"

De tal manera entonces que la Imagen Personal es la percepción que se tiene de una persona por medio de tres imágenes subordinadas:

A) Imagen Física

B) Imagen Verbal

C) Imagen Profesional

Imagen Física:

Es la Percepción que se tiene de una persona por parte de sus grupos objetivo como consecuencia de su apariencia o lenguaje corporal

Imagen Verbal:

Percepción que se tiene de nosotros, por los estímulos que emitimos a través de la palabra oral y escrita Construcción verbal (sintagma)

Imagen Profesional:

Ser parecer y actuar como Trabajador Social (ser y deber ser) • Manejo de Protocolo y de Crisis

Imagen Institucional:

Percepción de una persona moral por parte de sus diversos públicos. Imagen Institucional== Def. Corporativa= Fundamentos-Estilo.

A) Imagen Ambiental

B) Imagen Visual

C) Imagen Audiovisual

Imagen Ambiental

Percepción que se tiene de nuestros escenarios (p.e. espacios de trabaj)

Imagen Visual

Es la imagen que proyectamos de acuerdo a tipografía, logotipos, envases, empaques, tarjetas, tipo de papel

Imagen Audiovisual

Percepción que se tiene de una persona o institución en los medios de comunicación (Prensa, radio, TV, Internet, etc.) "El mensaje está en el medio, no en el contenido"

Imagen Pública del Trabajador Social. Si bien algo que caracteriza a todos y todas las y los trabajadores social es su amplio conocimiento para poder trabajar con cualquier persona por muy estudiado o iletrada que sea tenemos otra característica y que es la forma de vestir y si bien en el sector salud trabajos social tiene sus códigos de vestimenta incluso en los colores y formas en sus batas, camisolas o filipinas, en el área del trabajo social jurídico no es la excepción por lo que implica la dinámica del área judicial y por ende el perito en trabajo social se adecua a la manera y forma de vestir de los abogados o jueces.

De ahí que se adecue al sistema, un sistema que quizás sea cuadro y con reglas claras e inquebrantables al momento de presentar un dictamen o informe pericial durante los juicios o audiencias o cualquier otra actuación durante el proceso judicial, es común escuchar en trabajo social decir "que el hábito no hace al monje sin embargo en el área de trabajos social jurídico "le hábito no hace al monje, pero si por gracia o desgracia en este ámbito de trabajo lo distingue" ya que estamos inmersos en una sociedad clasista y racista, (así como nos ven, nos tratan), de ahí la importancia de vestir traje sastre en esta área de trabajo social jurídico, podemos incluso preguntarnos

Amigo Trabajador Social, te quiero preguntar:

¿Cómo percibe la gente tu noble y útil profesión? (chistes, comentarios, medios de información, ejercicio profesional)

Fortaleza

- Sustento Epistemológico fuerte
- Es una profesión con tradición
- Campo de trabajo amplio
- Muchos Trabajadores Sociales han ocupado puestos públicos importantes.
- Existen muchos personajes públicos que pertenecen a la profesión
- Profesión libre

Debilidades

- Se viven espejismos falsos (que la carrera sirve para hacer dinero en demasía).
- Mercado laboral saturado (hay muchos egresados)
- Se percibe más por parte de los diversos públicos, los estímulos que no corresponden con la esencia de la profesión

Amenazas

- **Nuevas generaciones de Trabajadores Sociales sin vocación ni compromiso atraídos por falsos espejismos**
- **Deterioro constante de la Imagen Profesional**
- **Surgimiento de nuevas profesiones que pretenden solucionar problemas, que originalmente soluciona el Trabajo Social; Creando confusión en los diversos públicos.**

Oportunidades

• Cacarear lo bueno y positiva de la misma

• Investigar que ofrecen los diferentes colegios y asociaciones de Trabajadores Sociales

• Certificación de los miembros del Colegio

• Crear un Código de Ética riguroso

• Coordinar todos los estímulos verbales y no verbales que emiten los miembros del Colegio

• Liderazgo de opinión pública

Propuesta

• Crear un Plan Maestro de Imagen Pública

• El Plan Maestro, debe de Coordinar las seis imágenes subordinadas para que puedan emitir mensajes coherentes hacia los diversos públicos

• LO MAS IMPORTANTE: Empezar uno mismo.

Propuesta desde las universidades

- El profesor debe predicar con el ejemplo hacia los alumnos "El buen juez por su casa empieza"
- Sensibilizar a los alumnos acerca de lo que representa una buena imagen ante las instituciones y/o personas con las que se está o se pretenda trabajar.
- Solicitar a los alumnos que en la medida de sus posibilidades económicas se vistan de acuerdo a la ocasión, así como hablar correctamente y con propiedad.

Y derivado de lo anterior en cuanto a la expresión oral y las habilidades argumentativas del perito son fundamentales en los juicios orales para transmitir sus conclusiones técnicas de forma clara y persuasiva, generando credibilidad y facilitando la comprensión del juez o jurado. Para lograrlo, el perito debe estructurar sus argumentos lógicamente, utilizar un lenguaje claro y conciso, y emplear recursos visuales y corporales de forma equilibrada para reforzar su mensaje y mantener el control de la audiencia.

Habilidades de expresión oral que el perito en trabajo social deberá de desarrollar serán desde:

Contar con un lenguaje claro y conciso, l perito debe evitar tecnicismos innecesarios y explicar conceptos complejos de manera sencilla para que sean comprendidos por el tribunal, fluidez y seguridad. Una presentación oral fluida y segura genera confianza y credibilidad. Esto se apoya en una buena preparación y conocimiento del caso, uso de recursos visuales, utilizar gráficos, diagramas o cualquier otro apoyo visual puede hacer que la información sea más accesible y reforzar los argumentos.

También desarrollar una amplia comunicación no verbal, El uso adecuado de gestos y expresiones faciales puede ayudar a enfatizar puntos clave y transmitir emociones, pero debe ser equilibrado para no distraer. Hacer sus de las habilidades argumentativas así como de las Estructura lógica, Los argumentos deben estar organizados de manera lógica y coherente, identificando los puntos clave del caso y presentándolos de forma persuasiva.

Desarrollar la Persuasión. El perito debe ser capaz de presentar sus conclusiones de manera que sean convincentes para el juez, sin dejar de lado su imparcialidad. La adaptabilidad. El perito debe estar preparado para responder preguntas directas del juez y para afrontar un contrainterrogatorio, demostrando que domina el tema y sus conclusiones, debe permanecer en la imparcialidad. A pesar de que el perito no defiende a ninguna parte, su argumentación debe ser sólida y basada en la evidencia técnica para contribuir a la búsqueda de la verdad procesal.

10.4. Objetivo de la Expresión Oral

El objetivo de la expresión oral del perito en juicios orales es transmitir de manera clara, técnica y concisa su análisis experto para auxiliar al juez en la toma de una decisión informada y justa. Esto se logra mediante la explicación de su dictamen de forma comprensible para un público no especializado, a la vez que se demuestra objetividad, credibilidad y honestidad profesional para asegurar que el tribunal comprenda la base científica de sus conclusiones.

Uno de los puntos más importantes en la etapa de presentación de pruebas para el perito debe de ser la de clarificar su dictamen pericial en juicio oral. Explicar los hallazgos técnicos de manera que un juez o jurado, que no es un experto en la materia, pueda entenderlos completamente.

Ya que con su peritaje le estará apoyando la resolución judicial al juzgador por ello Proveer al tribunal con conocimientos técnicos especializados que le permitan tomar una decisión más precisa y fundamentada en los hechos será básico para la sentencia. Por elle el perito debe demostrar profesionalismo e imparcialidad o sea mantener una actitud objetiva y honesta, transmitiendo confianza al tribunal y demostrando que su labor es independiente y no está a favor de ninguna parte.

Para ello el perito deberá de Responder a preguntas y objeciones durante la presentación en juicio oral y contesta preguntas en el interrogatorio o contra interrogatorio. Aclarar dudas que puedan surgir durante el contrainterrogatorio y defender la validez de su informe de manera firme pero respetuosa. También es importante crear credibilidad desde su dicho, con una comunicación efectiva y segura genera una buena impresión en el juez y aumenta la credibilidad del experto y su análisis técnico en el proceso judicial

10.5. Argumentación

La argumentación de un perito en juicios orales es la explicación oral de un dictamen técnico, que debe ser clara, concisa y objetiva para ayudar al juez a tomar una decisión justa. Esta argumentación es fundamental, ya que convierte el informe escrito en una prueba viva y permite a las partes interrogar al perito para aclarar puntos o exponer contradicciones. El perito debe exponer su análisis de manera didáctica, enfocándose en los hechos y la evidencia técnica, sin incluir opiniones personales o sentimentalismos.

Características clave de la argumentación pericial oral, debe de ser a partir de tener claridad y sencillez, El perito debe explicar conceptos técnicos de forma que sean comprensibles para el juez, transportando los hechos al tribunal de manera concisa y veraz, tener objetividad e imparcialidad, La argumentación debe basarse únicamente en la evidencia técnica y profesional, sin juicios de valor, opiniones personales o sentimentalismos. El peritaje y su dicho debe de contar con relevancia, debe estar directamente relacionada con los hechos del caso y ser útil para probar el punto controvertido, contra con un proceso metodológico. Es importante que el perito mencione la técnica y los procedimientos que utilizó en su análisis. Ser respetuoso y profesional, El perito debe dirigirse al juez y a las demás personas en la sala con respeto, coherencia y veracidad.

El papel del perito en el juicio oral hoy en día en el nuevo sistema panel acusatorio en México al presentar el peritaje se debe de presentar de manera oral no como en el sistema inquisitorial que ahí y en ese momento se leían el peritaje hoy en día se presenta de manera oral por ello se realiza una exposición del peritaje, es el momento en el que el dictamen escrito cobra vida a través de la explicación oral, también se da respuesta al interrogatorio, El perito debe ser capaz de responder preguntas de las partes (tanto de la fiscalía como de la defensa) sobre su dictamen.

El perito siempre debe de estar en alerta pensar como el perito de la parte contraria o tratar de imaginar cómo va a actuar para contratacar en ese sentid la contradicción profesional, Puede aclarar o rebatir los dictámenes de otros peritos, siempre de manera profesional y técnica. Por último, hay que realizar una exitosa defensa del peritaje. El perito debe estar preparado para defender su trabajo y explicar los fundamentos técnicos de sus conclusiones ante posibles cuestionamientos o contradicciones (Contrainterrogatorio).

10.6. La Contra Argumentación

La contra argumentación del perito en juicios orales se refiere a la impugnación del testimonio y el dictamen de un perito de la parte contraria, con el objetivo de desacreditarlo, restar credibilidad y resaltar inconsistencias. Se realiza a través de un contrainterrogatorio oral, buscando contradicciones, cuestionando su metodología o credenciales, y proponiendo un contra-peritaje que evidencie los errores o sesgos del informe original.

Para realizar una buena contra argumentación se debe de analizar detalladamente el informe del perito contrario, identificando errores, omisiones, inconsistencias, y posibles sesgos, así como también hacer un cuestionamiento de credenciales y experiencia, Se investigan las cualificaciones del perito para determinar si son deficientes, exageradas o irrelevantes para el caso, oro elemento es el cuestionamiento de la metodología, se evalúa si el perito tuvo el tiempo suficiente, la información completa necesaria y si aplicó métodos científicos válidos y adecuados, realizar una amplia búsqueda de inconsistencias, se buscan puntos en los que el perito haya cambiado de opinión, ofrecido declaraciones contradictorias o llegado a conclusiones que no se ajustan a los hechos.

En esta contra argumentación también se den de realizar un contra-peritaje, se puede presentar un informe pericial contradictorio, elaborado por un perito de parte, que analice los mismos hechos y ponga de manifiesto los fallos del informe original. El uso del contrainterrogatorio, durante el juicio, se utiliza el contrainterrogatorio para presentar estas inconsistencias de manera clara, a través de preguntas dirigidas que guíen al juez hacia la conclusión deseada por último se debe de ser imparcial como perito, Se recuerda que los peritos deben ser objetivos e imparciales, y se puede cuestionar cualquier vínculo que pudiera afectar su credibilidad.

10.7. Rapidez Mental

La rapidez mental de un perito en juicios orales se refiere a su capacidad de reaccionar con prontitud y coherencia ante preguntas, contra-interrogatorios y situaciones imprevistas, manteniendo la calma y la objetividad. Esto se logra mediante la preparación exhaustiva del dictamen, la comprensión del caso y la práctica constante, permitiendo al perito defender su informe con seguridad y responder de manera efectiva sin salirse de su área de experiencia.

Factores que influyen en la rapidez mental del perito.

El perito en todo momento debe de estar avispado y por ello se requiere una preparación exhaustiva con conocimiento profundo del caso y del dictamen pericial, anticipación de preguntas y posibles contra-interrogatorios, dominio del tema de manera clara y concisa, con habilidades de comunicación y actuación, exposición clara y profesional de las conclusiones técnicas. Con capacidad para mantener la calma y la compostura ante la presión. habilidad para responder preguntas de abogados y jueces de manera directa y precisa, contra con actitud y enfoque, imparcialidad y objetividad durante todo el proceso, seguridad y confianza en el propio dictamen.

Tener un amplio Enfoque en los hechos técnicos y científicos del caso, sin dejarse llevar por argumentos emocionales. Tener la capacidad para reaccionar de manera adecuada ante preguntas imprevistas o desafiantes, flexibilidad para ajustar su exposición si es necesario, sin comprometer la integridad del informe. practicar la presentación, ensayar la exposición del informe en voz alta para ganar fluidez y confianza, anticipar preguntas difíciles, piensa en las preguntas que podrían hacer las partes contrarias y prepara respuestas claras y concisas.

El perito también debe de actualizarse y con ello conocer los fundamentos legales:

Comprende las reglas del juicio oral y los límites de tu actuación como perito, mantener la calma,

Si te sientes presionado, respira hondo y toma un momento para organizar tus ideas antes de responder, no improvisar en temas técnicos, no inventes respuestas. Si no conoces la respuesta a una pregunta, es mejor admitirlo honestamente, centrarse en el dictamen, responder a las preguntas basándote estrictamente en tu informe pericial y no te desvíes hacia debates que no te competen.

10.8. Concentración

La concentración de un perito en juicios orales se centra en su preparación exhaustiva para exponer su dictamen de forma clara y responder a preguntas, manteniendo la imparcialidad y la objetividad. Debe dominar su dictamen para defenderlo con firmeza y responder con precisión, sin caer en las estrategias de los abogados de las partes. Su actuación debe ser profesional para crear una buena impresión en el juez, demostrando su competencia técnica como auxiliar del tribunal.

El perito para concentrases antes que nada debe de realizar una Preparación y actuación del perito

Primero antes que nada dende de contar con un dominio del dictamen absoluto del dictamen El perito debe conocer a fondo su informe pericial para poder defenderlo y explicarlo con contundencia, tanto en su exposición inicial como durante el interrogatorio y contrainterrogatorio, contar con imparcialidad y objetividad, es fundamental que el perito mantenga una actitud neutral y objetiva, actuando como un auxiliar del juez y no como un defensor de alguna de las partes. Su función es aportar conocimientos técnicos para que el juez pueda valorar las pruebas correctamente.

En esa preparación este deberá de considerar la realización de una buena exposición clara, debe exponer su dictamen de forma que sea comprensible para el juez y las partes, analizando los hechos y opinando sobre ellos basándose en su experiencia y conocimientos. Dar despuesta a interrogatorios, debe responder a las preguntas de los abogados con precisión y sin dejarse llevar por las estrategias de contrainterrogatorio. Es crucial que sepa escuchar y responder de manera directa.

Contar con un amplio Profesionalismo en su actuar, su presentación y actuación durante el juicio deben reflejar profesionalismo y conocimiento técnico para generar confianza en el juez sobre la calidad de su trabajo.

- El médico no forense como perito en el sistema penal acusatorio

La responsabilidad del perito en el sistema penal acusatorio es examinar los indicios, objetos y productores del delito y entregar...

¡Error! Nombre de archivo no especificado.

SciELO México.

En caso de no cumplir con lo establecido se hará acreedor a obligaciones y sanciones como la Obligación de comparecer, el perito está obligado a comparecer si ha sido citado. No hacerlo puede llevar a la suspensión del juicio y a sanciones económicas para el perito, así como posibles sanciones, si no comparece, el juez puede imponerle una multa o llamada de atención si insiste en su incomparecencia tras ser citado nuevamente, puede ser sancionado por desobediencia, o rebeldía.

10.9. Descripción, Narración, Argumentación y Exposición del Peritaje

La presentación de un peritaje en un juicio oral combina descripción, narración, argumentación y exposición para explicar hallazgos técnicos de manera comprensible al juez. La descripción y narración presentan los hechos y el proceso investigativo, mientras que la argumentación y exposición utilizan el lenguaje técnico y profesional para convencer al juez de las conclusiones, basándose en criterios científicos y técnicos, y buscando simplificar el problema para facilitar la administración de justicia.

¿Para entender este punto habrá que preguntarnos Qué es la Descripción, Narración, Argumentación y Exposición del Peritaje?, es la Presentación detallada de los hechos, los materiales analizados y el estado de los hechos o de las cosas.

Por ello en el en el juicio, El perito debe ser preciso y objetivo al describir el objeto de su análisis, el lugar de los hechos o el material peritado, evitando valoraciones subjetivas.

En este el perito en el juicio realiza la narración del peritaje, relatar de forma secuencial el proceso seguido para realizar el estudio pericial, narra paso a paso la metodología utilizada, los pasos seguidos y el orden de las pruebas, permitiendo al juez comprender el proceso que llevó a las conclusiones. De tal manera que en su argumentación realizar la exposición razonada de la evidencia que apoya las conclusiones del peritaje, explicado por qué los resultados del análisis son los que son, utilizando los criterios científicos y técnicos que sustentan su opinión. El objetivo es convencer al juez a través de la lógica profesional.

Entonces en el juicio realiza esa exposición, hace la presentación formal y oral de todo el trabajo pericial, esta es la fase final donde se presenta de forma clara, concisa y persuasiva todo el trabajo. Debe incluir las conclusiones y la argumentación que las respalda, utilizando un lenguaje comprensible para el juez y todas las partes involucradas.

En resumen, la presentación del peritaje en juicio oral se estructura así: realiza la descripción: de la situación y el objeto, realiza la narración: del proceso seguido, realiza su argumentación: de los hallazgos y criterios técnicos y finalmente realiza la exposición, final de las conclusiones.

10.10. Las Competencias Epistémicas

Las competencias epistémicas del perito en juicio oral incluyen la capacidad de analizar y evaluar hechos con base en sus conocimientos especializados, fundamentar técnicamente su opinión, sustentar su dictamen de manera clara y responder a cuestionamientos de las partes. Estas competencias son cruciales para que el perito aporte conocimiento experto al proceso, esclarezca aspectos técnicos y ayude al juez a formarse un juicio.

Dentro de las competencias epistémicas que debe de contra un perito están las de análisis y evaluación especializada, el perito debe ser capaz de examinar indicios, objetos y circunstancias complejas aplicando sus conocimientos específicos para analizarlos, evaluarlos y opinar sobre ellos, y no limitarse a una simple observación., la de fundamentación técnica, Es fundamental que el perito justifique su dictamen indicando los criterios científicos o técnicos que utilizó para llegar a sus conclusiones. Esto se refleja en la motivación técnica del informe al igual que la de sustentación oral del dictamen, en el juicio oral, el perito debe exponer de manera clara y detallada su dictamen, incluyendo antecedentes, metodología, relación de causalidad y conclusiones, para que el juez y las partes comprendan su trabajo.

Otras de las competencias epistémicas del perito estarían las de capacidad de respuesta y debate,

El perito debe estar preparado para responder preguntas de las partes (fiscalía, defensa) y del propio juez, defendiendo su opinión y aclarando cualquier duda que pueda surgir sobre su análisis, contar con Independencia y objetividad, el perito actúa como un experto independiente que aporta elementos para el punto de vista del tribunal, por lo que debe mantener la objetividad y no dejarse influenciar por las partes

10.11. Potencializando las capacidades del Trabajo Social

Para potenciar las capacidades del Trabajo Social se debe enfocar en fortalecer las habilidades interpersonales del profesional, como la empatía, la escucha activa y la inteligencia emocional, y también en promover un enfoque centrado en las fortalezas y el empoderamiento de los usuarios. Otras estrategias incluyen el aprendizaje continuo, la autorreflexión, la práctica constante de habilidades como el pensamiento crítico, y la implementación de metodologías innovadoras como el desarrollo comunitario.

Ahora bien, para potencializando las capacidades del Trabajo Social se debe de trabajar en fomentar y fortalecer las habilidades interpersonales y emocionales, a partir de fomentar la escucha activa y empatía, prestar atención no solo a lo que se dice, sino también al lenguaje no verbal. La empatía permite entender las emociones del otro, lo que es fundamental para establecer una conexión de confianza. Fortalece la inteligencia emocional, desarrollar la capacidad de reconocer y gestionar las propias emociones y las de los demás.

Esto ayuda a manejar el estrés y a mantener relaciones profesionales saludables. Así como hacer hincapié en el asertividad, comunicar de forma clara y respetuosa, defendiendo los propios derechos y los de los clientes sin ser agresivo ni pasivo.

Desarrollar también la comunicación no verbal, ser consciente de la postura, el contacto visual y los gestos para transmitir interés y atención, respetando siempre el espacio personal del otro.

Enfoques y metodologías, enfoque en fortalezas, cambiar la perspectiva de centrarse en las carencias a enfocarse en las capacidades y recursos que ya poseen las personas y comunidades. Esto promueve el empoderamiento y la resiliencia.

Participe en el desarrollo comunitario, el Trabajar con la comunidad para identificar problemas, promover la participación activa y diseñar estrategias de intervención colectivas que fortalezcan el tejido social. Contar con autodeterminación, potenciar la capacidad de los usuarios para tomar sus propias decisiones y diseñar su propio camino, respetando su autonomía, tener pensamiento crítico, analizar la realidad de manera objetiva, cuestionar las causas subyacentes de los problemas y diseñar intervenciones efectivas.

Así como las anteriores también se debe de desarrollo profesional continuo desee el aprendizaje constante, mantenerse actualizado con nuevas teorías, enfoques y técnicas que puedan enriquecer la práctica profesional, con una constate retroalimentación y reflexión, solicitar y dar retroalimentación de manera regular, y dedicar tiempo a la reflexión personal para identificar áreas de mejora también con una continua práctica deliberada, poner en práctica las habilidades en el día a día, buscando oportunidades para aplicar y perfeccionar técnicas como la escucha activa o el pensamiento crítico y por ultimo no lo menos importante el cuidado del profesional, Reconocer y prevenir el síndrome de desgaste profesional (Burnout) para asegurar que los trabajadores sociales puedan mantener su motivación y talento.

10.12. Las Herramientas Gerenciales. Fortaleciendo el Trabajo Social

Las herramientas gerenciales para fortalecer el trabajo social pericial incluyen la aplicación de técnicas como la entrevista, la observación, los cuestionarios y el análisis documental para elaborar informes periciales rigurosos. Estas herramientas ayudan a recopilar datos, analizar situaciones complejas y presentar conclusiones fundamentadas para responder a demandas legales específicas, mejorando así la calidad y objetividad del trabajo pericial.

Dentro de las Técnicas de recolección de datos tenemos algunas que son de suma importancia para la elaboración de un peritaje como lo son:

Entrevistas: Realizar entrevistas estructuradas (individuales o grupales) para obtener información directa de los implicados. **Observación:** Observar directamente el comportamiento y las dinámicas sociales en el entorno natural de las personas. **Cuestionarios y pruebas:** Utilizar herramientas estructuradas como cuestionarios, test y escalas de valoración para recopilar información específica. **Análisis documental:** Revisar documentos relevantes como expedientes médicos, informes anteriores y otros registros. **Visita domiciliaria:** Realizar visitas al hogar para comprender las dinámicas familiares y de vida en su entorno natural. Herramientas de análisis y elaboración, **Diagnóstico social:** Utilizar las técnicas de evaluación para llegar a un diagnóstico social preciso, que es fundamental para responder al objetivo del informe. **Pruebas proyectivas:**

Emplear pruebas que permitan evaluar la personalidad y las emociones de los implicados a través de la interpretación de imágenes, dibujos, etc.

Por otro lado, el Informe pericial es para Integrar toda la información en un informe organizado que incluya la identificación del profesional y el objeto pericial, la metodología, el discurso sobre los hechos, las consideraciones y las conclusiones con la propuesta pericial. Desde un proceso científico: Seguir fases científicas como el planteamiento del problema, la elaboración de hipótesis, la recogida y análisis de datos, y la elaboración del informe para garantizar la objetividad.

BIBLIOGRAFÍA Y OTRAS FUENTES DE CONSULTA

Álvaro Nevado Mateos. *Diplomado en Trabajo Social Perito Social* (España, 2022), **http://peritosocialextre.weebly.com**

Aleph. *Que es una guía de entrevista* (2021). Editorial FCE México

Ayala, Jaime. Pericia perito y peritaje curso (2022), **https://es.slideshare.net/linkandres/pericia-perito-y-peritaje-curso-uce-dr-jaime-ayala**

Barrera, M. Holística. (2006) Edt Quiron. Sypal. Bogotá Colombia,.

Bronfenbrenner (2022) *La teoría ecológica de* editorial Porrúa México

Calderón Hernández, Gregorio, Cuartas Castaño Juliana y Claudia Milena Álvarez Giraldo. "Transformación organizacional y prácticas innovadoras de gestión humana". *Innovar*, n. 19 (2009): 151-166.

Código de Procedimientos Penales del Distrito Federal (2026), Editorial Porrúa. *México*

Código de Procedimientos Penales del Distrito Federal, (2026) Editorial Porrúa México.

Código Federal de Procedimientos Civiles (2026). Cámara de Diputados LXV legislatura, México.

Constitución Política de los Estado Unidos Mexicanos (2026). Editorial Porrúa, México

Constitución Política De los Estados Unidos Mexicanos (Cámara de Diputados del H. Congreso de la Unión, 2026), **https://www.diputados.gob.mx/LeyesBiblio/pdf/CPEUM.pdf**

Consultoría y Peritaciones C&P. ¿Qué es el peritaje? (España, 2019), https://consultoriayperitaciones.com/peritaje/

Consultoria y Peritaciones C&P. *¿Qué es el peritaje?* (España, 2019), **https://consultoriayperitaciones.com/peritaje/**

Decreto de reforma y adición de disposiciones de la Constitución Política de los Estados Unidos Mexicanos (México: Secretaria de Gobernación, 2008) https://dof.gob.mx/nota_detalle.php?codigo=5046978&fecha=18/06/2008#gsc.tab=0

Diccionario Jurídico, (2026) Editorial Cognitium México

Diccionario Jurídico, (2026), UNAM, México

DOF 10-06-2011, Reformado DOF 29-01-2016. *D.O.F. 26 DE ENERO DE 2024)*

Echandía, H. D. (1981). Teoría general de la prueba judicial. Buenos Aires

Enciclopedia jurídica. *Código civil*, (Madrid España, 2022), artículos 1.242 y 1.243. **http://www.enciclopedia-juridica.com/d/prueba-pericial/prueba-pericial.htm**

Enciclopedia jurídica. *Ley de Enjuiciamiento civil*, (Madrid, España, 2026), artículos 610 a 632. **http://www.enciclopedia-juridica.com/d/prueba-pericial/prueba-pericial.htm**

Euroinnova. *Herramientas y aplicaciones tecnológicas* (Euroinnova,2022).

Gaibor, Juan. (2007): El enfoque ecosistémico, un modelo para desarrollo rural en las comunidades de la parroquia salinas provincia de Bolívar. I Seminario de Cooperación y

Desarrollo en Espacios Rurales Iberoamericanos. Sostenibilidad e Indicadores". *Almeria* España.

García Céspedes, Damarys, Lima Cazorla, Lázaro Antonio, Joscelito Solano Gaibor, Blanco

López, Yasmín Teresa, Valverde Medina, Luzmila María y Luis Copérnico Caicedo Perlaza. "El enfoque ecosistémico en salud humana como estrategia para el abordaje metodológico del estudio de las relaciones entre el ambiente agrícola, los metales pesados y la salud humana". *UTCiencia. Ciencia y Tecnología al servicio del pueblo*, n. 9(2022):26-45.

Genograma. Familiograma: ¿Qué es?, ¿Para qué sirve?, ¿Cómo hacerlo? y más (genograma.net, 2022).Segovia Isabel. *Genograma y familiograma* (2022)

Gómez Lara, Cipriano, *Derecho procesal civil*, México, (Oxford University Press-Harla, 1998),

González, Eglé María. "Fundamentos de totalidad y holismo en las competencias para la investigación". *Laurus,* n. 24 (2007): 338-354.

González, Eglé María.2007 "Fundamentos de totalidad y holismo en las competencias para la investigación". *Laurus,* n. 24 (2007): 338-354.

Herrero Hinojosa, Mónica Amalia. *Peritaje en Trabajo Social* (Facultad de Trabajo Social y

Desarrollo Humano, 2020), **http://cedhurs.ftsydh.uanl.mx/peritaje-en-trabajo-social/**

Herrero Hinojosa, Mónica Amalia. *Peritaje en Trabajo Social* (Facultad de Trabajo Social y

Desarrollo Humano, 2020), **http://cedhurs.ftsydh.uanl.mx/peritaje-en-trabajo-social/**

Herrero Hinojosa, Mónica Amalia. *Peritaje en Trabajo Social* (Facultad de Trabajo Social y

Desarrollo Humano, 2020), http://cedhurs.ftsydh.uanl.mx/peritaje-en-trabajo-social/

Honores Ortega, B. A., y Quizhpe Oviedo, J. M. "El peritaje desde la perspectiva del trabajo social". *Revista Conrado*, 15 (2019): 267-274, **http://conrado.ucf.edu.cu/index.php/conrado**

Horvitz Lennon, María Inés, López Masle, Julián, (2008), Derecho Procesal Penal, tomo II, Editorial Jurídica de Chile.

Hurtado, J. Metodología de la Investigación Holística. Fundación Sypal IUT- Caripito. Caracas, 2000.

Lebel Jean. (2003) Salud un Enfoque Ecosistémico. Centro Internacional de Investigaciones para el Desarrollo (IDRC), Mexico FCE

Lifeder. *Estudio socioeconómico: para qué sirve, partes y ejemplo* (España, 2022).

Manual de Justiciable (2003) Suprema Corte de Justicia de la Nación, México

Martín Muñoz, Ana. "El dictamen pericial social". *Miramar* (2007), https://www.icamalaga.es/portalMalaga/archivos/ficheros/1239091932046.pdf

Martínez Lara, Esmeralda. *La importancia del dato de prueba en la carpeta de investigación* (México, 2015), **http://revistajurista.com/la-importancia-del-dato-de-prueba-en-la-carpeta-de-investigacion/#:~:text=DATO%20DE%20PRUEBA%20Es%20la%20referencia%20al%20contenido,hecho%20delictivo%20y%20la%20probable%20participaci%C3%B3n%20del%20imputado**.

Medse. *Antecedentes históricos de la prueba pericial* (Derecho, 2016), **https://med.se-todo.com/pravo/23609/index.html#:~:text=La%20prueba%20pericial%20comenz%C3%B3%20a%20ser%20regulada%20y,y%20extenso%2C%20en%20el%20a%C3%B1o%201579%20en%20Francia**.

Méndez, X. "La Construcción de Peritajes como especialidad teórico-metodológica de Trabajo Social". *Revista electrónica de Trabajo Social* (2014).

Menéndez, M. F., Rodríguez, A. L., Escobar, G. M. y García, P. N. "Modos de actuación del trabajador social forense: una experiencia en la ciudad de Portoviejo". *RECUS. Revista*

Electrónica Cooperación Universitaria Sociedad (2017), **http://oaji.net/articles/2017/6747-1543939998.pdf**

México (2026) Código Nacional de Procedimientos Penales, Diario Oficial de la Federación el 5 de marzo de 2014 Última reforma publicada DOF 28-11-2025 (México)

Modelo ecosistémico (2026), **https://idoc.pub/documents/el-modelo-ecosistemico-pd49mj5882n9**

Nahum Montagud Rubio. Familiograma: qué es, partes y características (psicologiaymente, 2021),

Nieto, Víctor. *La visita a domicilio en Trabajo Social* (España, 2020).

Octoparse. *30 Herramientas y Recursos para Investigación Académica* (octoparse, 2020)

Osvaldo Agustín Marcón. (2022). *El papel de los peritos en Trabajo Social en el nuevo sistema penal acusatorio y oral México.*

Ovalle Favela, José, *Derecho procesal civil*, México, (Oxford University Press-Harla), 1998,

Peña, José Antonio. "La prueba pericial en el nuevo sistema de justicia penal en México". Gac. Int. Cienc. Forense, n. 20 (2026).

RAE. Peritaje Social (España, 2026), https://www.rae.es/

Reyes Legaza, Christoffer. (2018). "Una mirada metodológica al peritaje social: análisis, consideraciones y propuesta situada". *Margen*, n. 89

Robles, Claudio. La intervención pericial en Trabajo Social. Orientaciones teórico-prácticas para la tarea forense. (2004). Argentina: Editorial Espacio

Sanzr, Liliana. Psicólogo forense, principales funciones (España, 2026), https://www.lilianasanzr.com/

Suprema Corte de Justicia de la Nación, https://dpej.rae.es/lema/iudex-peritus-peritorum, 2026

UNIR. *¿Qué son las pruebas periciales?* (La Universidad en Internet, 2022), **https://mexico.unir.net/derecho/noticias/pruebas-periciales/**

V. Castro, Juventinito (2007). El Ministerio Público en México: Funciones y Disfunciones, Porrúa Editorial, México.

La presente edición digital estuvo a cargo de:
Appie Ebook Solutions & Automations

www.ingramcontent.com/pod-product-compliance
Lightning Source LLC
LaVergne TN
LVHW040413051026
849517LV00002B/298
* 9 7 9 8 2 3 3 7 1 3 7 8 1 *